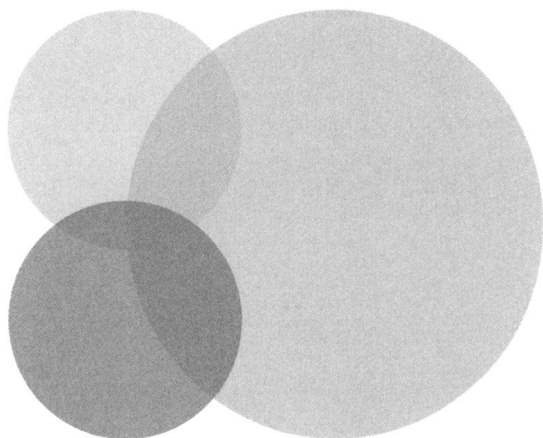

企业数字化
快速转型

让商业更智能

张文红　陈斯蕾　著

人民邮电出版社

北　京

图书在版编目（ＣＩＰ）数据

企业数字化快速转型：让商业更智能 / 张文红，陈
斯蕾著. -- 北京：人民邮电出版社，2023.1
ISBN 978-7-115-60363-0

Ⅰ．①企… Ⅱ．①张… ②陈… Ⅲ．①数字技术－应
用－企业管理－研究 Ⅳ．①F272.7

中国版本图书馆CIP数据核字(2022)第206199号

内　容　提　要

　　本书理论联系实际，全面讲解了数字化转型的知识，主要内容包括为什么需要数字化，信息化与数字化的根本区别，为什么万物皆可数字化，如何从数据中挖掘出有用的信息，什么是机器学习，如何将人的智能与机器的智能结合起来以创造"数智时代"的新价值，什么是组织的数字化转型，组织如何实现数字化转型，以及如何通过数字化转型的"3C模型"精准地找到新顾客。

　　本书不仅适合企业管理者（尤其是计划进行或者正在进行企业数字化转型的企业管理者）阅读，还适合数字化转型的执行者、高校相关专业的师生以及培训班的学员阅读。

◆ 著　　　　　张文红　陈斯蕾

　　责任编辑　谢晓芳
　　责任印制　王　郁　焦志炜

◆ 人民邮电出版社出版发行　北京市丰台区成寿寺路 11 号
　　邮编　100164　电子邮件　315@ptpress.com.cn
　　网址　https://www.ptpress.com.cn
　　北京隆昌伟业印刷有限公司印刷

◆ 开本：720×960　1/16
　　印张：17.75　　　　　　　　　　2023 年 1 月第 1 版
　　字数：255 千字　　　　　　　　2023 年 1 月北京第 1 次印刷

定价：79.80 元

读者服务热线：**(010)81055410**　印装质量热线：**(010)81055316**
反盗版热线：**(010)81055315**
广告经营许可证：京东市监广登字 20170147 号

前言：对于全新的知识，我们为什么需要刀锋般地进行深刻洞察[①]

大暑——100 天学习之旅开启

2021 年 7 月 22 日是大暑，这是夏季的最后一个节气，炎热之极。南京烈日当空，湿热交替，知了的高鸣不免让人心生烦躁。可更让我心烦的是，受疫情的影响，原有的工作计划被全部打乱。

7 月 26 日，我接到居家办公的通知，很多工作被按下了暂停键。可数字化转型的研究已经提上日程，我决定顺应变化，放下杂念，带领团队进行一场沉浸式的学习，深入地挖掘数字化转型到底是什么、要怎么做，以及为什么这么做。

我们的数字化转型学习之旅就此开启。

我们的工作和行动

我们定下了一个目标，收集所有关于数字化转型的资料，为我们的数字化转型建立超级炫酷的资料库。

首先，我们分成了政策、学术和行业实践三个小组，从政策报告、论文文献、行业分析报告等渠道，搜集到 30 多个与数字化转型相关的关键词（见表 0-1）。

表 0-1　与数字化转型相关的概念

基本概念	数字（digit/number）、数据（data）、信息（information）、知识（knowledge）、智能（intelligence）、大数据（big data）
核心概念	数字化（digitalize/digital transformation/digitalization）、数据化（datafication）、信息化（informatization）、智能化（intelligentialize）、智慧化（intelligent/intelligentization/wisdom/intellectualization）、数智化（digital intellectualize）、数字技术（digital technologies）

① 本书得到了国家自然科学基金面上项目（72072083）"个体制度突破理论：基于本土实践的理论构建和检验"和教育部人文社会科学一般项目（19YJA630117）"地位差异对服务创新的双刃剑效应：基于多团队系统的研究"的支持。

相关动词概念	数字化升级（digital upgrade）、数字化重构（digital refactoring）、数字化成长（digital growth）、数字化创新（digital innovation）、数智化升级（digital intelligence upgrade）、生产数字化（digitalization of production）、产业数字化（industrial digitalization）、数字增长（digit growth）
专有名词概念	数字孪生（digital twin）、数字架构（digital architecture）、数字能源（digital energy）、数字经济（digital economy）、数字化思维（digital thinking）、数字平台（digital platform）、数字中国（digital China）、数字生态（digital ecosystem）、数字转型指数（digital transition index）、数字化企业（digital business）、工业大数据（industrial big data）、数字供应链（digital supply chain）

　　紧接着，我们三个小组从关键词着手，用地毯式搜集的方法汇总了中、美、英、法、德等国家的数字化政策。典型数字化案例资料来源于咨询公司、投融资界、领先企业、同行等的行业研究报告，全球顶级期刊的学术论文、研究项目，以及相关的国际／国内书籍、视频与学习资料。

　　当我们自认为找到这么全的数字化转型资料就一定会对数字化转型有一个深刻、全面的认识时，才发现我们已经掉进数据的海洋，面对"图书馆"里堆积如山的资料，我们反而变得焦虑，无法喘息。我们给自己建立了一座"巴别图书馆"。

　　"宇宙（另有人把它叫作'图书馆'）是由不定的（也许是数目无限的）六边形艺术馆组成的，在中心有巨大的通风管，周围用低矮的栅栏相围。从任何一个六边形看，我们可以看到无止境的上面或下面的书架层。20个书架排放在周围，4条边上各有5个长书架……"（见图0-1）

　　这是豪尔赫·路易斯·博尔赫斯（Jorge Luis Borges）于1941年出版的短篇小说《巴别图书馆》（*Babel Library*）的开场白。这部小说描写了一座神秘的图书馆，其中收藏了所有语言的所有书，包括验证和预言每个人行为的书，以及书的注解、注解的注解等，详细到每分钟的未来历史，所有书的所有改写版本，以及图书馆的正确书目和不计其数的错误书目等。这座图书馆珍藏了所有信息，但你在其中找不到知识，这恰是因为所有知识都在里面，与所有谬误混淆在一起，难以区分。无数的书架摆放在无数一模一样的六边形平台上，在那当中你能找到所有可能的一切，却也找不到想找的一切。这无疑是信息过载的完美例子。

图 0-1　图书馆里的六边形

　　我们自己也正在试图建造一座数字化转型的"巴别图书馆"，我们每个人不仅是"巴别图书馆"的主顾，还是其中的图书馆员。我们在欢欣鼓舞与灰心丧气之间摇摆不定。"在得知'巴别图书馆'收录了所有的书籍时，人们最初的反应是欣喜异常，人人都感觉自己成了这个完整而隐秘的宝藏的主人。没有任何有关个人或世界的问题不能在某个六边形平台上找到权威的解答。这个宇宙的正当性得到了证明。"但哀叹和惋惜随之接踵而至。那些宝贵的图书如何帮助我们解决问题？我们的问题到底是什么？什么样的知识能解决问题？这些知识藏在浩瀚的"巴别图书馆"的什么地方？

知识学习的"牛鞭效应"

　　在写作本书的过程中，我们做了很多调查，问大家是怎么知道数字化转型这个概念的，大多数人给出的回答是通过微信、头条或新闻里碎片化的故事——"听过，但不清楚""知道，但说不清""不清楚，但好像和我没有什么关系"。

当我自己身陷其中时，我不禁想起供应链中的一个概念——"牛鞭效应"，这是经济学上的一个术语，指的是供应链上的一种需求变异放大现象。当信息流从最终客户端向原始供应商传递时，由于无法有效地实现信息共享，出现信息扭曲并且扭曲被逐级放大，因此需求信息出现越来越大的波动。此种信息扭曲的放大作用在图形上很像一根甩起的牛鞭，因此被形象地称为"牛鞭效应"（见图 0-2）。

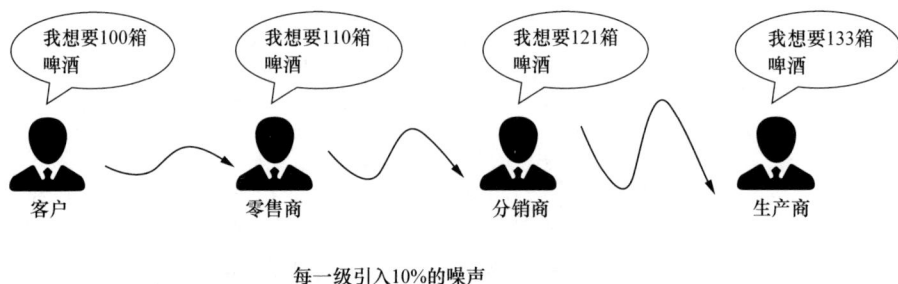

每一级引入10%的噪声

图 0-2 "牛鞭效应"举例

同样，每个人由于认知的不同，对同一概念的理解也存在误差。在新概念的传递过程中，由于每一个环节都要经过输入、理解、输出的过程，因此不可避免地会引入很多噪声，影响我们对新知识的学习，产生"牛鞭效应"。想想看，我们在微信、头条和抖音里看到或听到的碎片化知识，存在着多少环节的噪声影响，又存在着多少层级的"牛鞭效应"。因此，我们所看到的常常离真相越来越远，更加扑朔迷离。

走过这 100 天的学习之旅，我们才明白，我们所搜集到的只是掺杂着很多噪声的原始数据，而不是有效信息，它们既不能有效地降低我们对于未知的不确定性，也不能帮助我们解决遇到的新问题。

回到元概念，从元学习法出发

回到起点，我们放弃短期内就学会数字化转型的计划和目标，我们承认对数字化转型，我们就像孩童一样完全未知。既然如此，就如孩童一般，重新开始学习，保持好奇和探索的热情。通过 100 天的探索，我们建立了自己的元学习（meta-study）法。

元学习法是指对于新的复杂概念，回到概念的起点并把复杂的概念拆分成最小的知识单元，从最小单元的元概念出发，逐步叠加形成想要学习的复杂概念（见图 0-3）。

（1）拆分词语，将数字化转型拆分为数、字、化、转、型，回到元概念，梳理这些字最初的概念。

（2）将这些字的元概念整合，形成上层概念，得到数字、数据、信息、知识、智能等。

（3）基于上层概念进一步总结核心概念，如信息化、数字化等，形成知识概念模型。

（4）通过进行多轮的内部分组汇报，将学习成果讲给小伙伴们听。在此过程中，对于发现说得不够清楚和理解不够深入的地方，再次加深学习，直到可以清晰、流畅地将概念模型阐述出来为止。

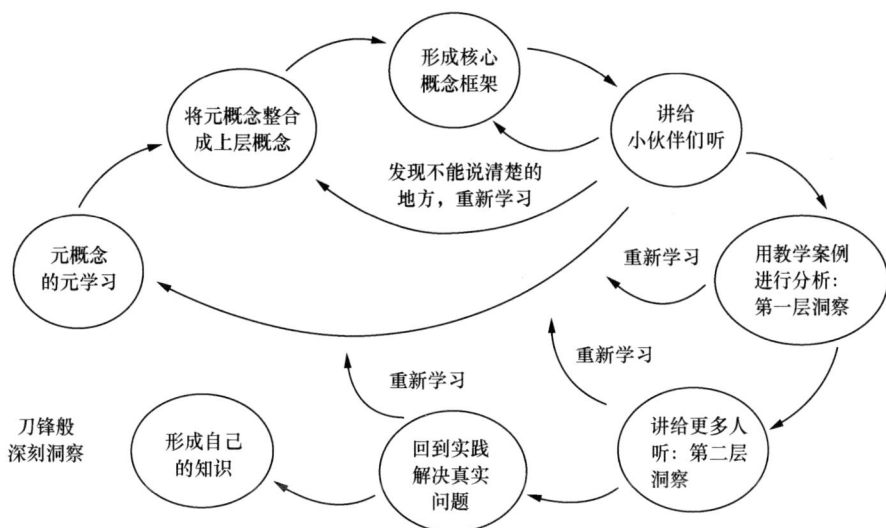

图 0-3　元学习法

（5）结合二手经典案例和前言案例进行深入分析，将学到的知识应用到实践中，形成第一层洞察，结合案例分析中的困惑之处，再次进行知识概念的学习。

（6）将构建的知识模型讲给团队外部更多的人听，搜集大家的真实反馈，再次回到元学习，进入新一轮学习。在此过程中，形成第二层洞察。

（7）将建立的知识模型应用到真实世界的实践中，解决真实的问题，不断总结经验，迭代学习，形成第三层洞察。

（8）不断总结、整合、融合、简化，如此循环往复，形成对崭新知识的刀锋般深刻洞察，建立自己的数字化转型的概念、框架和模型。

难忘的学习之旅

在大暑节气后的这100天中，我和团队的小伙伴们一起学习、互相交流、激烈碰撞，这趟学习之旅难忘且意义非凡。伴随着学习不断深入，我们跨过交流的阻碍，规避学习的陷阱，打破知识的壁垒；从焦虑不已到沉下心来，再到因为深入理解一个个概念而兴奋不已。这趟基于元概念的学习之旅使我们不断探究新知识、学习新知识、洞察新知识、应用新知识，这种不间断的持续反馈使我们的学习欲望得到真正满足。

大暑时节阳光猛烈，高温潮湿多雨，湿热难熬，很痛苦，但这非常有利于农作物成长，农作物在此期间成长速度最快。我和我的团队同样飞速成长，对数字化转型，我们有了自己的认识。

在这100天里，大家一起努力与成长，我们克服困难，形成了自己的元概念学习法。我们想和更多的读者分享，对于新知识的学习方法，不要焦虑，也不要恐惧，更不要退缩。您可以选择鼓足勇气沉浸其中，彻底享受这段学习之旅。回顾这段旅程，我们迷茫过、挫败过、争辩过，但结果是值得的。未来，我们还将继续探索！

资源与支持

本书由异步社区出品，社区（https://www.epubit.com）为您提供相关资源和后续服务。

提交勘误

作者和编辑尽最大努力来确保书中内容的准确性，但难免会存在疏漏。欢迎您将发现的问题反馈给我们，帮助我们提升图书的质量。

当您发现错误时，请登录异步社区，按书名搜索，进入本书页面，单击"发表勘误"，输入相关信息，单击"提交勘误"按钮即可，如下图所示。本书的作者和编辑会对您提交的信息进行审核，确认并接受后，您将获赠异步社区的 100 积分。积分可用于在异步社区兑换优惠券、样书或奖品。

与我们联系

我们的联系邮箱是 contact@epubit.com.cn。

如果您对本书有任何疑问或建议，请您发邮件给我们，并请在邮件标题中注明本书书名，以便我们更高效地做出反馈。

如果您有兴趣出版图书、录制教学视频，或者参与图书翻译、技术审校等工作，可以发邮件给我们；有意出版图书的作者也可以到异步社区投稿（直接访问 www.epubit.com/contribute 即可）。

如果您所在的学校、培训机构或企业想批量购买本书或异步社区出版的其他图书，也可以发邮件给我们。

如果您在网上发现有针对异步社区出品图书的各种形式的盗版行为，包括对图书全部或部分内容的非授权传播，请您将怀疑有侵权行为的链接通过邮件发送给我们。您的这一举动是对作者权益的保护，也是我们持续为您提供有价值的内容的动力之源。

关于异步社区和异步图书

"异步社区"是人民邮电出版社旗下 IT 专业图书社区，致力于出版精品 IT 图书和相关学习产品，为作译者提供优质出版服务。异步社区创办于 2015 年 8 月，提供大量精品 IT 图书和电子书，以及高品质技术文章和视频课程。更多详情请访问异步社区官网 https://www.epubit.com。

"异步图书"是由异步社区编辑团队策划出版的精品 IT 专业图书的品牌，依托于人民邮电出版社几十年的计算机图书出版积累和专业编辑团队，相关图书在封面上印有异步图书的 LOGO。异步图书的出版领域包括软件开发、大数据、人工智能、测试、前端、网络技术等。

异步社区

微信服务号

目录

第3章　如何从数据中挖掘金子

第 6 章 开始踏上数字化转型的征程

第 **7** 章

回到原点，如何精准找到新顾客

数字化是
希望吗

· — ·

作为开场白，我们先探讨为什么需要数字化转型，数字化与人类当前的发展阶段有什么
必然的联系，如何理解数字化转型的长期目标与短期任务。

本章涉及的元概念如下。

■ 熵：一个系统的内在无序程度。

- 熵增定律：在一个孤立的系统里，如果没有外力做功，其总无序度（熵）将会不断增大。
- 信息：用来减少不确定性的东西，减熵等于获取信息。
- 耗散结构：以开放系统为研究对象，着重阐明开放系统如何从无序走向有序的过程，其特征是远离平衡态、非线性、开放性。

1.1 小概率事件与数字化

当黑天鹅在澳大利亚被发现之前，所有人都确信天鹅全是白色的。这是一个牢不可破的信念，但是，当第一只黑天鹅出现时，这个牢不可破的信念崩塌了。"黑天鹅"指的是不可预测、概率虽小却会产生极大影响的事件。

过去，我们将"黑天鹅"看作概率极小但是一旦发生后果就会非常严重的事件；如今，我们对概率极小的理解发生了深刻改变。"黑天鹅"不再"百年一遇"，在日常生活中很常见。当一件概率小但后果很严重的事件变成概率大且后果很严重的事情时，我们的不安全感就会越来越强烈，我们需要寻找新的方法，降低不确定性，获得更大、更多的把控力量（见图1-1）。

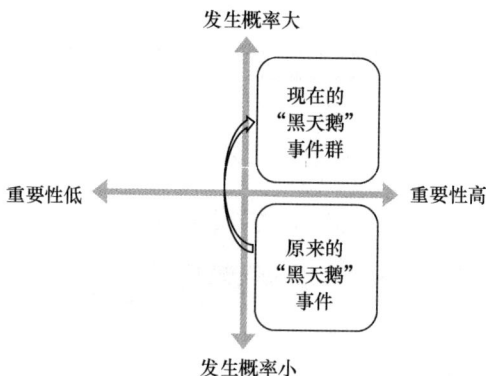

图1-1 "黑天鹅"发生的概率变大

【例 1–1】我们以患重大疾病这个黑天鹅事件为例。在大多数人的想象中，患重大疾病可以算得上一种黑天鹅事件，发生的概率较低但影响重大。事实真的如此吗？2020 年，中国银行保险监督管理委员会发布了 40 岁至 90 岁中国女性患 6 种重大疾病的概率数据（见表 1–1）。

表 1–1　40 岁至 90 岁中国女性患 6 种重大疾病[①]的概率　　　单位: 1/1000

年龄	患病概率	年龄	患病概率
40	4.618	56	8.164
41	4.92	57	8.532
42	5.231	58	8.923
43	5.533	59	9.334
44	5.808	60	9.767
45	6.092	61	10.228
46	6.325	62	10.727
47	6.504	63	11.274
48	6.637	64	11.876
49	6.739	65	12.541
50	6.832	66	13.273
51	6.94	67	14.072
52	7.084	68	14.935
53	7.279	69	15.855
54	7.527	70	16.825
55	7.826	71	17.835

① 这 6 种重大疾病是指恶性肿瘤、急性心肌梗死、脑中风后遗症、重大器官移植术或造血干细胞移植术、冠状动脉搭桥术（或称冠状动脉旁路移植术）和终末期肾病（或称慢性肾功能衰竭尿毒症期）。

续表

年龄	患病概率	年龄	患病概率
72	18.874	82	30.216
73	19.935	83	31.541
74	21.01	84	32.932
75	22.096	85	34.393
76	23.19	86	35.928
77	24.294	87	37.537
78	25.415	88	39.219
79	26.558	89	40.973
80	27.733	90	42.796
81	28.949	—	—

数据来源：《中国人身保险业重大疾病经验发生率表（2020 版）》

以一位 40 岁的女士为例，假设这位女士可以活到 90 岁，那么从 40 岁到 90 岁她患这些重大疾病的概率是多少呢？只需要使用很简单的初中数学知识，我们就可以计算出答案。将 P 设为她在某个年龄患这些重大疾病的概率，$1-P$ 即为她当年不患这些重大疾病的概率，将她每年都不患这些重大疾病的概率相乘，就可以得出她从 40 岁到 90 岁都不患这些重大疾病的概率 q。于是，从 40 岁到 90 岁，她可能患这些重大疾病的概率 Y 就是 $1-q$。

$$Y = 1 - q$$

$$= 1 - (1 - P_{40})(1 - P_{41}) \times \cdots \times (1 - P_{89})(1 - P_{90})$$

$$= 1 - (1 - 0.004618) \times (1 - 0.00492) \times \cdots \times (1 - 0.040973)(1 - 0.042796)$$

$$\approx 1 - 0.418833$$

$$= 0.581167$$

$$= 58.1167\%$$

根据表 1-1 中的概率数据，我们计算得出，一位女性从 40 岁到 90 岁可能患这

些重大疾病的概率约为 58.1167%。

由此我们得出以下结论：人到中年以后，患重大疾病的概率较高。如果在健康风险系数之上叠加工作风险系数、出行风险系数等，我们极有可能遇见一只黑天鹅。这并不是概率极小的巧合，而是漫漫人生中注定的结果。

如果一件事情发生的可能性很大并且一旦发生就后果严重，则我们非常有必要认真思考并找出一套应对方案。人类的进步一直是通过克服不同的困难来实现的，其中有 3 个影响深远的黑天鹅事件大幅推动了人类的发展进程。

第一个黑天鹅事件是食物不足，无法满足飞速增长的人口的需要。人们意识到，问题出在食物的获取效率太低：靠双手去打猎已经不足以养活这么多的人。为此，人类发明了工具，这也是智人和动物最鲜明的分水岭。食物不足是一个负面影响极大、概率很高的事件，但人类通过使用工具克服了这一困难。

第二个黑天鹅事件是生产动力不足。人们意识到，仅靠工具并不能自给自足，人们需要更多的粮食以及其他生活资料才能生存下去。为此，人类发明了新的动力获取方式——蒸汽机。动力获取方式的进步进一步推动了人类的发展进程。

第三个黑天鹅事件起源于生死存亡的战争。现代管理体系以及计算机的发明在很大程度上都源于第二次世界大战。因为人类的需求再一次超出了供给，危机再一次产生，所以人类发明了计算机以解决算力不足的问题。

虽然人类的发展史分为几个阶段，中间还出现了工具、新能源等，但其实隐藏在各阶段之间的最大核心点在于，人类每一次都面临一个时代的节点。在这个节点上，黑天鹅变成了一个概率较大且后果很严重的事件群。所以，人类不断地通过科学研发、理论突破、创新转化等，艰苦卓绝地咬着牙，坚持着再往前走一步，再往上走一步。

如今，我们通过工具化、能源化、信息化，进入了人类发展的第 4 个阶段——数字化阶段。那么，数字化是否会成为我们解决黑天鹅事件的一条新的出路呢？

【例 1-2】面对黑天鹅事件，是相信还是逃避？

教授："真奇怪，有一个浮标显示海洋温度下降了 13 ℃。"

助手："对，是这样，那个浮标前几天就出故障了。我会查一下附近有没有船，去乔治岛把它运回来。"

教授："不是乔治岛的那个，而是格陵兰岛边上的那个。"

助手："什么？"

助手："两个浮标同时出错的概率有多大？"

教授："非常小。"

教授："而且，现在已经不止两个了。"

……

杰克博士："教授，现在是你该离开的时候了。"

教授："恐怕离开的时机已经错过了。"

杰克博士："现在我还能做什么？"

教授："尽你所能，救更多的人。"

2004年上映的科幻电影《后天》（见图1-2）描述了这样的场景：身为气候学家，男主角杰克博士预测温室效应将造成地球气候异变，北半球因温室效应会引起冰山融化，地球将进入冰河期，龙卷风、海啸、地震在全球肆虐。他将自己的预测结果报告给政府，试图警告政府官员采取预防行动，但他们并不为所动。

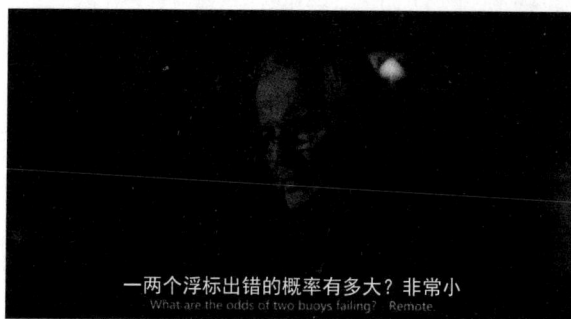

一两个浮标出错的概率有多大？非常小
What are the odds of two buoys failing? Remote.

图1-2 电影《后天》剧照

当气候异变真的来临时，最先给出预警的是一个海洋探测浮标。当这个浮标的读数与其他浮标不同时，人们的第一反应是，这个浮标坏了。但是，紧接着，其他地区的 4 个海洋探测浮标纷纷显示异常，出现了与之一致的情况。人们这才意识到，气候真的出了大问题，但是已经为时太晚，人们来不及撤离了。

数字化是面向未来的必选之路吗？当一个异常的信号出现时，我们习惯了用已有的经验去解释它，因为这个过程是已知的、安全的。在这个安全的范围之内，我们进行解释，直到突然之间发现两三个信号出现异常，但这时候我们已经来不及"撤离"了。

2021 年 11 月至 12 月，我们对 100 位中国企业高管进行了数字化转型的调研，其中有 5 个问题（见图 1-3）。

- 数字化转型对您的企业的重要程度如何？
- 您清楚地知道要如何进行数字化转型吗？
- 数字化转型会对您的企业产生哪些重要价值？
- 您是通过什么渠道了解数字化转型的？
- 您觉得数字化转型最难的部分是什么？

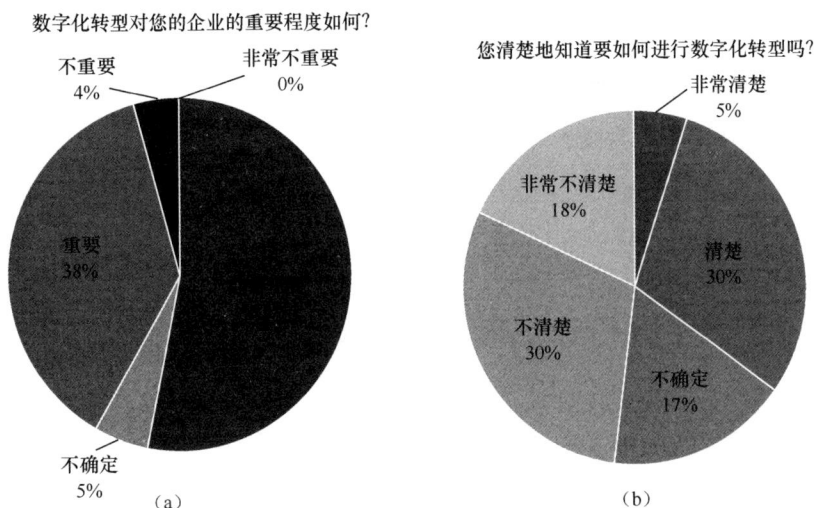

图 1-3　中国企业高管数字化敏感程度调研

数字化转型会对您的企业产生哪些重要价值?

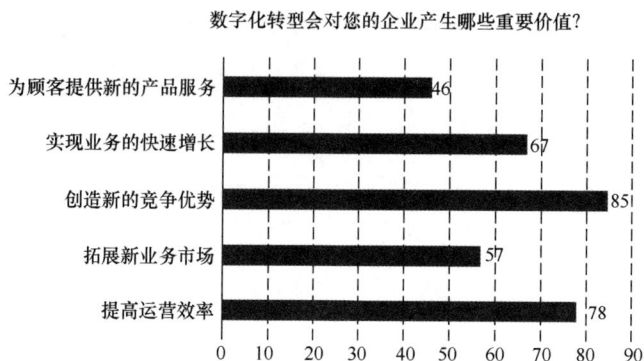

为顾客提供新的产品服务 46
实现业务的快速增长 67
创造新的竞争优势 851
拓展新业务市场 57
提高运营效率 78

（c）

您是通过什么渠道了解数字化转型的?

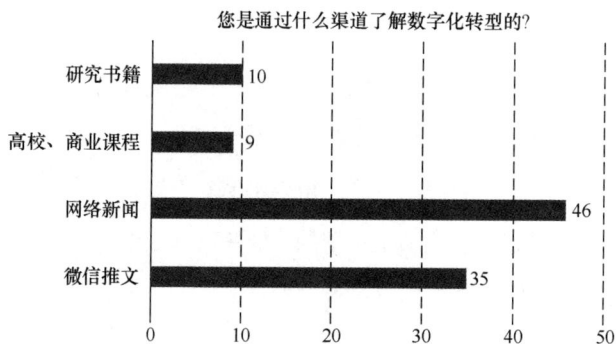

研究书籍 10
高校、商业课程 9
网络新闻 46
微信推文 35

（d）

您觉得数字化转型最难的部分是什么?

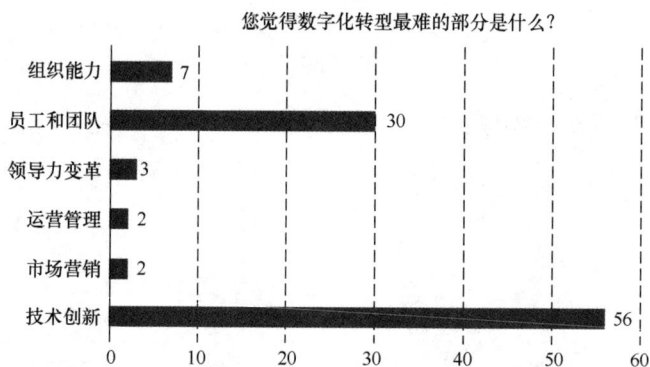

组织能力 7
员工和团队 30
领导力变革 3
运营管理 2
市场营销 2
技术创新 56

（e）

图1-3 中国企业高管数字化敏感程度调研（续）

结果显示，91%的受访高管认为数字化对企业很重要，但高达65%的受访高管表示对如何进行数字化不是很清楚。受访高管们认为数字化转型对企业会产生重要价值，按投票高低排序，依次如下：创造新的竞争优势，提高运营效率，实现业务快速增长，拓展新业务市场，为顾客提供新的产品服务。受访高管们最初主要通过网络新闻、微信推文等渠道了解到数字化转型，而很少通过系统性的课程或书籍来学习数字化转型。受访高管们认为数字化转型最难的部分是技术创新，其次是缺乏数字化转型所需的员工和团队。

实际上，这意味着敏感的高管们早就意识到了数字化的重要性，只不过实际上还缺乏具体的实施方法和系统性的学习。

我们正在进行一场数字化的"大迁徙"。何谓数字化时代？在这场数字化时代的大迁徙中，个人、组织又当如何自处？数字化是应对不确定的重要方式吗？数字化转型是组织的必选项还是可选项？在极少有人涉足的旷野中，我们执炬前行，寻找春的气息。

1.2 理解数字化，从熵开始

1.2.1 熵增定律：团队 - 团伙 - 散伙

我们经常会看到如下现象：一段时间不经整理，房间便越来越乱；整洁的手机桌面逐渐被五颜六色的 App 充斥占据；热水放在桌上，随着时间的流逝越来越凉；在高速运转的工作中，个体心理愈发焦虑；随着业务增多，组织越来越臃肿；社会变革之下，冲突似乎不可避免……这些现象被统称为熵增现象。

熵这一概念随着网络的传播逐渐为人们所了解，但是要想真正理解并应用一个概念，我们需要再次运用刀锋般精准的认知进行学习，比如：

- 到底什么是熵？
- 什么是熵增定律？
- 熵增现象是怎么产生的？

■ 如何进行减熵行为？

在数字化时代，数字化能否破除熵增？从个人和组织的角度，我们需要如刀锋般精准地理解这些概念。

下面我们从元概念出发，认识熵增定律。

熵的概念由德国物理学家克劳修斯于 1865 年提出，最初是用来描述能量退化的物质状态参数之一，在热力学中有着广泛的应用。随着统计物理、信息论等一系列科学理论的发展，熵的本质被逐渐解释清楚，它被定义为**一个系统的内在无序程度**，并由此衍生出物理学中的又一重要定律——热力学第二定律，又名熵增定律。熵增定律与热力学第一定律（宇宙守恒定律）共同构成了物理学的重要基础 [1]。

熵增定律：在一个孤立的系统里，如果没有外力做功，其总无序度（熵）将会不断增大。

例如：

■ 房间变得混乱后，如果没有人收拾，东西是不会自动排列有序的；

■ 手机在下载了各式各样的 App 后，如果不进行整理，手机桌面是不会自动变整洁的；

■ 热水变凉后，如果不进行再次加热，凉水是不可能变回热水的；

■ 繁杂忙碌的工作占据内心后，如果不进行疏导，内心是不可能平静的；

■ 组织规模变大并开始臃肿混乱后，如果不进行变革，组织是无法自动回到高效的运转状态的。

当前，熵增定律还被引入社会科学并为企业管理提供了重要启示 [2][3]。在企业建立之初，组织成员常常怀有共同的奋斗目标、愿景，但随着组织的运行，组织内在的无序程度不可避免地开始增加（见图 1-4）。如果组织越来越封闭，但又没有外来力量引入，则必然效率低下、机制僵化、人浮于

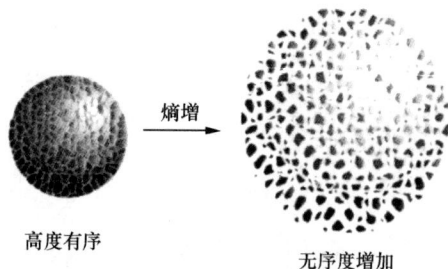

高度有序　　　　无序度增加

图 1-4　熵增：从有序到无序

事、创新力下降等。

我们可以用更直观的图形来生动地描述这一过程（见图1-5）：人员设置有序的团队逐渐失去凝聚力，形成一个个分散的小集体，称为团伙；而冲突与割裂频发，团伙最终走向散伙。

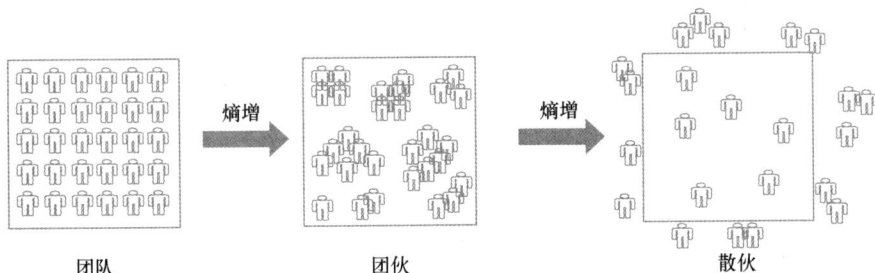

图 1-5　组织的熵增现象

熵增现象在组织管理中并不鲜见，比尔·盖茨曾认为，微软离破产永远只有 18 个月；任正非则大谈危机和失败，写下《华为的冬天》，这些应对都基于他们对组织熵增现象的认识。

1.2.2 熵增现象：人为什么一定会死

每个人自出生后，生之有涯便是深沉厚重的遗憾。生为何伴随着死亡？人为什么会死？人是否可以不死？这些朴素的疑问也成为永恒的哲学思辨命题。下面我们以熵增定律为基础，从崭新的角度剖析这一问题。

自然科学中有宏观世界和微观世界之分，微观世界通常指分子、原子等粒子层面的物质世界，除微观世界外的物质世界则被称为宏观世界。

与之对应，物理学中也有宏观态和微观态之分（见图1-6）。宏观态可理解为使用系统的分子数分布且不区分具体的分子差异来描写的系统状态，一般为可见并可度量的样态；微观态则为使用系统的分子数分布且区分具体的分子差异来描写的系统状态，一般难以用肉眼观测和度量。

在一种宏观态中，由于存在大量粒子的无规则运动，各个粒子在任意时刻处于何种运动状态完全是偶然的，而且会随时间无规则地变化，因此宏观态中各个粒子运动状态的每一种分布都代表系统的一个微观态，同一个宏观态会对应无数个微观态。

微观态　　　　　　　　　　　　宏观态

图 1-6　微观态与宏观态

以人体为例，健康、感冒、生病、衰老等都是各种外在显现的宏观态，而微观态——体内何种分子运动造就了这一外在表现，并且难以观测。

参考世界卫生组织（World Health Organization，WHO）对身体健康的定义，我们定义人的身体健康状态（即健康宏观态）为主要脏器无疾病，身体形态发育良好，人体各系统具有良好的生理功能且对疾病的抵抗能力较强，能够适应环境变化、各种生理刺激以及致病因素对身体的影响。人的身体健康虽然能用可测量的数值（如身高、体重、体温、脉搏、血压、视力等）来衡量，但标准很难掌握。一般来说，正常的体温与脉搏应分别保持在体温 37 ℃左右和脉搏 72 次 / 分钟上下。正常情况下，婴儿的呼吸频率是 45 次 / 分钟上下，6 岁儿童的呼吸频率是 25 次 / 分钟上下，15 岁～ 25 岁青少年的呼吸频率是 18 次 / 分钟上下，25 岁以上的人的呼吸频率相比青少年会稍微高一些[4]。

为了便于举例说明，这里假设人体仅由 4 个分子构成，这 4 个分子在人体内的位置有左右之分，并且可自由移动，由此排列组合形成如下 5 种宏观态。

- 宏观态 1：左侧有 4 个分子，右侧没有分子；对应的微观态是左侧为 1 ～ 4 号分子，右侧没有分子。
- 宏观态 2：左侧有 3 个分子，右侧有 1 个分子；对应的微观态存在 4 种情况。
- 宏观态 3：左侧有 2 个分子，右侧也有 2 个分子；对应的微观态存在 6 种情况。
- 宏观态 4：左侧有 1 个分子，右侧有 3 个分子；对应的微观态存在 4 种情况。

■ 宏观态 5：左侧没有分子，右侧有 4 个分子；对应的微观态是左侧没有分子，
右侧是 1 ~ 4 号分子。

图 1-7 展示了 5 种宏观态对应的 16 种微观态。

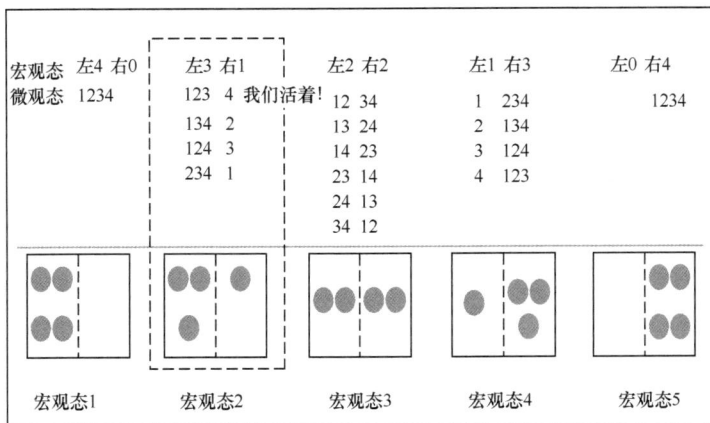

图 1-7　5 种宏观态对应的 16 种微观态

同一种宏观态下的微观态常常并不相同，为简单起见，这里假设每一种微观态
出现的概率相同，则人体正常运转、身体健康的状态只能是"左 3 右 1"这种宏观态
下，"左侧是 1 ~ 3 号分子、右侧是 4 号分子"这一微观态。

我们回到熵的定义——一个系统的内在无序程度。这里的关键词"**无序**"指的就是
微观态的个数。在图 1-7 中，"左 2 右 2"这一宏观态对应的微观态最多，因此无序程
度最大，即熵最大。这种熵最大的情况，对应的微观态最多，所以出现的概率也最大。

上面是假设人体仅由 4 个分子构成时模拟的情况，但人体中实际的分子个数远
比 4 多，随着分子个数的增加，我们又将观测到什么情况呢？通过用计算机进行模
拟我们得出：假如人体由 100 个分子构成，则对应微观态最多的宏观态出现的概率
更大，在图表中表现为峰值更高且数据分布更为集中。当分子个数更多时，这一现
象将更加明显：在所有宏观态中，出现概率最大的是所包含微观态最多的宏观态，
并且这一宏观态出现的概率逐渐趋于无限，显现出稳定、不变、静止的状态①。

---

① 参考 B 站上关于超智能体的视频。

在更复杂的人体中，情况亦如此：随着时间的流逝，某种状态逐渐趋于永恒，在外部表现为一种稳定、静止不动的宏观态，而内部则是数量最大的微观态，也就是最大程度的无序，这种状态便是死亡（见图 1-8）。死亡是人体的"熵"达到最大时的状态。

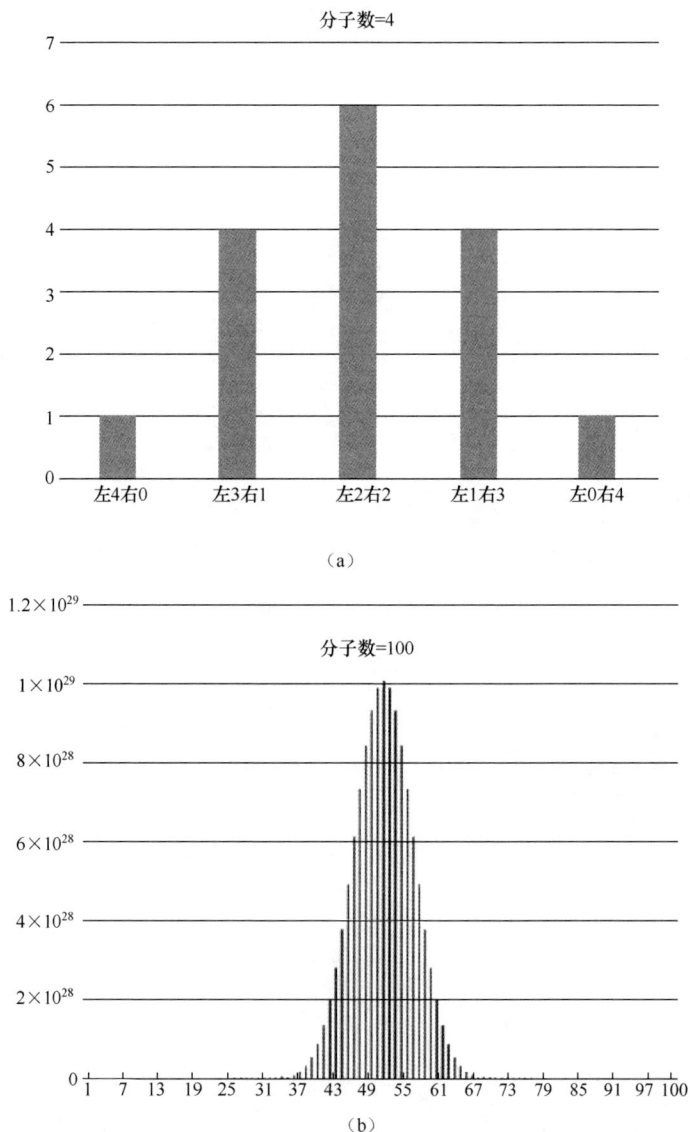

分子数=4

（a）

分子数=100

（b）

图 1-8 分子数越多，微观态最多的宏观态出现的概率更大

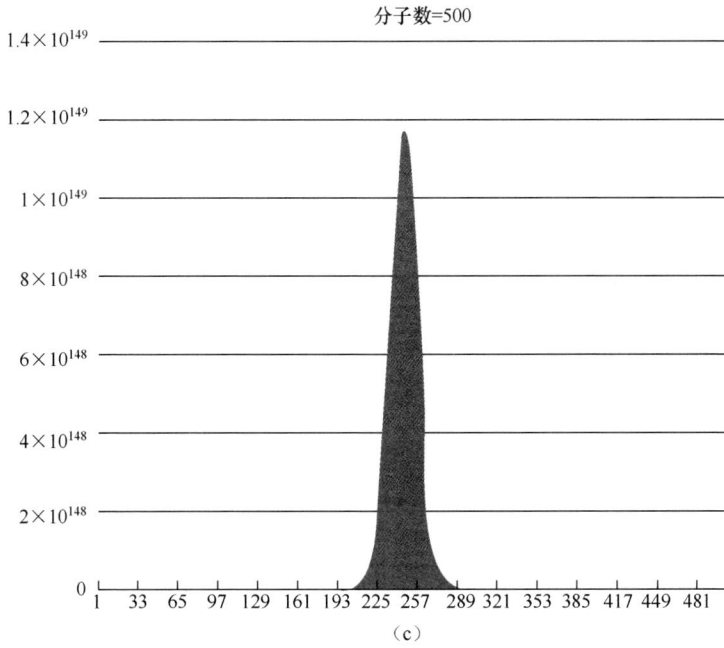

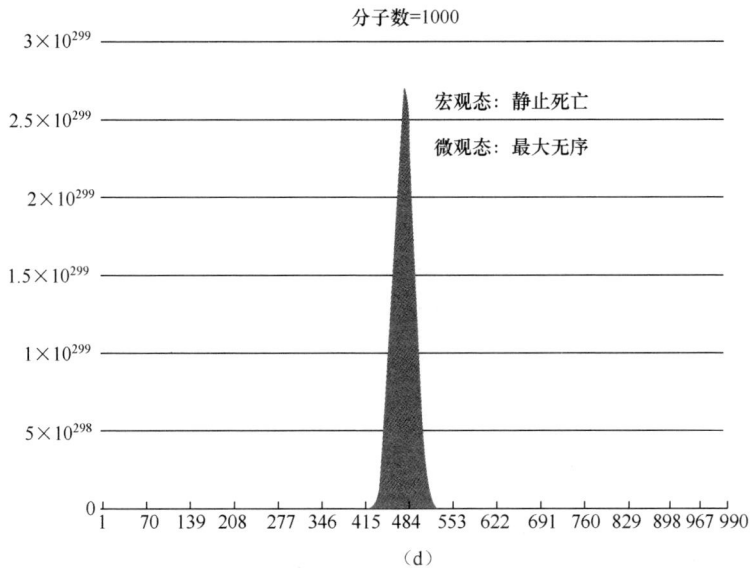

图 1-8 分子数越多，微观态最多的宏观态出现的概率更大（续）

宇宙也有"死亡"的概念——"宇宙热寂"。"宇宙热寂"是猜想宇宙终极命运的一种假说，根据熵增定律，作为一个"孤立"的系统，宇宙的熵会随时间的流逝而增加，从有序变得无序。当宇宙的熵达到最大时，宇宙中的其他有效能量将全数转换为热能，所有物质的温度达到热平衡，这种状态称为"热寂"。宇宙将在极限炙热中走向永恒的寂静，万事万物都难逃熵增定律的"命运"。

1.2.3 我们如何对抗熵增

"定律"是亘古不变的宇宙规律，是对客观规律的统称。"熵增"之所以称为"定律"，就是因为它不可违背，它是任何人都无法逃脱的客观规律。所以，根据熵增定律，人终将走向死亡。

现代科学飞速发展，人们逐渐达成共识：世界上没有长生不老药，但科学可以让人在有限寿命的基础上活得更久一些。人类有限的寿命如何延长？在如今科技不断取得突破的社会环境中，这是人类追求探索的终极目标。

为了便于举例说明，下面仍假设人体仅由 4 个分子构成。已知身体正常运转时它们的排列方式如下：左侧为 1 ~ 3 号分子，右侧为 4 号分子。如果 4 号分子由于某种原因跑到左侧，则正常的身体运转状态将被打破，身体的主人能否终止混乱与无序，将"4 号分子"移回正确的地方？或者说，熵增能否被逆转？

19 世纪的英国物理学家麦克斯韦曾意识到，自然界中存在着与熵增相对抗的能量控制机制，但他无法清晰地说明这种机制，他只能诙谐地假定存在一种"妖"，这种"妖"被称为"麦克斯韦妖"，"麦克斯韦妖"能够把做随机热运动的微粒分子按照某种秩序和规则重新分配到一定的相格里。依靠"麦克斯韦妖"，只要使"4 号分子"重新回到正确位置，人的身体就可以重新恢复健康状态，使混乱的无序回归有序（见图 1-9）。

如今，人类个体通过锻炼与调节饮食不断追求健康的生活方式，群体组织则通

过科学研究将生命科学与医学知识推上了一个
崭新的高度。人类对于新的医疗技术手段的不
断追求，各种新药、新的医疗器械和治疗康复
手段的不断出现，这些都是为了找到一个又一
个更加厉害的"麦克斯韦妖"，以帮助我们的
身体从无序回归有序。

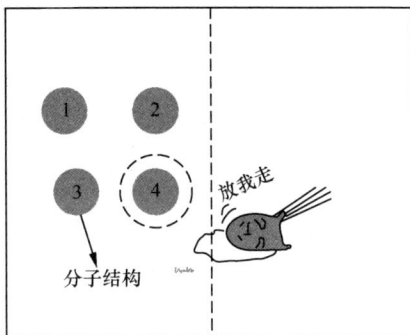

图1-9 对抗熵增的"麦克斯韦妖"

但关键的问题是，"麦克斯韦妖"如何判
断什么状态是正确、有序的状态，以及什么状
态是错误、无序的状态？另外，对于使无序回归有序的路径和方法，"麦克斯韦妖"
又是如何得知的？以上问题的答案就是信息（information）。

1.3 信息与减熵

信息为"麦克斯韦妖"提供了源源不断的动力，为其指引了行动的方向。有效
获取信息的过程便是减熵，当获取信息的效率和效力足以抵消熵增加的速度时，便
能逆转增熵、回归有序。

信息也是可以计量的，信息的计算公式为

$$H = -\sum_{i=1}^{n} P_i \log_2 P_i$$

其中，P_i 表示事件 i 发生的概率，n 为大于零的整数。

信息的单位是比特，1 比特的信息量相当于猜一枚硬币正反面的不确定性。

什么是"不确定性"呢？不确定性是指事先不能准确知道某个事件或某种决策
的结果。比如在经济组织中，不确定性是指对于未来的收益和损失等经济状况的状
态和范围大小不能准确知道。因此，一旦知道一件事情的不确定性有多大，我们就

可以知道对应的信息量的大小。也就是说，信息是可以度量的。

为了理解信息是如何度量的，我们看看物体的重量是如何测量的。重量的单位是千克。1799 年，法国科学家提出在 4 ℃时，1L 水的质量为 1kg，并以此为标准制作了纯铂为原料的千克原器作为 1kg 的国际标准。1889 年，科学家们用更稳定的铂铱合金代替纯铂为原料制作了千克原器，并一直沿用至今。我们可以拿想要测量的物体与千克原器进行对比，例如，1 瓶 500mL 的矿泉水等于 0.5 个千克原器的重量，因此这瓶矿泉水的重量就是 0.5kg。

类似地，信息的单位是比特，比特原器就是猜一枚硬币的正反面所需的信息量。如果当一个人正在猜一枚未知硬币的正反面时，有人告知他这枚硬币是正面还是反面，这个人就有了 1 比特的信息。在被告知答案之前，这个人不确定硬币的正反面，1 比特信息恰好消除了他的全部不确定性。

【例 1-3】假设你需要解答一道有 4 个选项的选择题，你有 4 个朋友，他们分别告诉你一些内容。

小明说："答案可能在 A、B、C、D 之间。"

小红说："答案不可能是 D。"

小花说："A 是错的。"

小刚说："B 是对的。"

请问：在你的朋友小明、小红、小花和小刚中，谁没有提供信息？谁提供的信息量最大？

答案是小明没有提供信息，因为小明没有减少回答这个问题的不确定性；而小刚提供的信息量最大，因为他为你完全消除了这个问题的不确定性。

从这个角度看，在现代社会中，所有科技创新与进步的目标都是更有效率地获取信息以对抗熵增的必然命运；而人类苦苦探索的延长寿命的奥秘也许就掌握在一只能够更有效获取信息的"麦克斯韦妖"的手中。

人类不断地建立科学理论，然后不断地利用这些科学理论设计、制造自然界中没有的新机器和新设备，并不断地用这些机器和设备产生更多的信息，都是为了极大降低熵增加的速度 [6]① （见图 1-10 ）。正因为如此，著名的物理学家薛定谔才提出："**生命以负熵为生（Life feeds on negative entropy）**"。

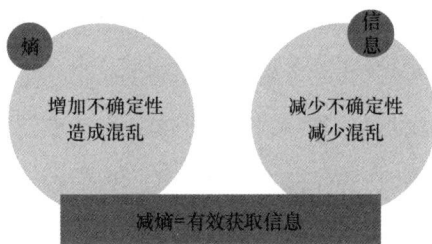

图 1-10 有效获取信息的过程就是减熵

1.4 组织如何减熵而行

组织是各种差异性个体的集合，因此较个体更复杂。在多变的商业环境中，有序管理组织是组织稳定运行的基础，也是每一个领导者必须考虑的基本命题。在以熵增定律为基本准则的社会中，面对未来巨大的不确定性与当下趋于无序的混乱状态，组织该如何有效地获取信息？组织又能否抵消熵增、减熵而行？[3][4]

与个体相似，熵增导致的死亡阴影同样笼罩在组织的上空。当外部呈现孤立、静止、惰性的状态，而内部的无序程度又达到最大（即熵最大）时，死神就会挥下镰刀，死亡随之降临（见图 1-11 ）。

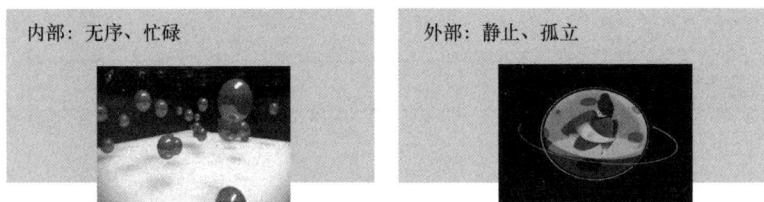

图 1-11 组织死亡：外部静止、孤立，内部无序、忙碌

---

① 参考 B 站视频，超智能体，《学习观 10》。

麦克斯韦既为人类个体寿命的延长带来了曙光，也促使组织管理者以坚定、执着的脚步寻求为组织减熵的路径。富有现实敏感度与远见的企业家逐渐认识到，组织的根本战略目标在于有效地获取信息，以减少组织的无序和不确定性。这既是使组织摆脱死亡阴影的利刃，也是组织持续减熵而行的本质方向。

古人讲究"阴阳相济，相生相长"，宏观世界中昼夜交替，微观视角下正负电荷相互抵消。平衡造就了美感，也维护着大自然中的秩序。熵增定律制约着宇宙的运行，但其并不是孤立存在的，它与耗散结构理论相伴相生，并在不断地打破中塑造新的平衡。

在熵增定律下，宇宙终将不可避免地走向死亡；而耗散结构理论则以开放系统为研究对象，着重阐明开放系统从无序走向有序的过程。耗散结构理论指出，远离平衡态的开放系统能够不断地与外界交换物质和能量，当外界条件的变化达到一定的阈值时，就通过内部作用产生自组织现象，使开放系统从原来的无序状态转变为时空和功能上的有序状态，形成新的、稳定的有序结构。

与熵增定律相反，开放系统及其外力作用组成了耗散结构。耗散结构使个人和组织的主观能动性得到充分的展现与发挥，为减熵奠定了理论基础。组织的"麦克斯韦妖"依然存在，它所需的信息就蕴含在耗散结构之中。

耗散结构有三大主要特征——开放性、远离平衡态和非线性。这三大特征构成了一个远离平衡态的、非线性的开放系统。在建构耗散结构以更有效地获取信息，从而减少组织的无序和不确定性时，也应从这三个方面入手。

1.4.1 保持组织开放性

何谓开放？对开放的认识应从封闭开始。孔子言"六十而耳顺"，人到老年，能听进去不同意见并不是一件容易的事；企业建立数年，组织固化，"船大难掉头"。在人与组织发展的全部阶段，似乎唯有初生不久的孩童能随时保持空杯状态，他们对新知识充满好奇，对改变饱含渴望，这是熵最小的阶段，也是开放性最强的阶段。

而随着年龄的增长与阅历的不断丰富，思维在一次次重复中固化，以往的经验与规则逐渐将空杯填满，人逐渐变得固执，组织也停滞不前。当我们试图用以往的知识框架解释未来时，便会一次次囿于更深的封闭状态，新的信息再难进入。返璞归真，保持孩童般的好奇，不断吸取新知，才是一个人青春常驻，一家企业开放常青的第一步。

重拾对未知的好奇心，水到渠成的下一步是保持学习的欲望。人有三大欲望——对食物的欲望，对感情的欲望，对知识的欲望，它们推动着我们不断前行。在教育资源充分供给、知识获取渠道极大增加的现在，相比几十年前，儿童学习的欲望却在不断下降。究其原因，也许是机器与智能的发展降低了学习的重要性与必要性。当机器的记忆能力、计算能力、应用能力超过人类时，人类仍然掌握着更重要的抽象能力、想象能力、创造能力和同理心，我们不仅有能力去学习它们，还有必要去学习它们，这是支撑人类保持学习欲望的原始驱动力。

对于组织而言，如何保持对机器所不具备的能力进行持续学习，也是组织面临的崭新挑战。在近几年，线上幼儿教育在激发儿童的学习兴趣方面起到至关重要的作用，因此管理者也应思考如何像激发儿童的学习欲望一样激发组织的学习欲望。如今的企业家需要不断学习跨界的各种知识，在个人的开放性得到不断增强的同时，企业的开放性仍有待更深入地开发。

1.4.2　打破平衡状态

与个体类似，对于组织而言，当外部呈现孤立、静止、惰性的状态，而内部的无序程度又达到最大（即熵最大）时，死亡就会来临，组织唯有不断打破平衡状态才能避免陷入漩涡，但打破平衡状态并非易事。对于个人而言，做出改变的第一步往往也是最困难的一步。对于组织同样如此，组织越大，组织的刚性和惰性也就越强。何谓组织的刚性？正如老年人的筋骨难以舒展，组织的刚性可以概括为"想动但动不了"。组织的惰性可理解为"能动但不想动"。组织的变革犹如一次长途跋涉，领导者在前方斗志昂扬、大步流星，后方的团队却已经远远落后，刚性与惰性拖着他们，举步维艰。

与此相关的另一个概念是内卷。网络不断创造着一个又一个爆点，内卷成为近期的热门词。通过深挖其本质，我们发现，**内卷其实正是没有信息的重复**。以一个正在举行讲座的会场为例，门忽然从外面被锁上，会场成了临时性的封闭场所。做讲座的 3 位教授只能不间断地依次为大家上课，但疲劳感仍在广泛蔓延，有人打瞌睡，有人抗议，3 位教授不断调整每天的上课顺序。随着时间的流逝，会场内部有人提议成立委员会，制定关于教授上课的规则，规则越来越多，越来越细，听讲座的考核、激励和绩效政策也不断产生，这个封闭的会场似乎正在向更有秩序的状态发展。但他们都忘了一件事，没有人讨论如何把门打开。在这个封闭的、没有出口的会场里，所有的一切都是无信息的重复，这就是内卷的核心。打破内卷，便是打破平衡状态，让组织动起来，由此才能找到具有突破性的出路。

1.4.3　创造复利价值、做时间的朋友

用数学语言来描述，耗散结构的非线性特征即为创造复利效应。复利效应最初来源于金融学，它在生活中具有广泛的应用。例如，当一个人开始从事一项工作时，初期可能收获很小，随着自身不断努力，收益就像滚雪球一样越来越大，成果往往大于预期。用更形象的语言描述，复利效应也叫"做时间的朋友"，不急于求成，而以长期收益作为评估标准（见图 1-12）。

在数学上，熵增定律类似于对数函数，而复利效应类似于指数函数。在企业转型的前期，复利效应的增长低于熵增速度，没有朋友，没有成果，鲜花与掌声遥不可及，组织艰辛跋涉，却可能收效甚微。但终有一日，组织会到达两条曲线交界的那个阈点，指数函数快速上升，超过对数函数，复利效应超过熵增速度，厚积薄发。

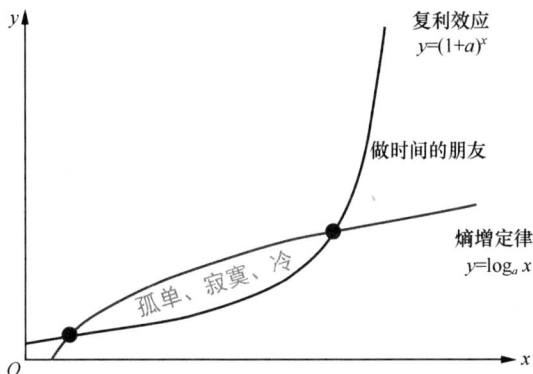

图 1-12 做时间的朋友

在每一次转型过程中，"孤单、寂寞、冷"的阶段不可避免，组织与个人也会面临各种诱惑，遭遇颇多打击，被排挤，被质疑，停下脚步与走捷径的念头经常出现。但最终，只有耐得住孤单、寂寞、冷的人才能到达那个阈点，一飞冲天。在复利效应下必经的痛苦是人的精进之道，也是组织的转型之路。

如今，云计算、大数据促使算法、计算能力（简称算力）突飞猛进，数字化不再流于幻想，数字化转型成为企业发展的必由之路。在信息化时代，小规模企业通过内部管理提高绩效、控制成本，仍可选择在信息化潮流中坚守故地；但在数字化时代，数字化技术基础已经打好，迟疑与观望的时间，也许其他组织就已经抢占先机，当其他组织的计算速度、应用能力、智能水平远超你的组织时，你的组织优势在哪里？未来何在？

所以，处于数字化时代的组织没有选择，要么顺应潮流，要么被潮流淹没，"孤单、寂寞、冷"的量变必然引起质变，转型过后，就是光风霁月的明天。

1.5 数字化转型：长期目标与短期任务

2021 年 9 月，全球信息技术研究和顾问公司 Gartner 发布了"2021 人工智能技术成熟度曲线"（Hype Cycle for Artificial Intelligence，见图 1-13）。Gartner 高级首席研究分析师 Shubhangi Vashisth 指出："人工智能的创新速度飞快，人工智能技术成熟度曲线上一半以上的技术将在两到五年内成为主流技术。边缘人工智能、计算机视觉、决策智能和机器学习等创新都将在未来几年对市场产生革命性的影响。"

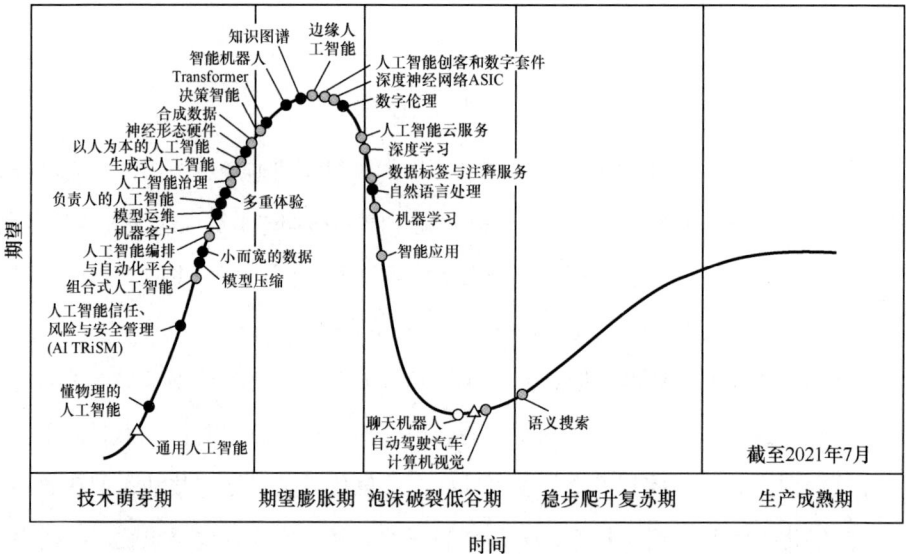

图 1-13　Gartner 发布的 "2021 人工智能技术成熟度曲线"

Gartner 公司将技术的发展分为 5 个阶段——技术萌芽期、期望膨胀期、泡沫破裂低谷期、稳步爬升复苏期和生产成熟期。从图 1-13 中可以看出，人工智能市场仍处于初步发展阶段，处于技术萌芽期的人工智能创新技术仍占据很大的比例。

我们可以看到，从技术萌芽期到最终的生产成熟期，中间既有高峰，也有低谷，组织的数字化转型亦如此。虽知数字化转型前途光明，但难测未来何时到来。

冬日已至，春日不远，但春天到底何时出现？

2022 年 2 月 4 日为农历二十四节气中的立春,彼时南京的气温低至 −2 ℃,虽有短暂暖阳,但寒风中不觉丝毫春意;2 月 19 日为雨水,雨水如期而至,冬日未落的最后一片黄叶在雨中打着寒战;待到过了 3 月 5 日的惊蛰,地底下看不见的冬眠小动物们开始苏醒,蠢蠢欲动。3 月 20 日为春分,终于听闻梅花山的梅花开了,人们脱掉冬衣换上春装去登山,山路上游人如织,一片欢声笑语。以上 4 个节气过后,终于有了可以感知的春意,春天来了,她开始走入人们每天的生活。

除自然界中的变化之外,人们的表现也特别值得观察:对于春天的到来,人们有着两种截然不同的反应:一些人看到天气稍有转暖迹象,就立刻收起冬装,换上春装出门踏青,倒春寒后又为自己的草率叫苦不迭,无比后悔;另一些人则将"春捂秋冻"奉为准则,直到梅花开放,周围已是一片春光明媚,才脱下冬装走出屋门。

冬天走向春天的这个过程,就像组织的数字化转型过程。我们要相信,春天一定会到来,这是我们一定要实现的长期目标。但春天何时到来并无准确期限,需要分为三个阶段性任务——立春代表着南北回归线的变化,雨水则说明空气临界点温度的变化,而惊蛰代表着地下沉睡的动物们开始苏醒,直至春分,能被人感知的春天才真正到来。人们往往忽视这些通往春天的短期节点,但正是短期阶段的累积才带来长期目标的实现。

组织在数字化转型过程中亦如此,成功转型是我们要实现的长期目标。其间,我们需要经历多个阶段性任务,并且我们也会经常碰到两种情况。

其中一种情况是把长期目标错当阶段性任务,一遇到倒春寒就认为春天不会来了。长期目标需要在积累多个阶段性任务后才能达成,短期内无法一蹴而就。一旦把长期目标错当阶段性任务,组织就会因为冒险乱闯而产生混乱无章的挫败感,从而过早选择放弃。

另一种情况则是把阶段性任务错当长期目标,一叶障目。有些企业过于强调阶段性任务的完成度,一遇到艳阳天就认为春天已经来了,却没有意识到阶段性任务在整个长期目标中的地位。一旦遇到困难，就误以为企业无法完成长期目标。一天艳阳高照，一天倒春寒，这都不会影响春天的到来。同理，一时的波动、冷遇也不会影响数字化转型的大潮。

如果说数字化转型的实现是有想法、有目标、有野心、有要求的所有组织和个人公认的通向未来的长期目标，那么如今企业所要做的事情就是以长期目标为终点，结合实际情况，脚踏实地完成多个阶段性任务。在这个过程中，我们既可能会有"孤单、寂寞、冷"的时刻，也可能会有发展停滞期，还可能会因为外在诱惑而偏离原来的方向，但无论过程有多么曲折，我们都必须坚信：能被人感知的春天是经过立春、雨水、惊蛰才到来的，并且这样的春天经过立春、雨水、惊蛰后必定到来。

现在回到我们还没有回答的一个问题：数字化是我们人类减熵的必然选择吗？这也是下一章讨论的重点。

本章要点

- "黑天鹅"逐渐由小概率事件变为大概率事件，而数字化正是应对"黑天鹅"的有效方法。
- 生命以减熵为生，无论是个体还是组织，都需要通过不断地"减熵"来实现生命的延续。
- "减熵"就是获取信息，数字化旨在更快地获取信息并创造新的知识。
- 组织减熵的三大特征：保持组织开放性，打破平衡状态，创造复利价值、做时间的朋友。
- 数字化转型是长期目标，其间需要经历多个阶段性任务。组织要做的就是以长期目标为终点，脚踏实地完成多个阶段性任务。

参考文献

[1] 王玉珏 . 基于熵与耗散结构理论的企业管理创新研究——以华为为例 [J]. 现代管理科学，2019(1):72-74.

[2] 董春雨，姜璐 . 关于熵增定律的方法论研究 [J]. 自然辩证法研究，1997，13(4):5.

[3] 华为大学 . 熵减：华为活力之源 [M]. 北京：中信出版社，2019.

第 **2** 章

万物皆可
数字化

• — •

我们需要回到出发点，将数字化的相关概念厘清，这有助于使数字化转型的道路更清晰。本章将讨论什么是数据，都有哪些类型的数据，什么是数据化，什么是数字化，不同类型的数据如何数字化，以及为什么数字化技术是人类减熵的必然选择（见图 2-1）。

本章涉及的元概念如下。

■ **数据化（datafication）**：将万物用数字、图像、文字、语音共 4 种类型的数据加以表示的过程。

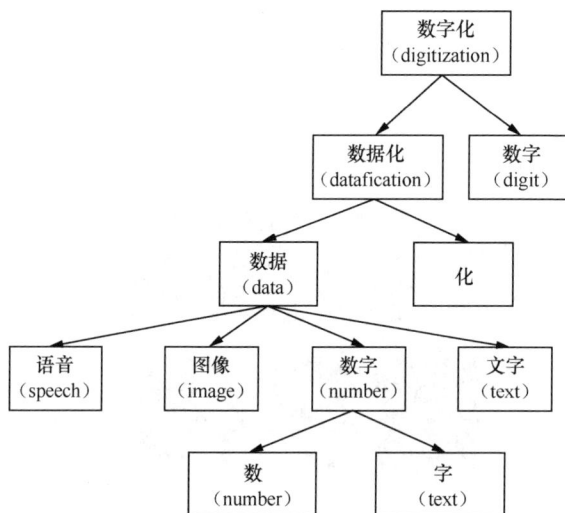

图 2-1　拆字法

- 数字（digit）：二进制的 0 和 1。
- 数字化（digitization）：将 4 种类型的数据（data）编码为计算机所能理解的二进制数字 0 和 1 的过程。这 4 种类型的数据分别是数字（number）数据、图像（image）数据、文字（text）数据和语音（speech）数据。
- 编码（coding）：将数据从一种形式转换为另一种形式的过程。
- 数字技术的特征：可重复编程性、数据同质化、数字技术可供性、数字技术开放性、数字技术融合性、数字技术自生成性。

2.1　万物皆可数据化

【例 2-1】小孩子是如何探索世界的？

小孩子刚出生时相当于一张白纸，他们是如何探索世界的呢？

他们首先听爸妈讲故事；然后一边听故事，一边阅读绘本并从图画中自行匹配故事内容；接着他们学习认字、写字，其中最先学会的字就是数字；最后他们会自己看书，获取更多信息，从而学习更多知识。

在这个过程中，他们将逐渐获取 4 种类型的数据——语音数据、图像数据、数字数据和文字数据。这和人类历史上数据的诞生过程十分类似。

为什么万物可以数字化？这是因为万物都是由数据构成的，而所有的数据都是可以数字化的。我们所看到的丰富多彩、变化多姿的现实世界实际上都可以转为 4 种类型的数据——语音数据、图像数据、数字数据和文字数据，这 4 种数据是伴随着人类的演化而发展变化的。

接下来，我们探讨这 4 种数据的起源与发展。

2.1.1　语音数据

人类在成为智人之前，和其他动物一样，也是通过发出各种不同的叫声传达信息的，比如"河边有头狼，千万别过去"。人类区别于动物的关键点在哪里呢？人类发展出了想象能力，在传递客观事实的基础上，人类会说主观的虚拟事物，也就是俗称的八卦，比如"狼是我们部落的'守护神'"。

为什么八卦是区别人和动物的关键点呢？因为有了八卦之后，人类的语言就不仅仅是对客观现实的反应，而是能够传达一些根本不存在的事物的信息。只有人能够表达关于从来没有看过、碰过、听过的事物，而且讲得煞有其事！如果一大群人想合作，八卦这件事就非常重要。

大约 7 万年前，现代智人就能说几个小时的八卦。通过八卦，他们可以知道在自己的部落里谁是可靠的、谁是自私的，比如：老王比较靠谱，跟他去打猎总能有所收获；老李体力不行，经常颗粒无收；村东头动物多，容易打到猎物；村西头有个大坑，前两天有人掉进去了等。于是，更大的跨越亲情和血缘的组织——"部落"出现了，部落的规模不断扩大，发展出了更紧密、更复杂的合作形式。实际上，虚构不仅让人类能够想象，而且能够一起想象。一起想象赋予了智人前所未有的能力，从而使他们可以一起灵活合作。不同于蚂蚁和蜜蜂，它们只是近亲合作；狼和黑猩猩最多能与熟悉的个体合作；而智人可以与无数陌生人合作[1]。

语言非常重要。一旦人们各说各的语言，传播就开始变得困难了，人类的误解也就产生了，接下来就很难成功合作。所以，语言的难点之一就是难以长距离、跨时间地交流。在书面文字诞生之前，语言是无法记录下来的，所以作为传播工具，语言的另一个特点是仅限于一定区域内的人学习、使用和交流。语言无法记录下来还导致一个问题，就是不便于记忆。

【例 2-2】为什么童谣都是押韵的？

"你拍一，我拍一，环境保护是第一；

你拍二，我拍二，爱护小草和花儿；

你拍三，我拍三，别让垃圾堆成山；

……"

童谣之所以是押韵的，就是为了方便儿童记忆。

押韵是解决记忆难题的一种有效方式。

古希腊有一部口口相传的著名作品，名叫《荷马史诗》。我们为什么可以通过《荷马史诗》传播一些信息呢？因为这些诗里有韵律来帮助我们记忆。在学习语言的时候，人们常常依靠一些韵律来增强对语言的记忆。为什么让小孩子刚学会说话就开始背古诗？因为有节奏和韵律的文字更利于记忆。

在中国通过《诗经》加强人的记忆。这些都通过表达方式的改变进行更大范围的传播，但这种传播存在一个很大的挑战，就是一旦传播的人不幸离世，传播就无法进行下去。此外，传播过程中也会产生噪声并失真，这意味着原来的含义可能发生偏移。

总的来说，口头语言（即语音数据）的难点在于不便学习、不便记忆和不便使用。为了克服以上难点，人类的表达开始往前发展和进化，产生了另一种技能——绘画。

2.1.2 图像数据

面对口头传播的不足，人类开始把自认为非常重要的东西刻在石壁上，以便记录、保存和交流。

早在旧石器时代到新石器时代，非洲和欧洲的原始人就在岩壁上和洞窟中留下了大量手绘的图形。

公元前4000年，苏美尔人开始用图画记事。比如，要表示星，就画一个星星；要表示食物，就画一个盛食物的碗。作为早期人类创造的原始视觉图形的重要代表，图画已经承担起信息的传播功能。图画是人们在长期的劳动生产中对形产生的认识，是经过推理和艺术组合演化而来的（见图2-2）。

在敦煌壁画上，你会看到很多的图画，其中有不少是通过一组图画表达一个故事的。

当欣赏《九色鹿经图》时，不需要有人在旁解说，只要看完这组图画，我们就能理解画者想要表达的意思。看图可以比听讲学得更快，所以小朋友都喜欢通过绘本了解世界。经过这么多年后，这些壁画依然可以被

图2-2 用图画表示人砍树

大家看见、理解，这也体现了绘画在存储上的优势。

绘画能起到什么作用？绘画克服了语言存在的许多困难。首先，绘画很直观，可以提高学习效率。其次，绘画便于存储，在纸出现之前，绘画可以保留在石头或龟壳上。最后，绘画的冗余不大。通过绘画，人们可以通过图像来记忆事件和场景。即使没有语言交流和提示，人们也可以直观地了解绘画中包含的信息。

但是绘画也存在一些问题。比如，虽然便于学习，但绘画不便于使用。如果想要通过绘画记录某个山洞里的一场祭祀活动，则需要绘多幅画，并且只有身处这个山洞的人才能看到这些画。另外，绘画最大的问题在于到底要精准到什么地步才不会失真。但是，对一件事情描述越多，这件事情就越容易产生失真和冗余。人力并不足以克服这一点，所以人类发展出了新的数据——数字。

2.1.3 数字数据

图像来源于现实但简化了现实，其归根结底仍是对现实的直接描绘；而数字则融入了人类独有的想象力，让人类以更高的视角俯瞰现实，从而发展出高阶的信息传递能力。

数字在客观世界中并不存在，它们来源于对客观世界的抽象化描述。数字由于融入了人类主观的想象力与能动性，因此在人类发展的早期有着丰富而各具特色的体现。我们目前可以追溯到的最早数字来源于"结绳计数法"（见图2-3），绳结本身不是数字，但人类为其赋予了数的意义。例如，指定一种形状的绳结为100，而指定另一种形状的绳结为10。与结绳计数法对应的是骨头刻痕计数法——通过在骨头上刻纹对数量进行记录（见图2-4）。

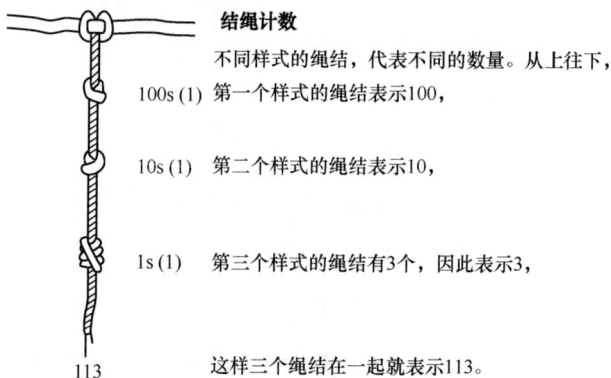

结绳计数
不同样式的绳结，代表不同的数量。从上往下，
100s (1) 第一个样式的绳结表示100，
10s (1) 第二个样式的绳结表示10，
1s (1) 第三个样式的绳结有3个，因此表示3，
113
这样三个绳结在一起就表示113。

图2-3 结绳计数法

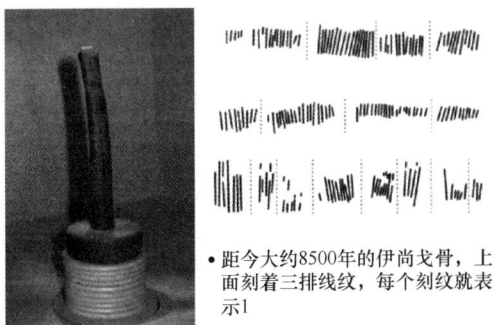

• 距今大约8500年的伊尚戈骨，上面刻着三排线纹，每个刻纹就表示1

图 2-4　骨头刻痕计数法

随着人类社会的发展，楔形文字中出现了各种用于计数和度量的符号（见图 2-5），并于古巴比伦的汉穆拉比王朝时期形成一种更系统化的数字书写方法——竖直的楔形代表 1，尖角的楔形代表 10，人们以此为基础表达所有数字。这种极为接近现代数字形式的创造在数千年后的历史灰烬中仍闪烁微光，揭开了这一古老而璀璨文明的大幕一角。

图 2-5　公元前 2000 年左右的古巴比伦楔形数字

人类早期的以上诸多数字创造均代表数量，不管是不同绳结的数量，还是骨头上刻纹的数量，抑或楔形文字中不同的符号，它们都是人类对客观世界的抽象。

甲骨文是我国的一种古老文字，我们的祖先在龟壳上绘画，用图画来表达 1、2、3、4 等，并根据这些图画把它们抽象成数字（见图 2-6）。数字相比图画更加精准，更难失真。更加精准也意味着抽象能力的大幅提高。抽象能力使我们可以创造客观世界中并不真实存在的事物。客观事物在数字产生之前并没有长度和重量上的概念，这些概念都是在数字发展起来并在我们通过抽象化的数字描述客观世界之后才出现的。

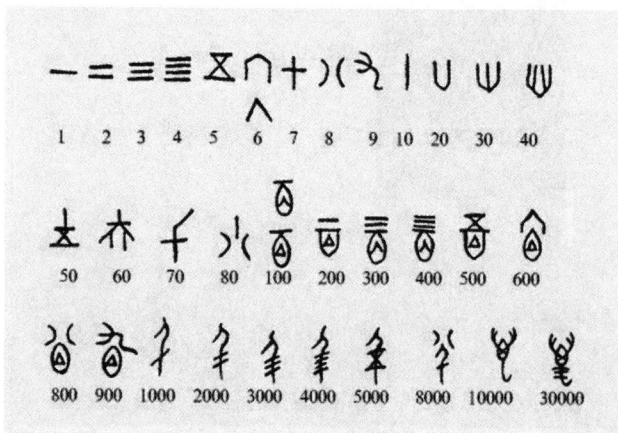

图2-6　甲骨文中的数字

数字既满足了人类记录与简化客观事物的需求，也使更深层次、蕴含逻辑的计算得以实现，图2-7总结了数字的特点。古老的楔形文字中已有几何级数和乘幂表的记录，求平方根与立方根、解线性方程与二次方程更是得到了应用。同时，楔形文字中还记录了大量有关大麦、牲畜、油、苇席和陶器的账单，数字不仅使长度、重量等概念得以度量，还是以此为基础进行计算，满足了复杂商业活动的需要。楔形文字记录着商业活动的萌芽，其中蕴含的数字思想是这些活动得以产生的基础。

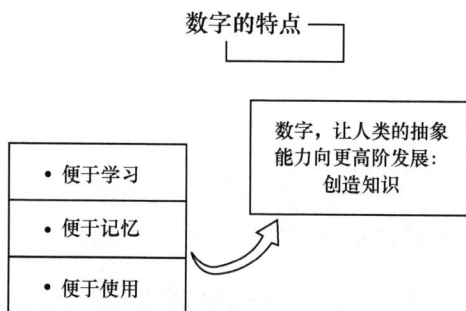

图2-7　数字的特点

通过数字，人们对客观世界开始产生更深的认识与总结。在世界的东方，勾股定理、圆周率的发现使人们推开几何的大门，并用于建筑逐渐为人所掌握；而在世界的西方，散落的楔形文字碎片中记载着天文学的原始算法，使人们站在大地上便能看见宇宙的浩瀚。客观世界依托无言的规律存在与运行，人类则用数字为其加了注解。有了这些概念之后，人的智力开始急速发展，文明由此大踏步前行。

数字的诞生进一步使知识的创造成为可能。在数字的发展过程中，人类也同步进行着一项伟大的工程——创建知识概念。数字语言为知识的传递提供了良好的工具，人类对客观世界的总结性认识与创造性发现常常隐藏在千奇百怪的符号之中。

美中不足的是，虽然数字的精准度足够，但其丰富程度还不够，这使像《九色鹿》与《国王》这样的故事难以用阿拉伯数字进行完全的表述。知识的丰富程度在这一阶段显得有些贫瘠，所以找到一种既精准又丰富的表达方式就显得很有必要，于是人类的表达方式进入了第 4 个阶段——文字数据。

2.1.4　文字数据

文字既是语音和图画的符号化，也是人类创造出来的一种更加抽象的表达方式。为了更好地理解这句话，下面我们举例解释"智慧"中的"慧"是什么（见图 2-8 ）。"慧"这个字是怎么形成的呢？《说文解字》给出的解释是："看到一把草，就能做成一把扫帚，这个想法在心里产生后，就是慧。"

文字有两条发展路径。一条是通过图画的抽象化产生文字，也就是现在我们所说的象形文字，又称表意文字。这种文字是独立地从原始社会最简单的图画和花纹中产生出来的，主要代表有埃及的象形文字、苏美尔文、古印度文以及中国的甲骨文（见图 2-9 ）。

彗 huì

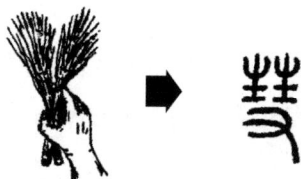

图 2-8 《说文解字》中的"彗"字

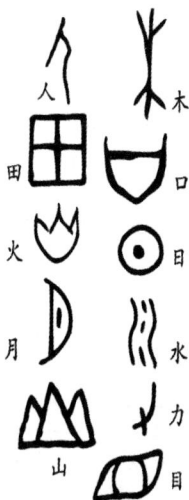

图 2-9 中国的象形文字

另一条是通过语音的符号化产生文字，换言之，就是通过对声音的语音和语调进行符号化产生文字。现在世界大部分地区使用的字母文字首先是在西亚地区产生的。腓尼基字母文字被视为希腊和罗马字母文字的源头。公元前 7 世纪左右，腓尼基字母文字被传给罗马人，成为拉丁字母的基础。随着地理大发现，拉丁字母又被传到美洲、大洋洲等地。这些古老文字的重要性和影响，即使在今天仍十分显著（见图 2-10）。

"书写符号（文字）的作用范围可以在时间和空间上无限延续，在其作用范围内，人们可以相互沟通思想；它赋予写作者的思想以生命，这种生命仅受墨水、纸张和读者存续时间的限制，而免于写作者肉体存续时间的限制。"

——巴特勒

"读书必先识字"，读书就是学习知识，而在学习知识之前必须先认识字。这是因为知识以文字为载体，有了文字，才有可能创造知识。在《荷马史诗》口口相传的年代，讲述者每次讲述的内容都会有所区别，讲完之后，内容就结束了；聆听者听完后，内容保持在聆听者的脑海里，并随着聆听者记忆的遗忘而消失。但是，当《荷马史诗》被人们用文字记录下来之后，口口相传就变成了纸面记录，内容不会轻易消失，而是可以跨越时空更好地保存和传播。更重要的是，人们有可能在此基础上进一步创作，从而创造出新的知识。

人们一旦能够先把字词写下来并对它们进行仔细思考，然后每天从全新的视角对它们加以审视并追索含义，就可以形成新的知识。一旦知识开始形成，知识就具备了推动自身前进的能力。文字的持久性使得人们可以开展知识系统化的工作，用文字创造知识并对有关这个世界的知识加以结构化，从而总结出关于知识的知识。图 2-11 对知识的特点做了总结。

图 2-10　字母文字

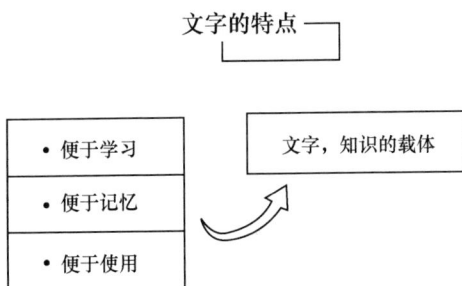

图 2-11　文字的特点

小孩子在成长过程中，首先听故事、看图画，然后学说话并通过背诵唐诗来辅助记忆，最后学习阅读和写字。与口语、绘画和数字相比，文字虽然不太便于学习、记忆和使用，但文字是更高阶的知识。文字的产生表明人类的想象能力和抽象能力有了极大的飞跃，人类由此开启一项新的能力——创造能力。

2.1.5　对万物进行数据化

通过总结以上 4 种数据的特点（见图 2-12），我们发现：

■ 语音数据不方便学习和记忆，冗余较多，精准性不足，传播距离也受限制，存储的时间更是与掌握语音数据的人的寿命息息相关。

- 图像数据更易于学习和存储，冗余也较少；但图像数据不易于使用，并且传播距离会受到更大的限制，精准性不足，更易失真。此外，图像数据在传播过程中会产生更多冗余，并导致更加失真。
- 数字数据比图像数据更加精准，更易于记忆和传播，冗余小，但数字数据蕴含的知识的丰富程度不足。
- 文字数据易于传播和存储，并且蕴含的知识更丰富，但文字数据不易于学习、记忆和使用。

	学习	记忆	使用	创造
语音数据	×	×	×	×
图像数据	√	√	×	×
数字数据	√	√	√	×
文字数据	×	×	×	√

图 2-12 语音数据、图像数据、数字数据和文字数据的特点

这 4 种数据能够共同描述我们所处的现实世界，万物都是由这 4 种数据构成的，这就是"万物皆可数据化"（见图 2-13）。

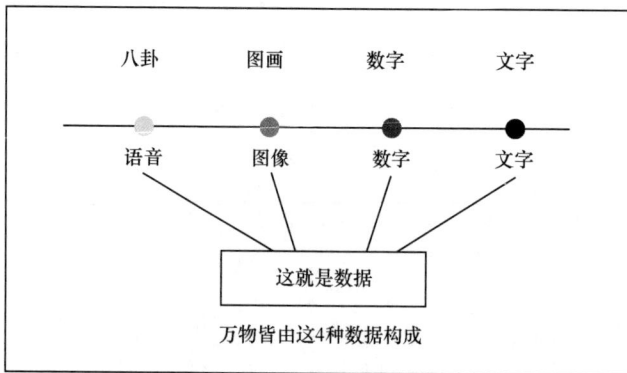

图 2-13 万物皆可数据化

【例 2-3】一堂课中的 4 种数据。

以一堂课为例，我们可以用以上 4 种数据描述整堂课。老师讲课的声音是语音数据；学生的课本和老师的教案是文字数据，其中也有数字数据；给这堂课拍照或录像的结果则是图像数据（见图 2-14）。

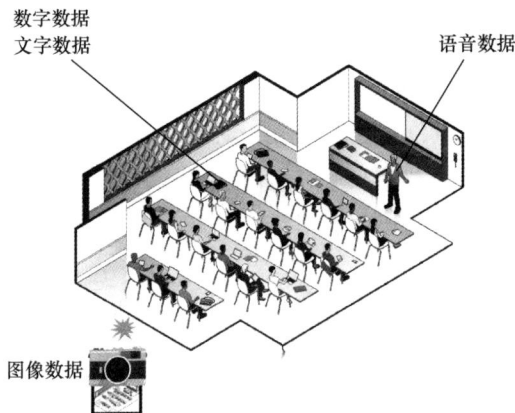

图 2-14 一堂课中的 4 种数据

2.2 数字与数据的转换：编码

数据本身并不产生价值，仅仅相当于做了基础建设。数字不等于数据，那么数据和数字之间又是如何转换的呢?

"万物皆可数字化"的一个重要理论基础就是哥德尔于 1930 年提出的如下观点：**人类的通用语言是数字（number），数据（data）可以编码为任何数字（number)。**

2.2.1 编码：数据到数字的转换

在了解以上 4 种数据如何数字化之前，我们先了解一个基本的概念——编码

（coding）。实际上，任何类型的数据之间都可以通过编码互相转换类型。

1. 鼓声节奏与编码

《信息简史》[2]中讲了一个用鼓声传递消息的故事。在遥远的非洲大地上，一个小伙子正在一声声非常有节奏地击鼓，这不是无意义的艺术表演，而是在"说话"。这段鼓声被直接翻译成文字后，非常具有诗情画意：

"让你的脚沿它去时的路返回，

让你的腿沿它去时的路返回，

让你的腿脚伫立于此，

在这属于我们的村庄。"

这是非洲人在作诗吗？不是，实际上，这段鼓声是在表达一个非常简单的意思——回家。为什么要击出这么复杂的声音出来，而不是简单直接地表达回家的意思呢？这是因为当时通过击鼓只能发出两种声音——高音和低音，只有通过高高低低的各种节奏的组合，击鼓者才能表达出自己想要的意思。鼓声可以实现较远距离的传播。在我们听来，这可能只是一段没有意义的鼓声，但是对于非洲的一些部落成员来说，这代表的意思就是回家。

同样，当时还有其他的传音鼓声。

翻译成文字后，大意如下：

"接生的衬垫已经卷起，我们感到浑身充满力量，一个女人从森林里来到这个开放的村庄。这次就说到这里吧。"

这段鼓声表达的意思是一个女婴降生了。

用鼓声传递消息，实际上就是把想要传递的消息编码成鼓声的节奏。

2. "烽火戏诸侯"：光线与编码

"烽火戏诸侯"的故事大家都不陌生：每隔一段距离就建一个烽火台，当敌情出现时就接力点燃烽火，这也是编码的一种早期表达形式（见图 2-15）。点燃烽火表示有敌情，不点燃烽火表示平安。这类似于现代人通过简单的 on/off 模式传递信息。只不过那时的烽火是简单的直线串联，而没有形成逻辑门。这实际上是将"是否有敌军来袭"的消息编码为烽火的"点燃或熄灭"。

图 2-15　烽火是一种编码方式

3．旗语与编码

旗语也是常见的消息传递方式。旗手的双手各拿一面方旗，每只手可指 7 种方向，除待机外，旗手中的两个旗子不会重叠。旗语可以打出字母和数字，在基于一些编码规则经过转译后，就可以传达更复杂的信息（见图 2-16）。

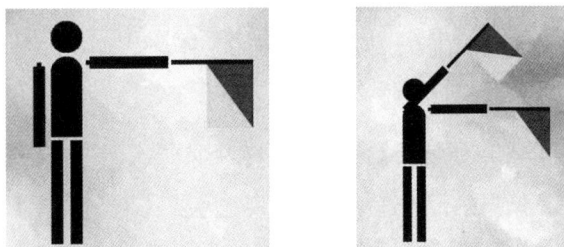

图 2-16　旗语也是一种编码方式

将旗语和鼓声相结合的编码方式也是存在的。在这种编码方式下，不同的旗帜组合代表不同的数字，而不同的数字又对应不同的文字；再配以鼓声的节奏，这样在很短的时间内，通过光与声的传播，相关人员就能够获知内容较为丰富的消息，而不是简单的"是或否"。

4．电报

电报（telegraph，字面意思是"远距离书写"）是编码的集大成者，电报本身就可以写一部巨著了，这里仅从编码的角度探讨电报。电报这个想法在19世纪早期就出现了，从理论上讲，电报机（见图2-17）的原理是很简单的：在线路的一端采取一些措施，使线路的另一端发生某种变化 [3]。

"嘀嘀嗒嘀，嘀嘀嗒嘀……"，电报的收发总是伴随着这种声音，明明发出的只是嘀嘀嗒嗒的声音，但

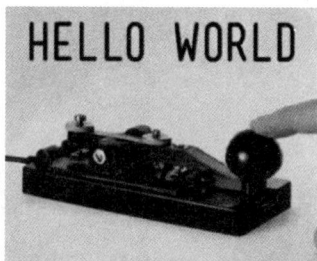

图2-17　电报机

它们却能够被解读成不同的、有意义的文字。这当中发生了什么？人们用电流的隔断来代表不同的字符，字符又组成不同的单词，单词则可以组成不同的文字。通过电流的传播，信息就可以到达很远的地方。

这是什么呢？这也是一种编码方式。通过这种编码方式，人们就可以用一种东西传递节奏的变化，节奏的变化则可通过点和画线进行刻画，而点和画线又对应着特定的字符或字母，最后组合成不同的含义。上面的一系列流程不仅用于使传递的信息更便于学习和使用，还用于更长距离地进行信息的传输、存储和记忆。

电报机的发明是现代通信开始的标志。人类第一次能够在视线或听力范围之外进行实时交流，而且信息的传递速度比骏马疾驰还要快。

更值得一提的是，电报机使用了二进制，但是在后来的电子和无线通信（包括电话、无线电、电视）所使用的通信模式中，二进制废弃了，直到后来它又应用在计算机、光盘、数字影碟、数字卫星电视广播和高清电视上。二进制（即0-1编码）是当前数字化的核心。

上面提到的 4 种编码方式其实都是用不同的形式传递信息的，目的是提升信息获取的效率和效果。例如，在没有任何通信设备的时代，通过烽火我们可以将信息传递得更快、更远；而在信号弱的大海上，我们用旗语传输信息，从而减少信息传递中的噪声；现在，通过加载电流和传输信号，我们进入了通信时代。

2.2.2 数字化：数据皆可编码为数字

实际上，在更广泛的意义上，除上述这些数据类型的转换是编码之外，我们的各种语言文字其实也是编码。例如，汉语里的"狗"既可以用英语编码为"dog"，也可以用日语编码为"イヌ"。但是，数字似乎并不那么容易因文化的不同而改变，不论我们说什么语言或对数字使用什么样的发音，在地球上，几乎所有人用 1 2 3 4 5 6 7 8 9 10 书写数字。也就是说，其实所有的数据都可以通过某种方式编码为数字，数字可以称得上通用语言，这也证明了前面提到的哥德尔的观点。

目前常用的数制是十进制，此外还有八进制、十六进制以及与当前数字化更相关的二进制。从计算机的角度考虑，计算机只能识别电流的导通和断开，就像前面提到的击鼓只能发出高音和低音、烽火只能点燃或熄灭一样。所以，我们用二进制数（也就是 0 和 1）对这 4 种数据编码。

如前所述，二进制本身并不是什么新事物，只不过是人类早已发明的东西在数字化世界里再次体现出了价值。二进制是数学记数系统中的一种很简单的进制，每位数增加到 2 时就向上一位进位，同时每一位上的数字只能是 0 或 1。这和十进制中的每位数增加到 10 时向上一位进位，同时每一位上的数字只能是 0、1、2、3、4、5、6、7、8 或 9 的道理相同。

据此，我们提出：数字化就是将各种类型的数据编码为计算机所能理解的二进制数的过程。

为什么要对数据进行数字化呢？前面提到，编码是为了提升信息获取的效率和效果，同时降低成本。同样，这4种数据都不是完美的，数字化是让它们从不完美走向完美的方法。数字化使这4种数据更便于人们学习、记忆、使用和创造（见图2-18）。

	学习	记忆	使用	创造
语音数据	✓	✓	✓	✓
图像数据	✓	✓	✓	✓
数字数据	✓	✓	✓	✓
文字数据	✓	✓	✓	✓

图2-18 数字化使得这4种数据更便于人们学习、记忆、使用和创造

数据是怎么数字化的呢？下面我们分别分析这4种数据基本的数字化方法。

2.3 数据皆可数字化

如果我们按数字化的容易程度对这4种数据进行排序，那么首先是数字数据，然后是图像数据，接下来是文字数据，最后是语音数据。这4种数据的数字化难易程度之所以不同，原因就在于它们各自的结构化程度不同。下面我们按照数字化的难易程度分别分析这4种类型的数据是如何数字化的。

2.3.1 数字数据的数字化

最容易数字化的数据是数字，因为数字最抽象、结构化程度最高，所以最容易学习、存储和记忆。数字的数字化是目前较成熟的技术，也就是我们在初中时就学过的十进制数向二进制数的转换。以十进制的29为例，二进制化之后，我们可以得到11101（见图2-19）。

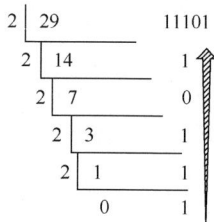

图2-19 将十进制数转换为二进制数的过程

2.3.2　图像数据的数字化

图像也是较容易数字化的一类数据。现在的"独角兽"公司和上市公司大多数选择在图像识别领域发力。不过图像的数字化显然要比数字的数字化难很多。你到医院拍 CT 时，医院会给你一组大的片子，里面是一幅幅的图片（图 2-20 以苹果为例做了说明）。虽然人的肺器官是三维立体的，但 CT 可以将其一层一层地拍成图片。对于视频、三维的物体以及二维的图片来说，所谓的精准度就是帧数，因此它们都需要先转换为图片模式，再利用图像数字化的方法进行数字化。

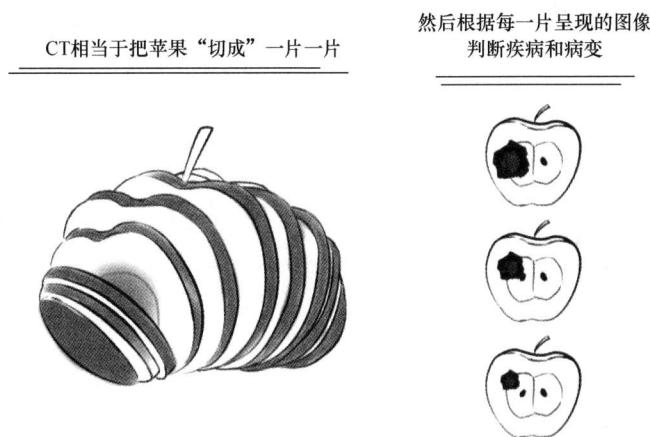

CT相当于把苹果"切成"一片一片

然后根据每一片呈现的图像判断疾病和病变

图 2-20　CT 的结果是图像数据

为了让计算机能够看懂图片，我们需要做些什么呢？下面举一个简单的例子。

首先，进行采样——为图片标上格子，标的格子越小，图片的像素越高。

然后，进行量化——为每个格子标记一个数字。例如，如果 047 代表一个坐标，那么 0 和 4 就是这个标注点的横坐标和纵坐标，7 代表色度。

变成数字后就简单了，这就是前面提到的数字的数字化，于是我们得到数字化的图片（见图 2-21）。

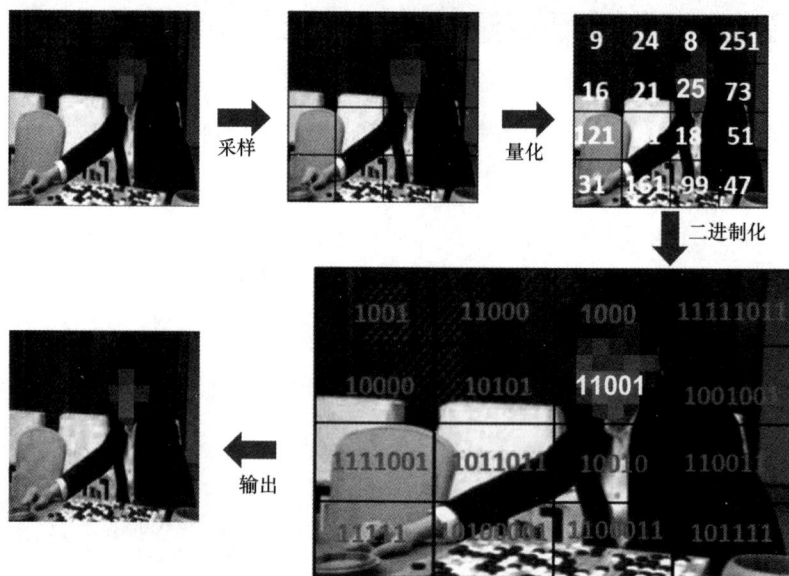

图 2-21　图像数据的数字化示意图

　　假设要设计两个软件 A 和 B，我们想让 A 软件和柯洁下围棋，而想让 B 软件识别出图片里的人是柯洁，哪一个软件的设计难度更大呢？从直觉上，大家可能认为第一个软件更难设计，毕竟下棋听起来就是一种知识的体现，而人物识别只是图像数据的数字化体现。但事实并非如此。围棋有 19 条横轴和 19 条纵轴，共 361 个位置，每个位置上有 3 种情况——白子、黑子或空白。其实软件未必需要棋谱，只要计算机的计算能力（简称算力）足够即可，这仅仅相当于暴力运算 3 的 361 次方，只是数字的数字化而已。

　　图像的数量级比这要大得多，而且色度和亮度的复杂度更高。在图像识别中，最难的是标注，而且标注需要多种人才通力合作——对业务熟练的人才、对数据熟练的人才以及对算法熟练的人才，缺一不可。在机器视觉领域，完成难度最高的就是人脸识别。

2.3.3　文字数据的数字化

　　文字数据的数字化开始变得复杂。数字化文字数据的难点在于如何将基于文字的知识数字化。文字数据的数字化分为两类：一类是文字本身的识别与数字化；另一类是基于文字，将那些把文字作为载体的知识数字化。文字的数字化逻辑和过程并不难，但是那些由于文字的组合变化而形成的知识就显得非常复杂了。

下面我们分析文字本身的识别与数字化。象形文字和字母文字的数字化是不同的。英语由单词构成，单词由字母构成，字母由字符构成。因此，我们最需要完成的是将字符编码为 0-1 数字。以英语单词"Data"为例，可以先将其拆分为"D""a""t""a"，再根据统一的编码规则分别将"D""a""t""a"转换为 0-1 数字（见图 2-22），当前通用的编码规则被称为 ASCII 编码对照表[4]。在 ASCII 编码对照表中，我们可以找到与每个字符对应的 0-1 编码。基于相同的逻辑，汉字的数字化也有一套编码规则，当前通用的编码规则是由 GB 2312-80《信息交换用汉字编码字符集》指定的。

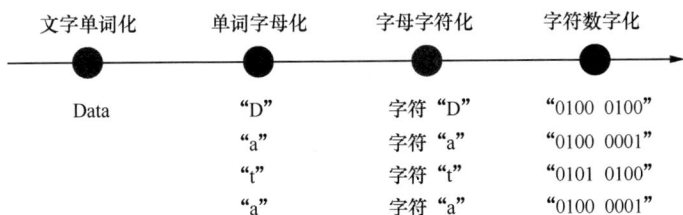

文字单词化	单词字母化	字母字符化	字符数字化
Data	"D"	字符"D"	"0100 0100"
	"a"	字符"a"	"0100 0001"
	"t"	字符"t"	"0101 0100"
	"a"	字符"a"	"0100 0001"

图 2-22　文字数据的数字化

2.3.4　语音数据的数字化

"Hi, Siri"

"小度小度"

"天猫精灵"

"小艺小艺"

......

以上这些都是常见的呼唤手机或智能音箱的话语。为什么这些机器能听懂人类的话呢？这是因为人类的语音已经被数字化为机器所能听懂的"0-1"语言。语音数据的数字化相比前面提到的3种数据的数字化更难，这是因为前者存在一个很重要的自然语言识别的环节。

当机器听到一段语音时，机器最先需要识别出对应的文字是什么。以 Data 这个语音为例，机器会首先将这个语音转变为单词 Data，然后将单词 Data 拆分成 4 个字母"D""a""t""a"，接下来参照 ASCII 编码对照表，找到对应的 0-1 编码——"0100 0100""0100 0001""0101 0100""0100 0001"（见图 2-23）。

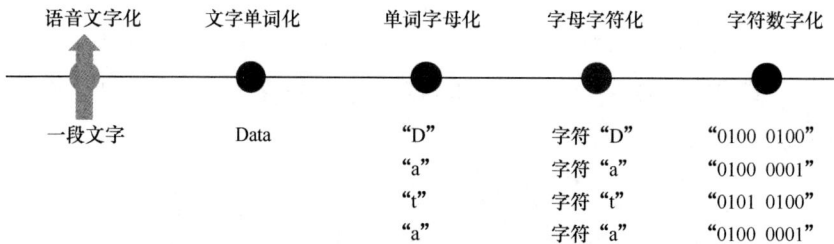

图 2-23　语音数据的数字化

自然语言识别较困难的原因如下。

首先，语音输入无法标准化。以我国为例，来自不同地区的人，就算都说普通话，每个人独有的发音习惯以及说话时的语调、情绪、身体状况等也会带来不同的语音输入。从人的口腔中，元音随着舌头部位的不同可以发出多种音调，再组合变化多端的辅音，就会产生大量相似的发音，这对语音识别提出了极大挑战。此外，除口音参差不齐外，输入设备质量的不同也导致语音输入难以统一标准。也就是说，即使同一个人在同一状态下，用不同录音笔录制的语音也可能是不同的。

其次，语音受噪声的干扰。要让机器从各层次的背景噪声中分辨出人声是比较困难的，而且背景噪声千差万别，模型训练时的情况也不可能完全匹配真实环境。因此，语音识别在噪声中要比在安静的环境中难得多。目前，完全消除噪声的干扰仍停留在理论层面。

最后，模型的有效性并不高。识别系统中的语言模型、词法模型在大词汇量的连续语音识别中尚不能完全正确地发挥作用，还需要我们有效地结合语言学、心理学及生理学等其他学科的知识。另外，语音识别系统在从实验室演示系统向商品转换的过程中，还有许多具体的技术问题需要解决。

当下，我们已经在享受语音识别技术带来的便利，比如前面提到的智能手机上的语音操作、我们与智能音箱的互动等。但是，这与实现真正的人机交流还有相当长的距离。计算机对用户语音的识别程度不高，人机交互还存在一定的问题，智能语音识别技术必须取得突破性进展，才能实现更好的商业应用，这也是未来语音识别技术的发展方向。

2.3.5　知识的数字化

数据的类型虽然只有 4 种，但是当我们讨论数据的数字化时，还应考虑知识(knowledge)。知识隐含在语言文字的逻辑关系中。因此，知识的数字化是困难的（见图 2-24）。

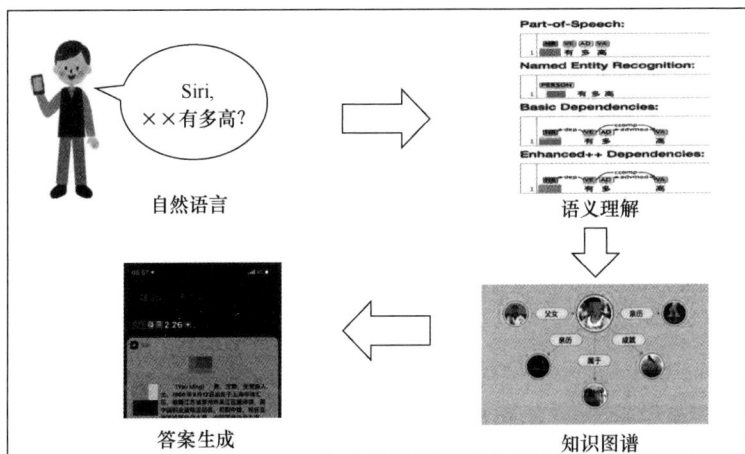

图 2-24　知识的数字化

【例 2-4】"姚明有多高？"这一知识的搜索过程。

第 1 步，输入自然语言，提问："姚明有多高？"

第 2 步，机器进行语义理解，这句话中的实体是姚明，需要回答的是身高。

第 3 步，机器在已有的知识图谱中进行搜索，找出所有与姚明相关的知识，从中获取身高信息。

第 4 步，生成答案。

要让机器和人类无障碍沟通，除精准识别语音之外，还需要机器懂人类语言的逻辑。这正是知识数字化技术的前沿领域——知识图谱。知识图谱实际上研究的是如何将人类的知识数字化，让机器理解知识并和人类自由对话。

例 2-4 对于机器来说是容易理解的，但是当机器听到"南京市长江大桥"这句话时，机器就会遇到困难，因为这句话可以有两种解释：一种是"南京市的市长名叫江大桥"，另一种是"南京市的长江大桥"。如果是人听到或看到这句话，则很容易根据语境确定含义；但对于机器来说，要正确理解这句话的含义就非常困难。

知识的数字化之所以更为困难，原因主要在于知识的以下特征：

- 知识分为显性知识和隐性知识，而隐性知识的结构化表达是很难的；
- 知识图谱需要专家知识的支持，而专家知识不可避免地存在主观性；
- 知识的很多应用容易超出预先设定的知识边界；
- 当遇到异常情况时，知识难以及时更新。

图 2-25 总结了这 4 种数据的数字化以及对应的技术。

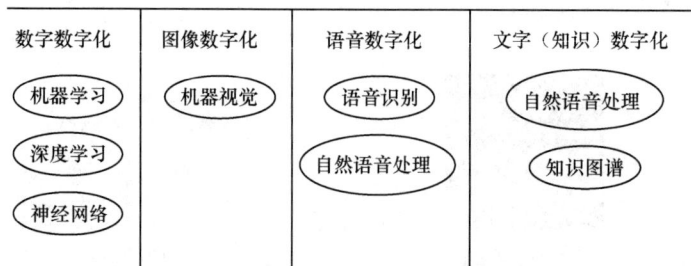

数字数字化	图像数字化	语音数字化	文字（知识）数字化
机器学习	机器视觉	语音识别	自然语音处理
深度学习		自然语音处理	知识图谱
神经网络			

图 2-25　这 4 种数据的数字化以及对应的技术

【例 2-5】讨论人的五感如何数字化。

既然万物皆可数字化，那么人的五感（味觉、嗅觉、听觉、视觉、触觉）可以数字化吗？下面我们不妨就这个有趣的问题做进一步思考。在人的五感中，听觉最容易数字化，因为声音本身就是声波的频率，任何声音都可以看成一系列单纯声音的叠加。频率可以用数字来表示，既然可以用数字来表示，那么参考 2.3.1 节的内容即可将听觉数字化。

接下来比较容易数字化的是视觉。颜色其实是光波的频率，人眼的视觉细胞实际上只有 3 种类型，它们分别用来感受三原色——红、黄、蓝，其余颜色都是由这三种颜色合成的。正因为如此，在计算机上，我们可以用 RGB 值来表示一种颜色。例如，黑色的 RGB 值是（0，0，0），白色的 RGB 值则是（255，255，255）。如果 RGB 值是（255，0，0），则表示纯红色，因为没有绿色和蓝色。

至于触觉的数字化，如果只测量身体能够感知到的触觉，用压力值即可；如果要形容对某个物体的感知，情况就会复杂一些。因此，国外有一家名为 SynTouch 的公司借鉴视觉的数字化方式，将触觉分为 5 大类——质地、柔软度、摩擦力、热量、黏性，以及 15 个维度，每个维度用 0 ~ 100 的数字衡量，这样组合起来便可以形容一个物体的整体触觉[5][6]。

味觉的数字化难点在于，到底有多少种味道呢？我们一般说酸、甜、苦、辣、咸，但实际上远不止这些。我国有一家饮食科技公司将基本味道分为 19 种——咸、麻、辣、鲜、香、酸、甜、葱、姜、蒜、冲、烟香、陈皮、酱香、麻酱、香糟、苦、辛香味、腥（其中的每一种味道有 5 级浓度），并将每种味道与相应的原材料对应，例如，麻对应的原材料是花椒，冲对应的原材料是芥末，苦对应的原材料是苦瓜等。这样基本上就能够对味觉进行数字化分解，从而通过混合不同的原材料，得到相应的味道。

最难数字化的是嗅觉。首先，气味是化学信号，由于不同于声音、图像等物理信号，因此难以定义基本维度。其次，人类的嗅觉受体种类繁多，已知的就有 400 多种，而不像视觉那样只有红、黄、蓝三种颜色受体。更困难的是，我们目前还没有分清楚这 400 多种受体分别对应哪种气味，而且这 400 多种受体还可以产生各种组合[①]。有一家公司计划对自然界中的 94 000 多种气味进行独立编码，目前，这家公司已经实现对 1300 多种气味的编码。

2.4 数字技术的六大特征

为什么数字化转型是个人和组织减熵旅程的必然选择？在回答了"万物皆可数字化"这一问题后，我们论证一下数字化技术如何极大地提高我们获取信息的能力，从而增强我们的减熵能力。

2.4.1 数据同质化

根据冯·诺依曼体系结构，计算机制造的 3 条基本原则中十分重要的一条就是采用二进制逻辑。计算机内部应采用二进制表示指令和数据，每条指令一般会有一个操作码和一个地址码。其中，操作码表示运算性质，地址码则指出操作数在存储器中的地址。这样数字指令和数据便可以采用统一的数字 0 与 1 来表示。数字化使我们可以将任意模拟信号映射为一组二进制数，这导致数字设备可访问的所有数据的同质化（homogenization）。

模拟数据意味着数据（如文字和照片）与用于存储、传输、处理和显示数据的特殊设备（如图书和相机）紧密耦合。相比之下，随着数字技术的出现，万物皆可数据化，而数据皆可数字化。数据的同质化实现了内容与载体的分离。用户只需要提供相应的数字设备和网络，任何真实场景都可以转换为数字内容（音频、视频、

[①] 参考万维钢在"得到"App 上举办的《精英日课》。

文本和图像），并且都可以轻松进行存储、传输、处理和显示，边际沟通和转换成本为零。

2.4.2 可重复编程性

可编程（programmable）强调数字技术允许数字设备执行各种各样的功能，如距离计算、文字处理、视频编辑和 Web 浏览等。

可重复编程性（reprogrammability）强调基于不同目标的不同编程过程的可重复性，与之相比，基于模拟技术的指令获取和数据操作的实施过程总是固定发生的，并且是不可重新编程的[7]。例如，胶卷相机按一次快门（指令）后，就报废一张胶卷（操作）；而数码相机按一次快门（指令）后，如果对成像（操作）不满意，则可以删除成像（指令）并再次拍摄（指令），重新进行成像（操作）。

因此，模拟技术在实施过程中往往是单次（编程）的，但数字技术可以使数字设备的功能逻辑与执行操作的物理实施分离，这就是现代计算机之父冯·诺依曼提出的冯·诺依曼体系结构（见图 2-26）中的主要概念[8]。

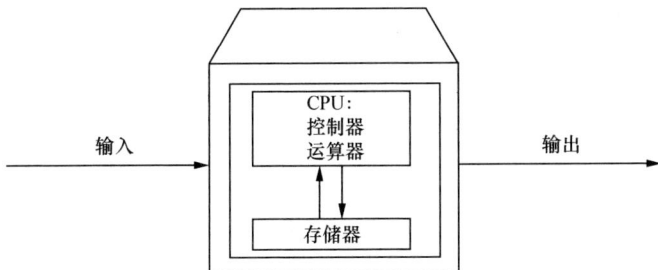

图 2-26　冯·诺依曼体系结构

冯·诺依曼体系结构是将程序指令存储器和数据存储器合并在一起的存储器结构。基于这种结构，数字设备（如计算机）由一个执行数字编码指令的处理单元和一个存储单元构成，存储单元以相同的格式和位置保存被操作的指令与数据，只要用户能够用新的指令操纵数据，这种架构就能在数据的操纵方式上提供灵活性，数据没有损耗，同时边际沟通和转换成本为零，这实现了可重复编程。

2.4.3　数字技术可供性

数字产品如何为不同的用户提供不同的用处呢？甚至在另一个时间点为同一个人提供不同的用处呢？可供性（affordance）理论指出，有机体与其所处的环境是相互补充的，环境对于使用者的合适性取决于使用者的意图和能力。同一环境既可以为不同的人提供不同的用途价值，也可以对同一个人在不同时间提供不同的用途价值。

从技术可供性的角度我们可以发现，数字化数据因其多样化的来源可以同质化。同质化之后，数据很容易与不同使用者的不同目标用途相结合，进行可重复编程。因此，数字技术向用户提供的行动潜力或可能性是多样化的，这种现象称为数字可供性。例如，在同一数据资源环境中，我们既可以为不同的人提供不同的用途价值，也可以为同一个人在不同时间提供不同的用途价值。这就是数字化技术能够为用户创造多样化价值的原因[9]。

通过对数字可供性加以利用，我们可以创造积极的网络外部性，加速数字设备、网络、服务和内容的数字化创新；同时，创新的扩散过程反过来又通过降低进入门槛、降低学习成本和加速传播速度，进一步促进了数字可供性。这种正向反馈机制使得基于数字化技术的创新实现了全民化，几乎任何人可以参与其中，每一个人都可以用极低的边际沟通和转换成本创造多样化的价值。

2.4.4　数字技术开放性

数字化一方面促进数据开放，导致在形式上允许新的伙伴关系出现；另一方面又促进资源共享，在知识创造上形成共创[8]。开放性是数字可供性的产物，它同时又和数字可供性相辅相成，共同促进创新的演化。

- 数字资源的开放性：除被自身的程序控制之外，数字资源的开放性还使其可以被作为其他程序的数字对象访问和修改[10]。
- 数字平台的开放性：数字平台的基础技术架构具有开放性，从而允许外部实体建立和补充彼此的贡献及产出[11]。
- 生态系统或社区的开放性：生态系统或社区的开放性意味着个人或组织可以协作，参与联合决策和治理并发挥重要作用。

总之，数字技术能够以多种方式促进开放，包括谁可以参与、他们可以贡献什么、他们如何做出贡献以及可以达到什么目的。因此，从更广泛的意义上讲，数字化改变了创新开放的性质和程度。

2.4.5 数字技术融合性

随着物理制品中嵌入的数字功能在数量和类型上的提升，产品的"智能化"也在加速融合，单个制品可以置入多个截然不同的功能，每个功能在过去则需要单独的产品或工具。例如，智能手机可以提供语音通话、拍照、游戏以及用户可能需要的许多其他功能（如充当手电筒），所有这些功能已被置入同一个设备。

同样，数字化技术和数字可供性使以前分开的用户体验融合在一起，形成"多合一"，实现了体验的多重整合；或者就像"乐高拼积木"一样，形成新的服务体验（如元宇宙的虚拟沉浸式体验）。

除对产品的边界进行模糊之外，融合性（convergence）还使组织和行业的边界模糊，比如将以前分离的行业聚集在一起。融合性还极大降低了网络效应的形成成本，产生了平台模式（实现了供应商集群和顾客集群的边界融合）和共享模式（实现了开放式创新，并由此创造出许多新的业态和价值增长点）。

2.4.6　数字技术自生成性

自生成性指的是一项技术产生自发变化的总体能力，这种变化是由大量的、多样的且不受协调的受众驱动的 [12]。例如，从可利用的硬件资源看，数码相机不仅可以用作相机，还可以用作视频播放器、照片编辑器、互联网客户端等，就像变形金刚。

一方面，由于数字技术的可重复编程本质，在形式和功能上延迟绑定意味着新功能可以在产品或工具被设计和生产后添加。以装有各种应用的智能手机为例，通过建立应用程序平台，我们可以使第三方开发的创新应用在事后能够集成到平台上 [13] 并向用户提供价值。另一方面，数字技术作为副产品留下了数量空前的数字痕迹，这些数字痕迹的使用促进意料之外的衍生性创新。例如，通过对用户健身数据的分析，我们可以创建个性化的训练计划并跟踪进展，同时这些数据也可以用作创建健康管理、营养膳食搭配等方面的依据。

我们仿佛在论证一道数学题。根据数字技术的特点，数字技术的同质化以及可重复编程性使数据世界和我们人类生存的真实世界一样，具有可供性和开放性，这两个特点使数字化创新具有融合性和自生成性，从而确保我们可以用极低的成本和极高的效率创造极大的新价值（见图 2-27）。这就是我们人类减熵的追求目标，也是数字化转型的意义。

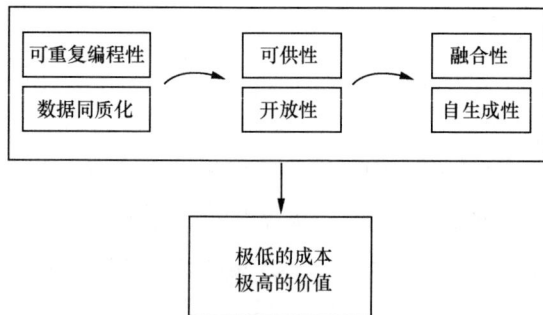

图 2-27　数字技术的特征及价值

综上所述，数字化转型是个人和组织减熵旅程的必然选择。

2.5 案例：2022 年，让我们从数字医疗看未来

2021 年年底，我们做了一项很有意思的研究，并据此撰写了《2022 全球数字医疗技术趋势》报告。这份报告中的数据来源于中国国家自然科学基金、美国自然科学基金和美国国家卫生研究院（National Institutes of Health，NIH）基金在 2019—2021 年资助的所有项目。我们采用自然语言处理技术和知识图谱技术，立足于医疗和人工智能交叉的数字医疗领域，提供更加细致、切实可行的研究方案。

2.5.1 我们的研究路径与方法

我们在前期调研和搜集专业资料的基础上，设计未来数字医疗技术发展趋势的研究方案。我们全面搜集了可以代表未来研究趋势的数据，以中国国家自然科学基金、美国自然科学基金和 NIH 基金资助的项目为代表，还包括计算机、医学和管理学领域的顶级会议（简称顶会）和顶级期刊（简称顶刊）文献，建立了全球数据库。基于 102 499 条中国自然科学基金数据、99 720 条美国自然科学基金数据以及 NIH 基金数据，运用自然语言处理技术，筛选出中国的 690 个以及美国的 1543 个热点研究项目，创建了医疗 AI 知识图谱的 1.0 版本。

最后，我们组建了包含医疗和计算机领域专家、医疗器械专家、投行机构专家在内的专家库，并对医疗热点结果进行反馈和修正，最终形成一份基于真实数据的2022 数字医疗技术趋势清单（见图 2-28）。

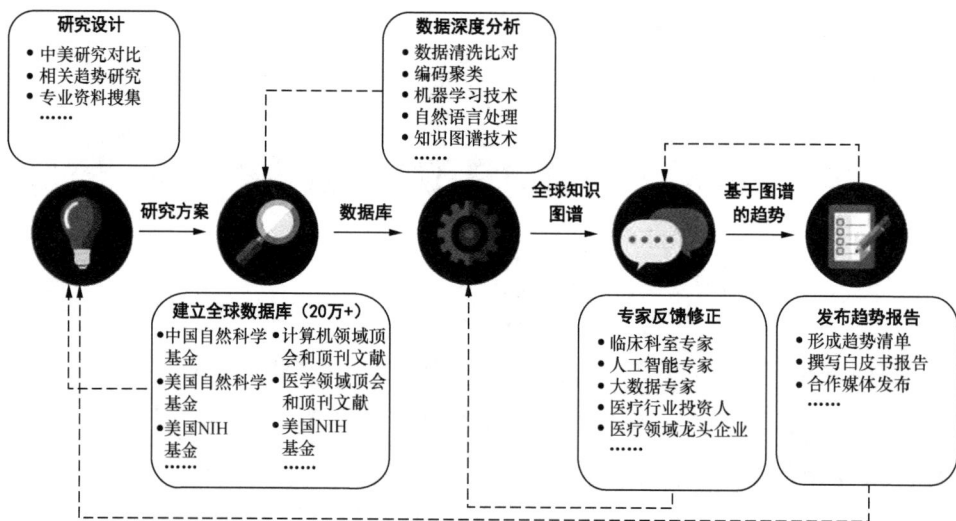

图 2-28　我们的研究路径

1. 本报告的基础数据来源具有前瞻性

本报告的基础数据来源于中国国家自然科学基金、美国自然科学基金和 NIH 基金在 2019—2021 年资助的所有项目，这些项目数据处于双 S 曲线的基础研究到应用研究阶段。

中国国家自然科学基金聚焦基础、前沿和学科交叉，为全面培育我国源头创新能力做出了重要贡献，成为我国支持基础研究的主渠道。

美国自然科学基金是美国政府的独立机构，主要支持除医学外的科学及工程学的教育和研究。美国 NIH 基金则主要聚焦医学领域。美国的这两类基金项目不仅是学术界从事基础研究最重要的指标，也是衡量同行认可度的最客观指标。

2. 什么是技术成熟度双 S 曲线

在克莱顿·克里斯坦森（Clayton Christensen）[14] 提出的"技术 S 形曲线"的基础上衍生出来的技术成熟度双 S 曲线，由技术研究 S 曲线和技术应用转化 S 曲线构成。这两条 S 曲线有了质的飞跃，描绘了完整的创新链从基础研究、应用研究到技

术开发和产业化应用、规模化发展的全过程。

在技术孵化期，从基础研究到应用研究阶段，技术研发的速度相对比较缓慢。到了创新转化期，随着人们对技术的理解逐渐加深和控制力逐渐加强，应用范围更加广泛，技术改进的速度会不断加快。但是在进入商业化阶段后，人们需要更长的时间或更大的投入才能实现市场的准入和规模化落地（见图 2-29）。

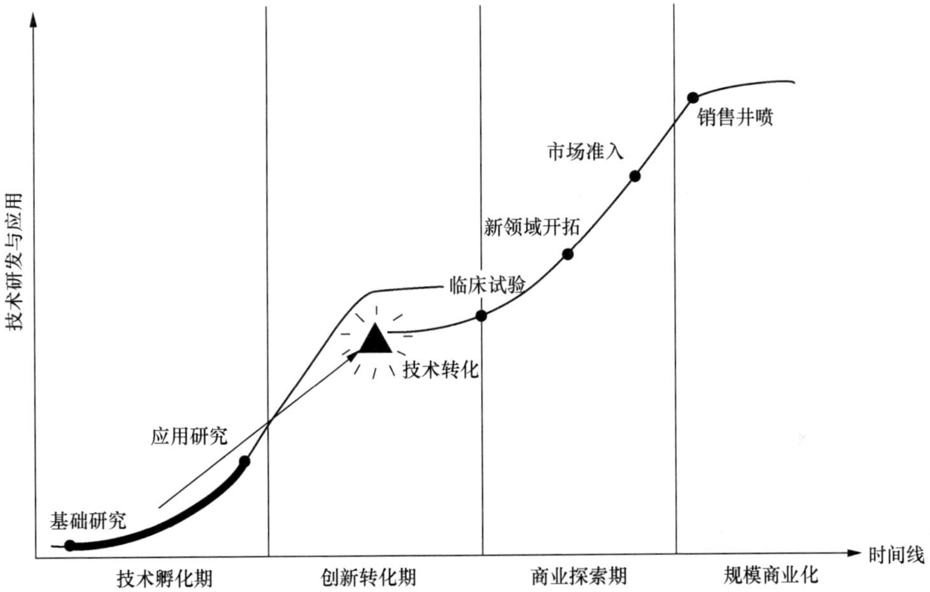

图 2-29 技术成熟度双 S 曲线

技术成熟度双 S 曲线犹如 GPS 导航系统，既可以定位一项技术在现阶段处于哪条 S 曲线（是技术研究 S 曲线还是技术应用转化 S 曲线），也可以定位一项技术具体处于哪个阶段（是处在基础研究阶段还是处在技术转化的关键拐点，抑或已经处于商业化销售的井喷阶段）。

只有拥有技术成熟度双 S 曲线这一 GPS 导航系统并抓住基础研究这颗“闪亮星辰”，我们才能站得足够高，看到数字医疗领域的技术研究和技术转化全局；才能既看到远方的目标，也看清脚下的路。

2.5.2　什么是数字医疗

作为一种颠覆式创新，数字医疗是指利用数字技术和手段，在预防、诊断、治疗、康复、保健等人类全生命周期的健康管理过程中获取新医学知识并改善新医疗实践的过程。

本报告中的医疗环节包括病理、筛查、影像诊断、其他诊断、手术治疗、药物治疗、其他治疗、康复、预防预测以及其他研究（见图 2-30）。

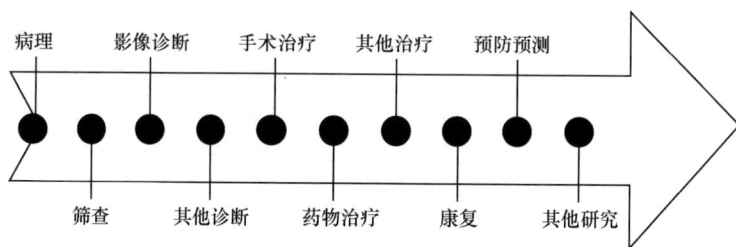

病理　　影像诊断　　手术治疗　　其他治疗　　预防预测

筛查　　其他诊断　　药物治疗　　康复　　其他研究

图 2-30　医疗环节

2.5.3　研究成果

本报告分别从临床细分病种和人工智能技术两个角度出发，探究中美两国哪些病种是人工智能技术的研究重点，而哪些人工智能技术又是医疗领域关注的重点；继而具体到每个病种涉及的关键人工智能技术和医疗应用情境，以及每种人工智能技术涉及的主要病种和医疗应用情境，以此为医疗和人工智能交叉的数字医疗领域提供更加细致、切实可行的洞察趋势。

1. 2019—2021 年中美数字医疗领域前十大热点研究病种

在数字医疗领域前十大热点研究病种的排名中，中国和美国共同出现的病种有**肿瘤、精神障碍、乳腺癌、心脏疾病和脑卒中**（见图 2-31）。**肺癌**在中国数字医疗领域的前十大研究热点中排名第五，但是没有出现在美国榜单上；**阿尔茨海默病**在美国数字医疗领域的前十大研究热点中排名第三，但是没有出现在中国榜单上。

排序	中国690条			美国1543条		
	主要病种	研究主题数量	百分比	主要病种	研究主题数量	百分比
1	医技	198	28.70%	医技	202	13.09%
2	肿瘤	34	4.93%	精神障碍	151	9.79%
3	精神障碍	27	3.91%	阿尔茨海默病	137	8.88%
4	乳腺癌	25	3.62%	肿瘤	102	6.61%
5	肺癌	24	3.49%	心脏疾病	82	5.31%
6	心脏疾病	23	3.33%	新冠肺炎	47	3.05%
7	骨关节疾病	23	3.33%	艾滋病	46	2.98%
8	脑卒中	21	3.04%	脑卒中	33	2.14%
9	眼部疾病	21	3.04%	血管疾病	30	1.94%
10	脑部疾病	19	4.20%	乳腺癌	25	1.62%

图 2-31　2019—2021 年中美数字医疗领域的前十大热点研究病种

此外，在中国和美国的数字医疗领域，研究最多的都是医疗技术（简称"医技"，属于医技科室——运用专门的诊疗技术和设备，协同临床科室诊断和治疗疾病的医疗技术科室，以诊断或治疗为主。

2. 2019—2021 年中美数字医疗领域前十大热点研究数字技术

在数字医疗领域前十大热点研究数字技术的排名中，中国榜单和美国榜单上共同出现的数字技术有**深度学习、人工智能、AI 影像、机器学习、神经网络、机器人**和**虚拟现实**（见图 2-32）。**自然语言处理**高居美国数字医疗领域十大研究热点数字技术的第 4 位，但其没有出现在中国榜单上。

排序	中国690条			美国1543条		
	关键数字技术	研究主题数量	百分比	关键数字技术	研究主题数量	百分比
1	深度学习	146	21.16%	机器学习	747	48.41%
2	人工智能	140	20.29%	AI影像	465	30.14%
3	AI影像	137	19.86%	深度学习	392	25.41%
4	机器学习	75	10.87%	自然语言处理	102	6.61%
5	神经网络	64	9.28%	神经网络	64	4.15%
6	机器人	53	7.68%	监督学习	63	4.08%
7	3D打印	44	6.38%	虚拟现实	60	3.89%
8	虚拟现实	8	1.16%	人工智能	41	2.66%
9	增强现实	6	0.87%	机器人	41	2.66%
10	贝叶斯网络	5	0.72%	无监督学习	38	2.46%

图 2-32　2019—2021 年中美数字医疗领域研究热点前十大数字技术

3. 2019—2021 年中美数字医疗领域热点研究医疗环节分布

中国集中在影像诊断环节，美国集中在病理环节（见图 2-33）。

中国数字医疗领域热点研究医疗环节分布　　　　美国数字医疗领域热点研究医疗环节分布

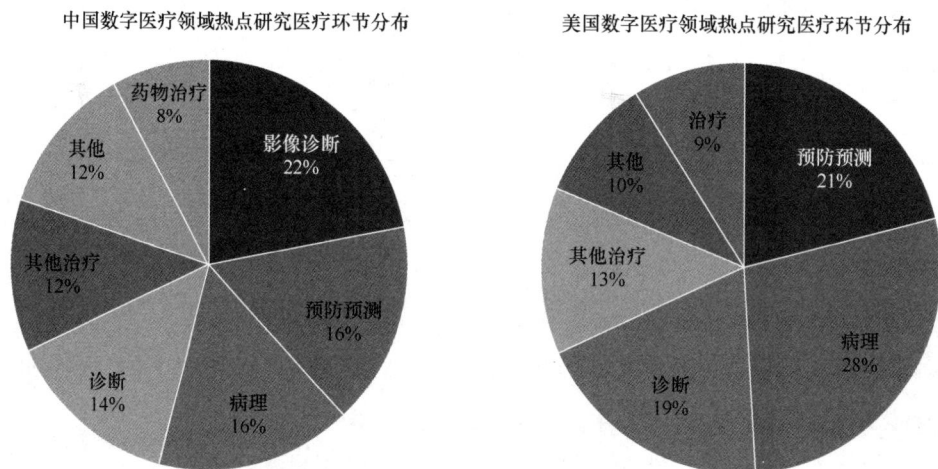

图 2-33　2019—2021 年中美数字医疗领域研究热点医疗环节分布

2.5.4　研究成果分析

我们分别对比了中美数字医疗领域的前十大热点研究病种以及前十大热点研究数字技术。**为了更精准地比较中国和美国在数字医疗领域研究热点的分布**，我们采用了控制变量法。我们首先选取相同的病种作为研究基础，对数字技术及医疗环节进行对比分析；然后选取相同的数字技术作为研究基础，对科室及病种进行对比分析。我们发现了 3 个很有意思的问题。

第一，研究热点为什么都集中在医技领域？而在医疗环节方面，为什么研究热点都集中在病理、影像诊断和预防预测环节？原因如下。

■ 数据结构化程度高。在医技领域以及病理、影像诊断和预防预测环节，我们面对的主要是机器产生的检测数据和影像，数据的来源是数字数据和图像数据。病理检测报告和影像诊断报告一般都有固定的结构，影像在被转换成二进制格式后，也可以快速、准确地读取数据，因此数据结构化程度高。

■ 场景结构化程度高。在医技领域以及病理、影像诊断和预防预测环节，场景结构化程度最高，包括用户消费场景和使用者生产场景。在病理和影像诊断这两个环节，用户不会参与生产，所以用户消费场景的结构化程度很高。回想一下，当我们去做血液检测或尿液检测时，我们只坐在窗口前伸出胳膊或者将尿液样本通过小窗口递给检验人员，而不用参与后面的检测环节；而在使用者生产场景中，大多数情况下由仪器检测，人不怎么参与，人为影响因素小，场景相对封闭。

第二，研究热点为什么在治疗和康复环节相对较少？

因为无论是在用户消费场景中还是在使用者生产场景中，这两个环节都存在大量的人际交互及情感交流，从而产生许多个性化需求。在这些场景中，人的医疗特殊性使每一个患者在这些医疗环节的体验和需求都不一样，所以场景颗粒度小、个性化程度高、场景最不容易结构化，这也是目前数字医疗研究中较困难的部分。

第三，在数字技术方面，为什么研究热点最少的是自然语言处理技术？

数字医疗是典型的数据海量且多源异构的领域，由于数据专业性强、结构复杂，因此非常多的医疗数据是以自然语言文本形式出现的。与数字数据和图像数据不同，自然语言文本是非结构化的，限于句法 – 语义规则，容易产生歧义。在数据处理方面，自然语言文本和结构化数据相比，更难以提取特征，这导致难以找到数据之间隐藏的关系。

本章要点

■ 万物都可以用数字数据、图像数据、文字数据和语音数据这 4 种类型的数据来表示。

- 语音数据是最早产生的数据，语音数据的难点在于不便于学习、记忆和使用。

- 图像数据则便于学习、记忆和使用。

- 数字数据也便于学习、记忆和使用，数字的产生使创造知识成为可能。

- 文字数据虽然不太便于学习、记忆和使用，但它们是更高阶的知识。文字的产生表明人类的想象能力和抽象能力有了极大的飞跃，人类由此开启一项新的能力——创造能力。

- 数字化就是将各种类型的数据编码为计算机所能理解的二进制数（0和1）的过程。

- 如果按照数字化的难易程度进行排序，那么由易到难分别为数字数据、图像数据、文字数据、语音数据。

- 数字技术的六大特征分别是数据同质性、可重复编程性、可供性、开放性、融合性和自生成性。数字技术的这六大特征使我们的减熵速度（在数据量级上）有了极大提高。

参考文献

[1] HARARI Y N. 人类简史：从动物到上帝 [M]. 林俊宏，译 . 北京：中信出版社，2017.

[2] GLEICK J. 信息简史 [M]. 高博，译 . 北京：人民邮电出版社，2013.

[3] PETZOLD C. 编码：隐匿在计算机软硬件背后的语言 [M]. 左飞，薛佟佟，译 . 北京：电子工业出版社，2012.

[4] American Standard Code for Information Interchange (ASCII) [J]. The Hands-on XBEE Lab Manual, 2012: 281-284.

[5] NARANG Y, SUNDARALINGAM B, VAN K. Interpreting and Predicting Tactile Signals for the SynTouch BioTac[J]. The International Journal of

Robotics Research, 2021,40(12-14):1467-87.

[6] 郑悦. SynTouch：更像手的机器 [J]. IT 经理世界，2013(17):72-73.

[7] STEIL B, VICTOR D G, NELSON R R. Technological Innovation and Economic Performance[M]. Princeton: Princeton University Press, 2002.

[8] NAMBISAN S. Digital Entrepreneurship: Toward a Digital Technology Perspective Entrepreneurship[J]. Entrepreneurship Theory and Practice, 2017, 41(6):1029-1055.

[9] GIBSON J. The Ecological Approach to Visual Perception[M]. London: Psychology Press, 2014.

[10] KALLINIKOS J, AALTONEN A, MARTON A. The Ambivalent Ontology of Digital Artifacts[J]. Mis Quarterly, 2013, 37(2):357-370.

[11] TIWANA MI. Self-Organizing Networks: A Reinforcement Learning Approach for Self-Optimization of LTE Mobility Parameters[J]. Automatika, 2014, 55(4):504-513.

[12] ZITTRAIN JL. The Generative Internet[J]. Harvard Law Review, 2006, 119(7):1974-2040.

[13] BENKLER Y. The Wealth of Networks: How Social Production Transforms Markets and Freedom Contract : Freedom in the Commons[M]. New Haven: Yale University Press, 2006.

[14] CHRISTENSEN C M. 创新者的窘境 [M]. 胡建桥，译. 北京：中信出版社，2020.

第 **3** 章

如何从数据中挖掘金子

• — •

　　第 2 章讲述了数据数字化的元概念及方法。数字化的基础在于数据，但数据本身到底有什么价值呢？数据的价值在于，通过数据我们可以获得减熵过程中最有价值的贡献——信息。信息是数据里的金子，本章讨论数据数字化中的基础性问题——数据，包括如何搜集数据以建立数据库，以及如何从数据中挖掘出有价值的内容——信息。通过学习本章，读者将能够更加清晰地理解信息化与数字化的关键区别，从而为企业的数字化转型辨明方向。

本章涉及的元概念如下。

- **场景**：用户在某个空间的时间里经历的情景和互动。场景会触发用户的情感体验。
- **正合适的数据**：基于特定场景采集的全量的、全要素的、实时的数据，用于构建场景的数字孪生。
- **脏数据**：包含噪声的数据，如缺失的数据、冗余的数据、冲突的数据和错误的数据。
- **数据清洗**：从数据中去除无用噪声的过程。
- **数据库**：将清洗后的数据按照一定的规则存放到计算机存储器中的数据集合。
- **信息**：去除噪声后可用于特定场景的有用数据，它们是数据库中的金子。
- **比特**：比特是信息的单位，1 比特等于猜一枚硬币抛出后正反面所需的信息量。
- **信息化**：将场景中的业务流程数据输入计算机，然后通过计算机系统模型的计算产生信息，从而提高业务效率。

3.1 为什么数字世界的基础是数据

我们先通过两个案例了解一下为什么数字世界的基础是数据，以及为什么数据不好用或用不好。数字化转型的第一步是构建数字世界，数字世界是真实世界的数字映射，甚至是复刻。

3.1.1 建设火神山医院的数字世界

2019 年年底，在武汉，新型冠状病毒（以下简称"新冠病毒"）来势汹汹，为了应对新冠病毒造成的传染性疾病，医院必须考虑将感染新冠病毒的患者和普通患者分开治疗，否则会造成交叉感染。于是，2020 年 1 月 23 日，武汉市城市建设管理局紧急召开专题会议，要求建设一所专门收治感染新冠病毒的患者的火神山医院。随后，火神山医院从方案设计到病房安装，再到建成交付，仅历时 10 天，世人无不叹服中国速度。但是，10 天建成一所传染病医院并非易事，建设过程中困难重重①[1]。

首先，时间紧。新冠病毒传播迅速，我们已经发现的传染途径有飞沫传播、接触传播、粪口传播等。更危险的是，这种病毒在潜伏期内就已具备传染性。火神山医院的建设必须分秒必争。

其次，要求定制化。不同于常规医院的标准化建设，传染病医院的建设是一个复杂的定制化过程，必须根据传染病的潜伏时长、传染途径、传播速度、易感人群、已感患者等各方面因素确定医院的规模、科室的设置、污染区的划分、用来防止感染的布局流程、通风管道的铺设位置、后勤的物资供应等。但是，在当时的情况下，新冠病毒的来源、传播途径等并不清晰，以上这些工作并没有可借鉴的标准化做法。另外，医务人员对新冠病毒的了解也十分有限。如果发现不了新冠病毒在医院内部的传播链，就无法充分满足感染控制工作的需求。

换句话说，医院建设和防控工作都存在很多未知的因素。医院必须规划好标准预防工作和额外预防工作，因为情况可能会随时发生变化，哪怕在建设期间，也无法避免随时需要更改设计的可能。因此，在整个医院的建设过程中，参考标准极为有限，定制化的任务和程序中潜伏着更多的困难和挑战。

接下来，工序多。从基础建设到电网建设、通信系统、IT 设备、医疗系统，再到后勤保障等，医院的建设原本就需要多程序、多部门以及大量人员参与和配合，而且对于传染病医院而言，建设工序更繁多。以基础建设为例，设计方案确定以后，

---

① 资料来自赖泽薇、张扬等人的"中国速度之二：高效能价值流，基建世界里的云原生缩影"一文，来自《DevOps 案例深度研究》第 4 期。

需要调配资源以保证工程计划顺利实施；在10天工期内，需要完成地面平整工作、防渗工作、集装箱板房吊装工作、病房区结构搭建工作、板房进场改装吊装工作等，最后完成混凝土浇筑工作，其间还要基于对传染病的考虑做好感控工作，协调管道铺设以保证通风等。以上仅仅是众多工序的冰山一角，其他各种材料的发货、运输、组装、铺设、安装以及各种系统的开发、检测、配置、安装、调试等，每一道工序的时间安排都需要精确到以小时来计算，这些层层叠加的工序压在各部门和所有工作人员的肩头。

最后，任务复杂。除多品类、多流程的工序之外，建设任务的难度也相当大。第一，因为临时组建医院，人员组成极复杂，包括来自100多家医院的抽组人员以及大量的工程维修人员、后勤保障人员、媒体采访人员等各类人员，这些人员来自不同行业，他们接受的教育培训各不相同，对新冠病毒的认知不一，在协调和管理上难度较大。第二，新冠病毒潜伏期长、发病急、传染快，各类防护用品和消毒器械等医疗用品供应短缺，采购困难，后勤保障压力较大。第三，原本长达几个月的工程被压缩到10天，每一名建设者都在工地夜以继日地工作，他们不仅承受着巨大的精神压力，同时也将自己的身体逼到了生理极限。

在这场与新冠病毒的较量中，为了让火神山医院能够尽快投入使用，火神山医院的五大建设计划齐驱并进（见图3-1）。

与此同时，各计划之间还需要进行沟通协调。可想而知，其中各个环节的执行、配合，资源的分配、调整，彼此的合作、沟通等，工作量已经极大超出人脑的算力，单凭人力根本无法迅速计划所有的工序和任务，而一旦不能精确地计划好工序，就很容易出现矛盾。例如，当电网队伍挖开道路并在地下埋设管线时，基础建设队伍需要在同一时间铺路。

为了有效地制定这些并行计划，工作人员在计算机中通过数字孪生构建了一个数字世界——一个数字化的真实世界，过程如图3-2所示。

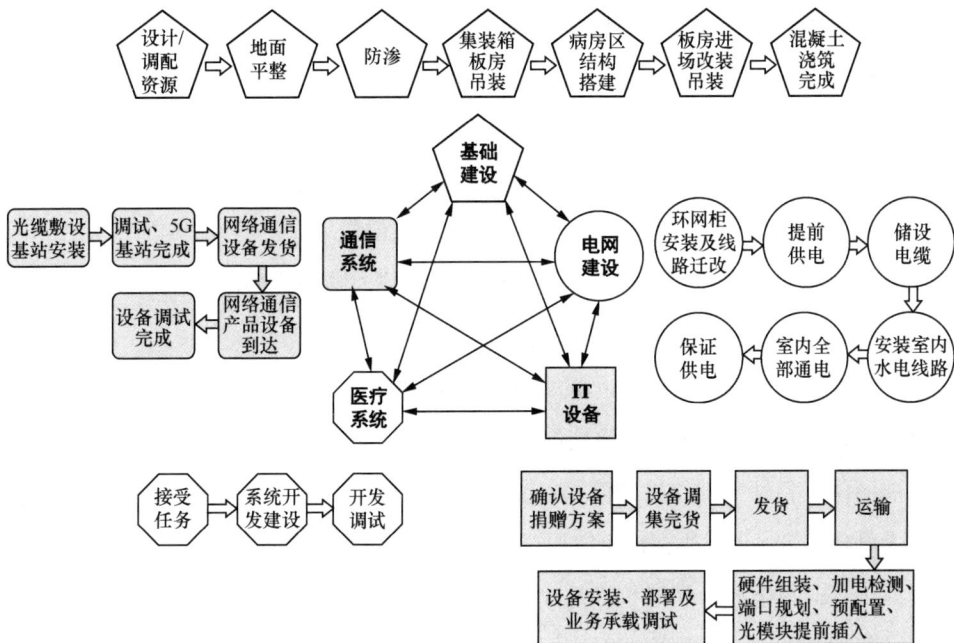

图 3-1　火神山医院建设的五大并行计划

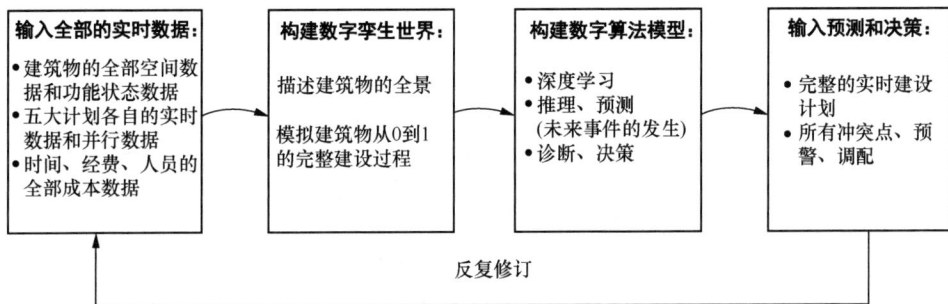

图 3-2　构建火神山医院的数字化真实世界的过程

（1）向计算机中输入全部的实时数据，包括建筑物的全部空间数据和功能状态数据、五大计划各自的实时数据和并行数据以及时间、经费、人员的全部成本数据等。

（2）在计算机虚拟空间中构建数字孪生世界，描述建筑物的全景、模拟建筑物从 0 到 1 的整个建设过程。

（3）构建数字算法模型，利用深度学习等技术，推理并预测未来可能发生的事件，并做出诊断和决策。

（4）输出完整的实时建设计划，根据预测的所有冲突点，提前做好预警、调配等决策工作。

（5）根据工程的真实实施情况反馈并修订输入的数据。

数字世界要求的算力（计算能力的简称）远超人脑的算力，并以数据和算法的运行窥探人类无法仅凭人力解决的复杂难题的决策方案。

第1步，不断输入以下类型的数据：数字数据，包括建筑物尺寸、当前时间、原材料成本、人员成本等；图像数据，包括建筑物的设计图像、建筑物进展的图像、地形的图像、各种零部件的图像等；文字数据，包括各建筑物的功能描述、进展计划、人员分工等。上述数据也可以通过语音的方式输入。

第2步，当全部的实时数据都输入计算机后，将它们数字化为计算机所能理解的二进制数0和1，然后通过数字化技术，建立真实世界在计算机中的完整映射——医院的数字孪生体（见图3-3）。这一数字孪生世界几乎可以完美地描述现实世界，并且可以动态模拟现实世界。

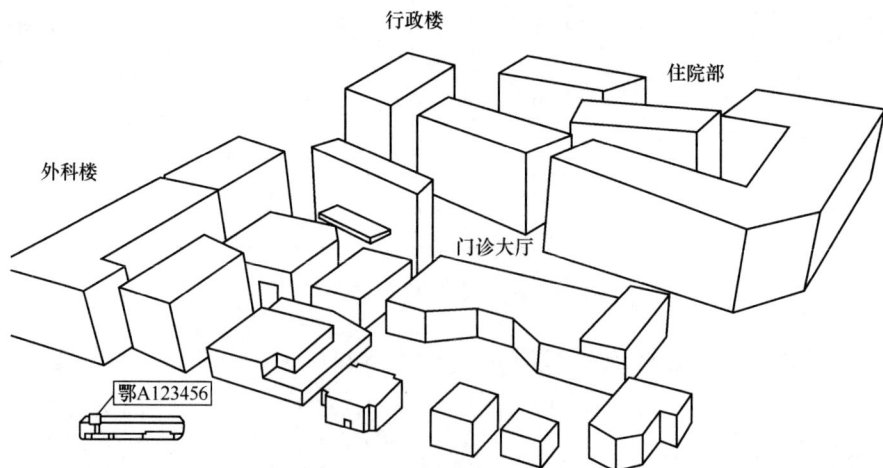

图3-3 医院的数字孪生体示意图

第 3 步，完成数字化之后，计算机就可以利用机器学习、仿真建模等技术，对当前发生的问题进行诊断和做出即时决策，并对后续环节进行推理和预测，从而对未来可能发生的事件提前做好规划，以避免多种并行计划可能发生的冲突。

第 4 步，根据第 3 步计算好的结果，实时发出工作指令，各团队和个人则根据计算机发出的实时指令进行工作，这既包括现场需要执行的工作，也包括物资、人员的提前调配等。当然，万一出现问题，即时发出预警和改善计划，也是数字孪生体的重要工作内容。

第 5 步，随着项目的进行，积累的数据越来越多，这些实时数据需要重新输入计算机，数字世界将不断地优化和成长。

3.1.2 为什么建筑信息模型用不好

用来为火神山医院构建数字世界的工具名为 BIM（Building Information Modeling，建筑信息模型）。在建筑行业，业内人士对 BIM 并不陌生。BIM 最早由 Autodesk 于 2002 年提出，目前在全球范围内已得到广泛认可。

BIM 通过搜集建筑工程的全方位数据，创建并利用数字化模型，对建筑工程的设计、建造和运行维护全过程进行管理与优化，其核心是建立一个完整的、与实际情况一致的建筑工程数据库，也就是建立一个基于真实建筑工程的复刻的数字世界。在 BIM 5.0 中，BIM 已经允许输入以下三方面数据：

- 建筑物的所有空间物理数据和功能数据。
- 时间进度（建筑物在不同时间的状态）。
- 成本预算（合同预算信息、施工预算信息等）。

我国近几年也制定了不少政策来大力推广 BIM。例如：《关于推进建筑信息模型应用的指导意见》（2015 年）要求"各级住房和城乡建设管理部门制定 BIM 应用配套激励政策和措施"[1]；《关于推动智能建造与建筑工业化协同发展的指导意见》（2020 年）提出"加快推动新一代信息技术与建筑工业化技术协同发展，在建造全过程中加大建筑信息模型（BIM）、互联网、物联网、大数据、云计算、移动通信、人工智能、区块链等新技术的集成与创新应用"[2]；《关于加快新型建筑工业化发展的若干意见》（2020 年）倡导"大力推广建筑信息模型（BIM）技术，加快推进 BIM 在新型建筑工业化全寿命期的一体化集成应用"①[3]。

遗憾的是，在真实的建筑工程中，BIM 并没有成为强化信息互通、提高监管能力和资源配置效率的理想工具，反而成为需要花时间和精力敷衍交工的负担。在我们的访谈中，发现类似于"为了中标，硬凑 BIM""靠经验做事，BIM 只是摆设""只看传统图纸""BIM 成本太高"的抱怨声此起彼伏。于是，我们不免产生疑惑：BIM 并不是新东西，它还得到国家的大力支持，为什么还用不好呢？究其原因，我们发现企业在正式使用 BIM 时并没有建立起理想中的数字世界，BIM 的价值并没有充分发挥出来。

下面就让我们从 BIM 的"元概念"出发，看看 BIM 应该是什么。BIM 的英文全称是 Building Information Modeling，目前被翻译为"建筑信息模型"，这是一个比较模糊的概念，听起来像是建立关于建筑信息的模型，因而很容易与信息化工具（如 ERP、CRM 等）混淆在一起，以为 BIM 的目的仅仅是提高工程效率。因此，当觉得人工操作的成本低于构建数字化模型时，人们就会选择走捷径，公司太小、项目太小等常常是人们不采用 BIM 的重要原因。但是，如果将 BIM 翻译为"建筑数字化的信息模型"，意思就更加清晰了：需要首先采集建筑工程数据，然后将这些数据数字化并构建数字孪生项目，最后通过机器学习模型计算出信息并用于自动指挥工程决策工作。这是一个数字化过程，而不是传统的信息化过程，目标是极大地提高工程效率和降低工程成本，同时满足个性化项目的灵活价值需求。

因此，要想用好 BIM，关键就是采集正合适的数据。

通过比较上述火神山医院的数字世界的构建过程与 BIM 的真实应用情况（见

---

① 参考中国信息通信研究院发布的《大数据白皮书（2020 年）》。

图 3-4），我们就能发现 BIM 的问题所在。

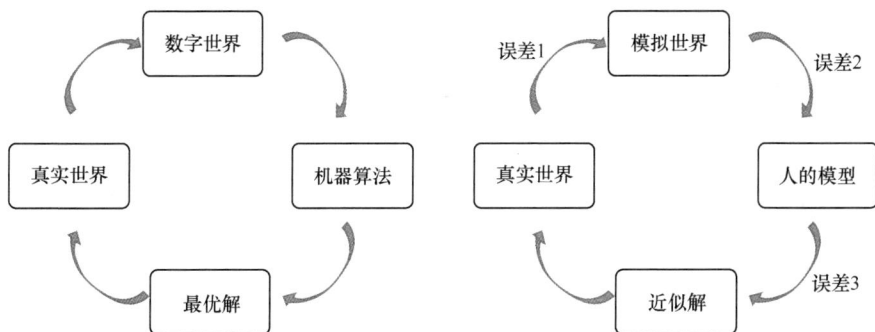

图 3-4 火神山医院的数字世界的构建过程与 BIM 的真实应用情况

回顾一下，火神山医院的数字世界的构建过程如下。

首先，将真实世界的全部实时数据输入计算机，完成数字化，建立起数字孪生体。

然后，通过算法模型，对现实世界进行描述、模拟、诊断、预测和决策。

BIM 目前主要的使用流程如下。

首先，也将真实世界的全部实时数据输入计算机，由于存在误差 1——数据搜集不完善，建立起的数字世界并非数字孪生体，而是基于现实世界的模拟世界。

然后，建立模型并计算出最优解，这里产生了误差 2——使用的并非机器学习的算法模型，而是人的模型。

最后，得出近似解。由于存在误差 3，得出的无限逼近真实情况的最优解实际上只是近似解。"差之毫厘，谬以千里"，更不用说这 3 种误差不断累积叠加了，得到的诊断和决策结果必定不可信任。

具体来说，BIM 用不好有三大原因。

首先，没有完整、实时的全方位数据，而这些数据是构建数字世界的基础。有了这些数据，才能在计算机虚拟空间中建立起与物理实体完全等价的模型——数字孪生体，而只有基于数字孪生体，才可以对物理实体进行仿真分析和优化。

然后，没有建立起真实的数字世界，而只建立了基于真实世界的模拟世界。由于缺乏完整、实时的全方位数据，因此也就不可能建立起真实的数字世界，而只能对真实世界做部分模拟，这样的模拟世界并不能完全体现物理实体的方方面面。

最后，不能直接指导实践，而只能辅助决策。数字世界由于完成了从物理实体到虚拟空间的映射，因此可以反映物理实体的全生命周期过程，自然也就可以用于直接指导实践。而模拟世界只是片面的物理世界，所提供的决策则是现实问题的模拟解，模拟解在脱离模拟世界进入真实世界后，效用就会大打折扣，因此只能用于辅助决策，而不能直接指导实践。

3.2 数据采集的误区和依据

行文至此，我们已经知道，数据是构建数字世界的基础，并且它们必须是完整、实时的全方位数据。值得注意的是，完整、实时的全方位数据的衡量标准不是数据的数量。准确来说，我们在构建数字世界时所需采集的数据应该是完整、实时、全方位且正合适的数据。在现实中，为了构建数字世界，企业在采集数据时容易出现两个极端：一是数据过少，比如前面提到的 BIM 使用难题；二是数据过多，眉毛胡子一把抓，最终"溺死"在数据的海洋里。

3.2.1 数据过少

基于成本考虑或技术限制，企业在采集数据时，极端之一是错误地用采集到的部分样本数据代表数据的整体特征，这种混淆个性和共性的行为极其危险，以这样的数据为基础构建的数字世界也不全面，并且极不稳定。

如果把数据比作砖头，那么在这种情况下构建的数字世界就是一栋摇摇欲坠的危楼（见图 3-5）。即使外观靓丽，不经意间的动作也足以使其从高楼大厦顷刻变成断壁残垣，更不要说以这样的数字世界指导真实世界的决策了。

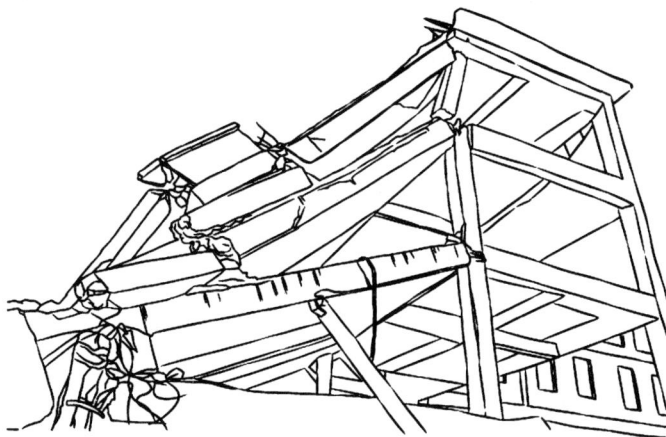

图 3-5　数据过少导致的危楼

　　数据过少在传统的数据分析工作中极为常见。例如，当调研顾客对产品的态度时，企业经常委托数据采集公司，使用"顾客满意度"的问卷调研方法来获取数据。这种做法就是在用部分顾客的态度代替全体顾客的态度。在大数据技术尚不太发达的时期，类似于这种问卷调研的方法是不得已而为之，企业可以通过验证样本数据的信度与效度，证明这部分数据在某种程度上可以代表整体。但在大数据技术越来越成熟的当下，企业已经能够获得、存储和处理数量庞大的数据，因此传统的问卷调研方法可以用新技术替代。

3.2.2　数据过多

　　企业在采集数据时，另一个极端是数据过多。在人工智能、物联网（Internet Of Things，IOT）、云计算等技术的推动下，全球的数据量正在不断地增加。根据国际权威机构 Statista 的统计和预测，到 2035 年，全球的数据产生量将达到 2142ZB，呈爆发式增长。数据的单位参见表 3-1。

表3-1　数据的单位

中文单位	中文简称	英文单位	英文简称	换算关系
比特	位	bit	b	
字节	字节	Byte	B	1B=1024b
千字节	千字节	Kilobyte	KB	1KB=1024B
兆字节	兆	Megabyte	MB	1MB=1024KB
吉字节	吉	Gigabyte	GB	1GB=1024MB
太字节	太	Trillionbyte	TB	1TB=1024GB
拍字节	拍	Petabyte	PB	1PB=1024TB
艾字节	艾	Exabyte	EB	1EB=1024PB
泽字节	泽	Zettabyte	ZB	1ZB=1024EB
尧字节	尧	Yottabyte	YB	1YB=1024ZB

　　面对快速攀升的数据量，有些企业陷入数据过多的极端。他们无法割舍任何一份数据，而无论当下是否需要这份数据，他们都坚信企业未来有需要这份数据的可能。于是，他们眉毛胡子一把抓，不遗余力地将全部数据塞进数字空间。于是，数据越积越多，企业建立起来的数字世界也越发杂乱无章（见图3-6）。

图3-6　数据过多导致数字世界杂乱无章

正如豪尔赫·路易斯·博尔赫斯（Jorge Luis Borges）在《巴别图书馆》（*Babel Library*）中描绘的那样，虽然拥有人类全部的知识，并且所有人都可以从中获取任何知识，但是当我们能够找到所有可能的一切时，我们怎么也找不到自己想要的一切，因为我们无从判断、无从找起，最后只能在数据冗余中深陷数据焦虑的泥沼。

个人同样也会陷入数据焦虑。在现代社会中，有一种新的病症叫信息焦虑症——由于数据过多带来的一种精神疾病。一些称为网络综合征、手机强迫症等时代感很强的精神疾病实际上就是过量信息作用于人的一种焦虑心理反应。具体的症状是，当正常获取信息的渠道不畅时，这些人就会感到极不适应，变得焦躁不安，认为自己错过信息，有些人还会不停地看电话、微信、电子邮箱，甚至出现一种心理等待，进而引发失眠、头痛、食欲不振等精神和生理上的不良反应。

3.2.3　基于场景的正合适的数据

大千世界，广阔无垠，不同行业、不同领域、不同地点、不同时间，源源不断的数据从四面八方涌来，我们既不能过于精简地去采集数据，也无须费尽心思地去囊括所有数据。采集数据的重点其实就是基于现实问题本身，有针对性地采集正合适的数据。那么，什么是正合适的数据呢？

正合适的数据必须是有价值的数据，而数据本身并没有价值，只有基于特定场景的数据才有价值。因此，在介绍正合适的数据这一概念之前，我们必须先了解场景的含义。

1. 场景的含义

场是空间和时间的加成——一个有时间的空间。用户可以在这个有时间的空间中停留和消费，如果一个人不能在其中停留和消费，那么这个场就是不存在的。

景是指情景和互动，当用户停留在这个有时间的空间中时，组织还需要设计情景和互动，从而触发用户的情感体验[①]。

总而言之，场景就是指用户在一个有时间的空间中经历的情景和互动，这会触发用户的情感体验。同一用户在不同场景中的同一行为，会因为场景的不同而需要经历不同的情景和互动，因此也就有着不同的情感需求和体验。下面我们通过便利店的牛奶销售案例帮助大家理解场景的含义。

【例 3-1】一家连锁奶吧，业务是在人流密集的场所出售各种奶制品以及面包、蛋糕等配套食品。这家连锁奶吧在早上、中午、晚上的场景是不是一样呢？

场景 1：早晨迟起的上班族。

现在是早上 7 点半，上班族王女士匆匆忙忙赶到地铁站，对于赶时间上班的他们来说，需要的是最快地买到营养健康的早餐。因此，奶吧的售货员设计了三种套餐，并将热好的面包和新鲜的燕麦、牛奶装进袋子，放在奶吧最显眼的前台那里。顾客扫码支付，简单快速。

场景 2：下午放学的亲子时光。

现在是下午 4 点，李女士刚从小学把孩子接回来。孩子上课一整天有点饿了，还有好多话想和妈妈说。孩子想吃零食，妈妈想买牛奶给他喝，但是又不想让他喝太多，担心太饱了影响吃晚饭。这时，奶吧的售货员将小包装的儿童巧克力牛奶放在最显眼的地方，并且附赠系列小玩具。

场景 3：晚上加班的夜归族。

现在是晚上 10 点半，晓忠因为有个紧急任务，在忙碌了一整天后，终于可以下班回家了。他饥肠辘辘，加上寒风袭来，心想要是有一杯热乎乎的牛奶就好了，但担心夜宵吃多了会长胖。这时，奶吧的最显眼处放着热乎乎的脱脂牛奶，里面还添加了健康的果粒和能量棒。

从这个例子我们可以看出，即便是像卖牛奶这样的一件小事情，也会有多种不同的场景：**满足不同的人在不同空间和不同时间的不同需求**。所以对于企业而言，

---

① 请参考梁宁在得到 App 上发表的《产品思维 30 讲》。

对于不同的场景，需要搜集的数据也是不尽相同的，对 A 场景有用的数据，在 B 场景下并不一定能发挥作用。因此，采集数据的第一步就是明确数据的应用场景，基于场景筛选和收集所需的数据。

2. 基于场景的正合适的数据的特点

基于场景的正合适的数据有 3 个必备要求——全量、全要素和实时，如图 3-7 所示。

图 3-7　基于场景的正合适的数据有三个必备要求

全量数据要求采集的数据必须覆盖目标场景中的全部业务对象。以 ICU 病房场景（见图 3-8）为例，其中的业务对象包括患者、心电监护仪、输液泵、血滤机、呼吸机、ECMO（Extra-Corporeal Membrane Oxygenation，体外膜肺氧合）、气管插管、降温毯等监测和治疗设备。

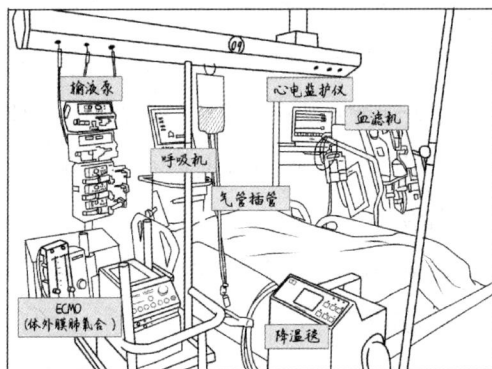

图 3-8　ICU 病房的全量数据

全要素数据关注的则是整个场景中每个业务对象的全部属性，要求搜集每个业务对象的各个维度、各个层次和各种特点的数据，从而使每个业务对象得以在虚拟空间中立体地呈现出来。仍以 ICU 病房场景为例，心电监护仪是其中的一个业务对象，对这个业务对象的数据采集仅有单维度的心跳是不够的，还需要采集包括心率、血压、血氧饱和度、呼吸、体温等在内的更全面的数据（见图 3-9）。

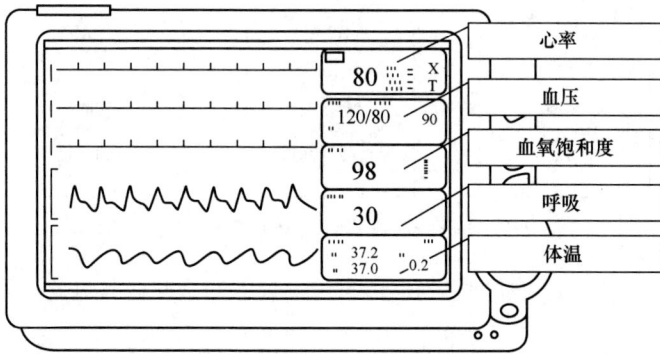

图 3-9　心电监护仪的全要素数据

实时采集数据强调的是场景中的所有数据或者所需的数据能够立刻采集。"人不能两次踏进同一条河流"，同样，不同时刻的数据也会有所差异。在医院里，住院患者的生命体征检测仪就是为了能够实时监测和更新患者的生命体征数据。如果场景中的数据不能及时采集，轻则产生数据误差，使数据的效用大打折扣；重则导致数据成为虚舟飘瓦，分毫不值，问题无法得到解决。以住院患者的生命体征检测仪为例，如果生命体征检测仪无法实时跟踪和呈现患者的体征数据，就可能导致患者的身体问题不能及时发现，耽误患者治疗。

综上所述，正合适的数据就是基于特定场景采集的全量、全要素的实时数据。但是，从数据采集到创造价值，中间还隔着千山万水。

3.3 建立基于场景的数据库

在了解了什么是正合适的数据后，我们需要掌握的就是如何建立基于场景的数据库。数据库的建立需要经过数据采集、数据传输、数据接收、数据清洗和数据存储这 5 个阶段。在建立数据库的过程中，要注意排除噪声的干扰。基于场景的数据库的建立过程如图 3-10 所示。首先，按照全量、全要素、实时的原则，确定场景中的数据源。然后，通过信号将它们传输到计算机中，这时采集到的是包含噪声的脏数据，必须经过数据清洗才能获得可以入库的数据。最后，将清洗后的数据存储到设计好的数据库中。

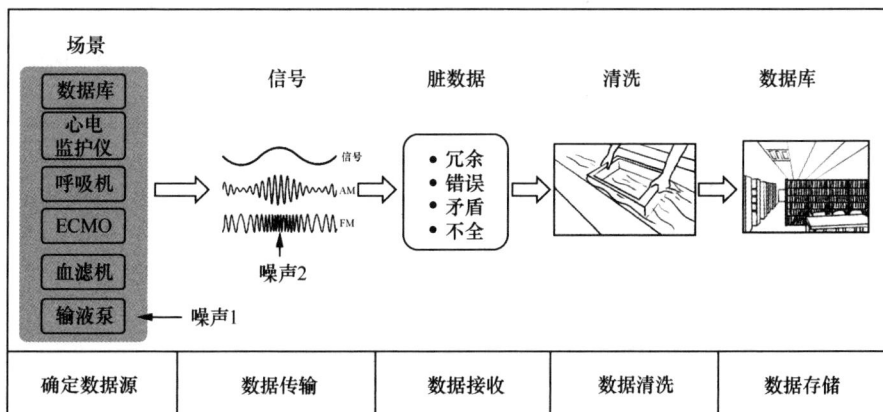

图 3-10　基于场景的数据库的建立过程

3.3.1　确定数据源

数据源的确定与场景有关，所以我们首先需要确定场景，然后确定数据源。其实，数据源也就是我们之前提到的场景以及场景中的各个业务对象，而全量、全要素、实时同样是基于场景的数据源必须具备的特征。很多企业无法从数据中收获价值的最根本原因在于没有确定清楚场景，换句话说，也就是没有确定谁是自己的顾客以及什么才是顾客真心想要的产品服务体验。这里的顾客指的是愿意为企业的产品和服务付费的人。正因为如此，这些企业的数据源已经偏离正确的方向，一步错，自然步步错。回顾第 2 章，所有场景的所有业务对象都可以用 4 类数据描述，它们分别是语音数据、图像数据、数字数据和文字数据。对于每一个数据源，我们都需要采集数据，而在采集数据时，我们既要基于场景进行有针对性的考虑，也要遵循全量、全要素、实时的采集原则。

3.3.2 数据传输

在传输数据的过程中，有一位不辞辛劳的重要使者——信号。信号不停地奔波，犹如忙碌的信使，不断地传递消息。信号是我们获得数据的基础，图 3-11 形象地展示了我们是如何通过信号从数据源获得数据的。

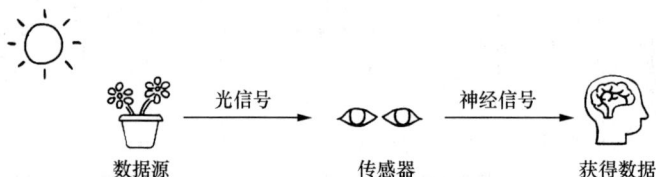

图 3-11　从数据源获得数据的过程

我们看到的世界是五彩斑斓的，这些陆离斑驳的色彩也可以认为是通过信号传输的。如图 3-11 所示，当我们看到一盆红色的花朵时，这是因为红色的花朵在反射阳光时产生了光信号，作为传感器的人眼中的感光细胞接收并处理了光信号，将之转为人脑所能够理解的神经信号，最终传输到我们的大脑中并形成这盆花的颜色数据。

但是，一旦超出一定的时间或空间，信号的直接传输就会遭遇困难。比如，光信号只能直线传播，声音信号则有传播距离的限制，等等。因此，人类需要找到能够克服这些障碍的传输方式。如今，我们通过操控某个物理量的数值大小实现了数据的传递。理论上，任何一种物理量都可以作为信号来传递数据，如质量、电流、电压、频率、亮度、温度、湿度、速度、位移等。目前最常用的是电信号，也就是通过控制电压、电流或电荷的变化来传递数据[4]。

对于信号来说，最常见的分类是模拟信号和数字信号。模拟信号以连续变化的物理量进行表达，如自然界中的温度、湿度、压力等，以及由社会生产中的车间控制室记录的压力、流速、转速等。数字信号在时间和幅度上是离散的，只能取有限的数值。数字信号是在模拟信号的基础上经过采样、量化和编码而形成的。

在信号的传播过程中，模拟信号的传播效果并不是很好，我们在过去经常遇到的电话听不清、电视屏幕上闪现雪花、磁带声音失真等现象的产生原因，就是模拟信号在传输过程中需要经过许多处理和转送，信号受到干扰而失真。数字信号则具备很强的抗干扰性，既可以用于通信技术，也可以用于信息处理技术。当前计算机使用的数字信号只有 0 和 1 两种状态，与模拟信号相比，数字信号在传输过程中除具备更强的抗干扰能力之外，还拥有更远的传输距离和更小的失真幅度等优势。结合互联网等通信技术，数字信号可以实现数据的无限传输（见图 3-12）[4]。

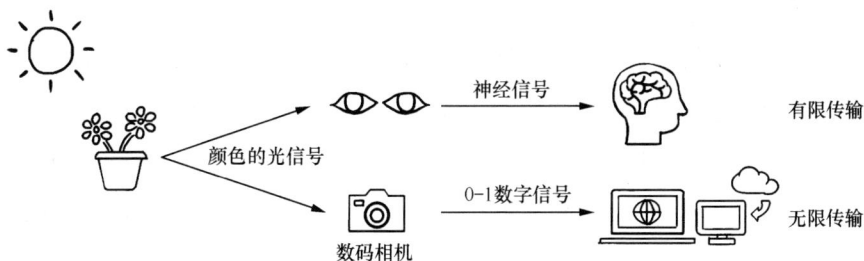

图 3-12　数据传输中的数字信号

在图 3-12 中，数码相机作为传感器接收光信号，然后对光信号进行数字化，形成数字信号并传输给计算机，计算机则通过接收的数字信号构建数字孪生体。

【例 3-2】《黑客帝国》片段。

"这些都不是真的。"

"什么是真的？"

"又该如何定义'真'？"

"如果'真'指的是可被感受到、嗅到、尝到、看到，那么所谓的'真'就是经过大脑处理的神经信号（见图 3-13）。"

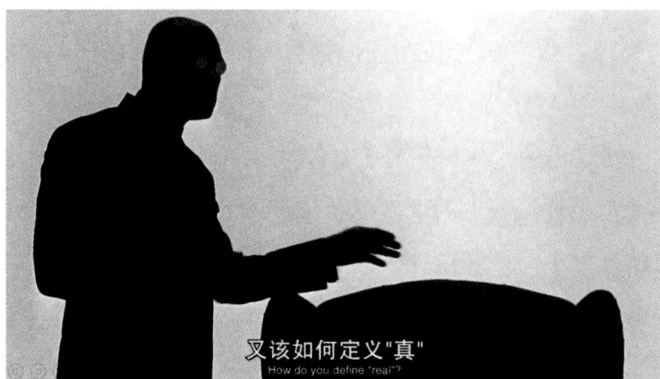

图 3-13 《黑客帝国》片段

计算机的真实世界是以二进制化的数字信号形成的，我们在现实世界中看到的、嗅到的、听到的、感受到的东西，都可以转换成数字信号并在计算机的世界中进行传输和存储。

万物皆可数字化，所有的事物都有自己的传感器，我们可以将现实世界中的事物转换成数字信号，并通过网络传输到数字世界，然后由数字世界反哺真实世界中的决策。从 2G 到 4G，再从 4G 到 5G，随着计算机、互联网、大数据等技术的不断突破，越来越多的事物、人、数据和互联网联系起来，这就是现在各行各业越来越频繁提到的物联网（见图 3-14）。

在物联网中，万物互联。1999 年，宝洁公司的品牌经理凯文·阿什顿（Kevin Ashton）提出在口红里放入芯片，即可通过无线网络感应技术及时了解货架上的口红是否缺货，他将这种技术称为物联网。但是，如何实现万物互联呢？这里有 3 个关键的部分——传感器、网络连接和数据处理。

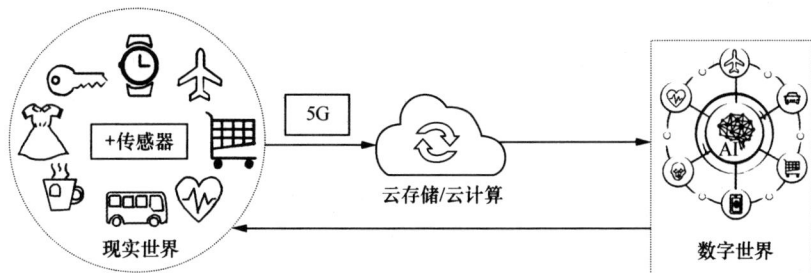

图 3-14　物联网

我们可以用物联网来类比人。传感器就像人的神经末梢，它让物对外界有了知觉，可以接收和传递数据。网络连接则将各种传感器接收的数据通过统一的协议连接在一起，就像来自不同地区的国人都用普通话来沟通一样；如果没有统一的连接协议，传感器之间就会互不相识，无法沟通。数据处理就像人的大脑，首先将采集到的数据在云端进行处理，然后反馈指令给各个物体执行，就如人脑对四肢的控制一样。

正因为万物互联，数字世界的构建并不是一个或几个企业的事情。每个企业，甚至每个人都身处其中，只是数字世界对不同对象的影响并不是统一显露的。我们需要提前计划好，否则等到我们意识到数字世界的重要性时，就可能已经赶不上数字时代的步伐。

其实，我们对于数字世界的构建已经有了一定的基础，企业家面对的并不是从 0 到 1 的高难度突破，而是如何基于现有的基础定义好自己的业务场景，从而好好利用数字世界中的这些工具，为自己创造新的价值。

3.3.3　噪声

采集到正合适的数据就可以让数据产生价值吗？在回答之前，我们首先需要弄清楚一个十分重要的问题，为什么数据本身没有价值？其中一个重要原因前面已经介绍过，就是没有定义清楚场景；另一个重要原因则是我们采集的数据中存在混淆有用数据的无用"沙砾"，我们称它们为数据中的噪声，包含噪声的数据则称为脏数据，具体表现为 4 类数据——缺失的数据、冗余的数据、冲突的数据和错误的数据。我们进行数据清洗的目的就是去除数据中的噪声，从而将脏数据转换成真实且精准的有用数据。

为了清洗数据中的噪声，我们必须弄清楚噪声到底是什么。在第 7 版的《现代汉语词典》中，噪声的定义有两层（见图 3-15）。噪声有两个来源，一是数据源本身的噪声，二是信号传输中的噪声。

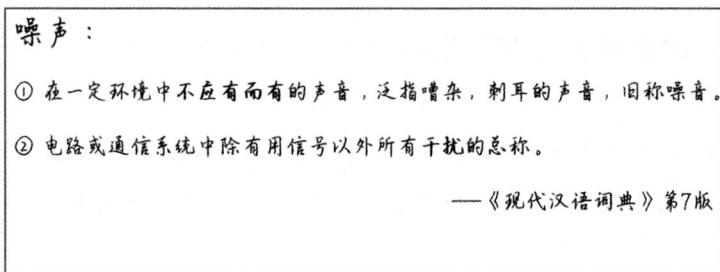

噪声：

① 在一定环境中不应有而有的声音，泛指嘈杂、刺耳的声音，旧称噪音。

② 电路或通信系统中除有用信号以外所有干扰的总称。

——《现代汉语词典》第 7 版

图 3-15 "噪声"的定义

数据源中的噪声分为样本噪声和随机噪声。不同的设备、标准和人采集的数据是有误差的，这个误差就是样本噪声。

【例 3-3】一天，某企业的业务员 A 接待了顾客香香，在接待过程中，业务员 A 觉得香香亲切和善，于是在输入顾客数据时输入了"亲切"这一数据；但是次日，业务员 B 也接待了香香，在接待过程中，业务员 B 觉得香香高冷少语，于是在输入顾客数据时输入了"高冷"这一数据。两次采集的数据完全不同，甚至相互矛盾。

幸运的是，样本噪声是可以消除的，重要的是要制定统一的标准。有了统一的标准，就可以规范数据采集设备的使用方法以及个体在数据采集过程中的活动和行为，同时为数据的质量提供评判依据，这在一定程度上可以消除因个性化导致的样本噪声。

与样本噪声不同，随机噪声并不是在信号采集过程中产生的，而是数据源本身由于一些偶然因素而在不同时刻表现出来的差异性，目前我们还没有很好的方法能够用于改进这类噪声。

信号在传输过程中也会产生噪声。信号传输过程中的噪声分为自然噪声和人为噪声两种。我们所处的自然界中存在各种各样的电磁波源，如闪电、雷鸣等自然噪声，这些都有可能在数据传输过程中对信号造成干扰。除自然噪声外，包括手机辐射、开关接触噪声等在内的人为噪声也会在数据传输过程中导致数据失真。例如，在飞机起飞和降落过程中要求乘客关闭手机，就是为了减少飞机在接收信号时受到的手机信号的干扰。

由于数据在传输过程中要经过多次的处理和转换，因此它们很容易受到一些噪声的干扰并导致数据部分失真，从而失去价值。即使具备强抗干扰性的数字信号也无法完全避免这一威胁。

3.3.4 数据清洗

厘清噪声的概念和来源后，企业对于数据的清洗工作将更加得心应手。数据清洗的过程就像沙中淘金——淘金者试图从含有金子的混合物中提取出纯金沙。沙和金的密度不同，淘金者通过把含有金屑的沙粒在水中荡洗，使比较轻的沙子随水流走，金子则留在底部（见图3-16）。

在淘洗了大量的含有金屑的沙粒后，淘金者才得到很少的金粒，这些小的金粒可以熔化加工成金块、金条等。淘金者一遍遍地筛洗就是为了减少那些可能干扰他们做出判断的沙子。沙子越少，他们对于金子的判断就越确定。数据清洗的步骤如下。

图3-16 数据清洗的过程类似于沙中淘金

（1）制定数据质量计划。我们必须了解大多数错误发生的位置，以便确定根本原因并构建数据管理计划。请记住，有效的数据清洗将会对整个企业产生全面的影响，因此尽可能保持开放和沟通是非常重要的。

（2）在源端更正数据。如果数据在成为系统中的脏数据（或重复数据）之前可以修复，则能够节省大量的时间并省去很多工作量。例如，如果一些表单过于拥挤且需要填充过多的字段，则表明这些表单存在数据质量问题。由于企业还在不断生成更多的数据，因此在源端更正数据至关重要。

（3）测量数据准确性。通过数据质量监控工具实现对企业数据的实时测量，提升数据质量，确保数据准确性。

（4）管理数据和重复项。如果一些重复项的确是在无意中重复输入的，则确保能够主动检测出它们并将它们删除。在删除所有的重复项之后，我们还必须考虑以下事项。

- 标准化：确认每列中存在相同类型的数据。
- 规范化：确保所有数据都一致地记录。
- 合并：将多条重复的记录合并为一条有效且准确的记录。
- 聚合：对数据进行排序，并将它们以汇总形式表示。
- 筛选：缩小数据集范围，使其仅包含需要的信息。

（5）补齐数据。帮助企业定义和完成缺失信息，可靠的第三方数据来源通常是管理此种做法的最佳选择。

完成以上步骤后，数据就可以根据需要进行导出和分析。请记住，对于大型数据集，我们几乎不可能实现100%的清洁度。

那么，应该由谁清洗数据呢？一些企业认为应由技术部门负责清洗数据，另一些企业认为应由数据录入人员承担这项工作，还有一些企业表示可以招聘新人专门负责这项工作。但是，无论企业最终将这项工作交给谁，领导者都必须牢记基于场景的数据才有价值，所以数据清洗工作必然与业务和场景息息相关。

在实践中，企业虽然有人熟练掌握数据清洗技能，但做不到了解所有的业务和场景；或者虽然有人了解业务场景，但不具备数据清洗技能。单独的一名成员难以将数据清洗所需的各种技能集于一身，所以数据的清洗需要具备不同技能的成员通力合作才能完成，而协作也是团队成员很重要的一项素质。如图3-17所示，在数据清洗过程中，我们至少需要三类人（技能）。

- 行业经验丰富的人。这类人清楚地掌握着
场景信息和业务规则，能够准确地分辨出什
么是基于场景的有价值数据，以及什么是无
用的噪声数据。在一定程度上，他们就是可
以用于判断数据有无价值的活标杆。

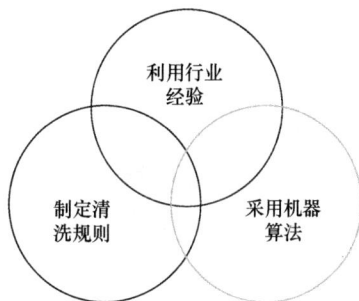

图 3-17　数据清洗所需技能

- 数据管理者。数据管理者熟悉数据的性质，
也许他们并不明白如何基于场景判断数据的价值，但是他们知道如何将数据
分门别类地整理好，使杂乱无序的数据变得井井有条；他们还知道不同的数
据适合什么样的处理方法和保存方式，并基于第一类人才的判断制定合适的、
不破坏数据的清洗规则。与此同时，他们对于后续的数据存储工作也有着不
可或缺的作用。

- 算法工程师。数据越积越多，清洗的工作量也越来越大，人力自然无法胜任。
但是，如果算法得不到持续改进，则最终的效用在大数据的压迫下必然分崩
离析。算法工程师可以凭其专业技能将多种算法运用于数据清洗工作，极大
提高数据清洗的效率和质量。否则，等你依靠简单算法一点点将有用的数据
终于剔出来时，别人早就利用大量的漂亮数据建起了结实的高楼。

此时，有些企业急于无法找齐这三类人才。在这里，我们提醒企业的领导者一
定要树立一个新的观念：做好数据清洗工作并不意味着企业必须完全拥有这三类人
才。我们今天所处的市场是庞大而多元的，大量的企业参与其中，提供各式各样的高
效而又性价比极佳的服务，我们无法兼具吸引不同人才的气质。但幸运的是，我们完
全可以从这个开放的市场中获得我们所需人才的帮助。

3.3.5　数据存储

数据清洗结束后，我们来到基于场景的数据库建立过程的下一阶段——数据存

储。在剔除各种噪声后，数据已经变得干净、整洁、精确，但如果不以合适的方式加以存储，则它们可能很快又会变得杂乱无章，甚至会被各种噪声不断干扰。因此，进行数据存储的第一步是找到存放数据的一个空间，这一空间并不局限于物理空间。事实上，随着数据量的增加，通过传统的硬盘，计算机已经难以存储足够多的数据，上云成为越来越多公司的选择。在找到合适的空间后，要做的就是将数据按照一定的规则陈列整齐。举个例子，当我们去图书馆借书时，如何快速找到自己想要借阅的图书呢？图书馆在我们还书时又如何迅速将书摆回原来的位置呢？在这个过程中，索引号起了重要的作用。数据的存储同样需要为每个数据建立独一无二的索引号，这些索引号以一定的规则整齐地排列和陈放，用于准确地调用我们所需的数据（见图 3-18）。至于这些规则如何定义，在数据清洗过程中通力合作的三类人才会告诉我们答案。

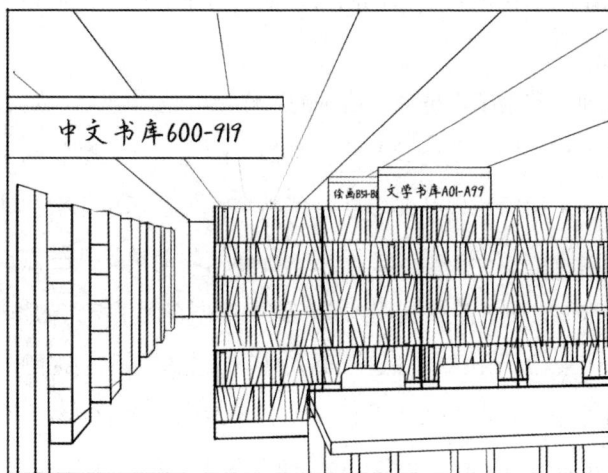

图 3-18　将数据按照一定的规则存储

　　简而言之，我们所说的数据库指的就是将清洗后的数据按照一定的规则存放在计算机存储器中的数据集合。数据库的建立只有起点，没有终点。一旦开始建立数据库，数据库的建立就不能停止，否则会与实时脱节，导致数据反映的只是过去某个时刻的人、事、物的特征，而无法帮助我们看清当下，更不会告诉我们如何决策未来。

3.4　数据库中的"金子"——信息

　　数据库建成后，面对数据库中满满当当的基于不同场景的数据，我们宛如有了一座价值连城的"金山"。但需要注意的是，数据库中的数据并不是基于单个场景采集并清洗而来的，针对不同场景采集的数据也会相互干扰、互为噪声。在调用数据时，一定要基于我们所处的特定场景寻找对应的数据。此时，数据库中的其他数据并无价值，只有我们所需的特定场景的数据才是我们要找的"金子"。由此可见，数据库其实是一座动态变化的"金山"，而我们追求的"金子"指的是不掺杂其他场景噪声的适用于特定场景的有用数据，也就是我们接下来要讲的信息。

3.4.1　信息是用来减少随机不确定性的东西

　　有一点无法否认：我们正处于信息时代。"信息"的概念是由香农（Shannon）于 1948 年在通信领域首次提出的，他在自己的论文"通信的数学理论"中指出："信息是用来减少随机不确定性的东西，信息的价值是确定性的增加。"香农对信息所做的研究是围绕信息量展开的，他把信息量的计算公式称为不确定性的度量，而把信息看作不确定性减少的量，信息量是两次不确定性之差。因此，信息是去除噪声后可用于特定场景的数据，是数据库中的"金子"。

3.4.2　信息量的计算

　　信息量就像重量、速度等物理量一样，也是可以计算出来的。信息量是两次不确定性之差。信息可以度量、计算甚至交易。下面我们通过一个例子来介绍如何计算信息量。

如图3-19所示，假设您完全不知道这道选择题的答案，参考第1章介绍的内容，您对这道选择题的不确定性相当于抛两枚硬币并猜硬币的正反面，换言之，您需要2比特的信息量才能获知答案。

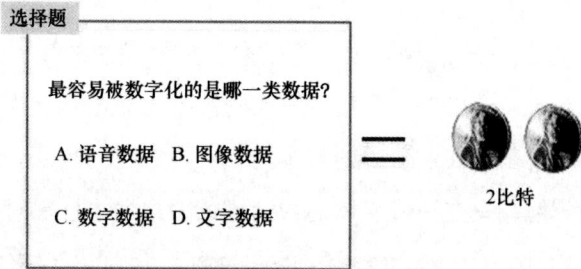

图3-19 做这道选择题所需的信息量

当您最开始接触这道选择题时，不确定性最高，您需要的信息量为2比特。如果此刻您的一位朋友小红告诉您"答案不是D"，则小红为您提供的信息量是多少呢？在小红为您提供信息之前，这道选择题的不确定性是2比特；在小红为您提供信息之后，这道选择题的不确定性可以根据以下公式来计算：

$$H = \sum_{i=1}^{n} P_i \log_2 P_i$$

式中，P_i 表示事件 i 发生的概率，n 为整数。

在剩下的三个选项中，每个选项是正确答案的可能性都是 1/3，P_i 为 1/3，因此根据公式，计算出小红为您提供的信息量：

$$2 - \sum_{i=1}^{3} \left(\frac{1}{3}\right) \log_2 \frac{1}{3} = 0.415 \text{（比特）}$$

接下来，您的朋友小花告诉您"选项A是错的"。在剩下的两个选项中，每个选项是正确答案的可能性就变成了 1/2，P_i 为 1/2。根据公式，计算出小花为您提供的信息量：

$$2 - 0.415 - \sum_{i=1}^{2} \left(\frac{1}{2}\right) \log_2 \frac{1}{2} = 0.585 \text{（比特）}$$

现在只剩下选项 B 和 C 了，您的朋友小明揭晓了答案——选项 B 是错的。显然，小明为您提供的信息量相当于抛一枚硬币，然后猜硬币正反面所需的信息量，即 1 比特。综上所述，在小红、小花和小明中，小明为您提供的信息量最大。

3.4.3　从数据库中更快地挖掘出"金子"——信息化

在知道了数据库中的什么是"金子"后，我们要了解如何从中挖掘出金子。从数据库中挖掘"金子"追求的是快、狠、准：挖掘信息的速度要足够迅速；挖掘的程度要足够深入而全面；同时要保证信息的优质和精准。其中，"快"是需要贯穿整个过程的，否则无论"狠"和"准"的工作做得有多么出色，我们都永远是落后的一方。

为了更快地找到信息，人类已经做了相当漫长的探索：原始的方法是单纯地依靠体力。但是，人的体力是有限的，于是人类开始借助一些简单的工具来提高速度。

直到简单的工具再也难以满足需要时，人类才注意到了蒸汽，发明了蒸汽机，我们有了效率更高的机器来协助我们工作。

可时代的发展进程越来越快，用蒸汽机提供动力的方式渐渐落后了，我们需要新的方法。幸运的是，人类很快发明了电动机，效率远远高于蒸汽机。

可是，时代的脚步并不会因为怜惜伟大的发明而做过多的停歇，人类的探索依然在继续。1946 年，世界上第一台电子计算机诞生，此后人类利用通信技术，将计算机的单台工作转向多台联合运作，我们的效率实现了质的飞跃。

伴随着人类前进的脚步，从数据中寻找信息经历了工具化、机器化、电力化和信息化的过程。当下，我们所说的**信息化是指将场景中的数据输入计算机，然后通过计算机系统模型的计算产生信息，从而提高业务效率。其中重要的是，我们在把自己的经验模型化之后，需要告诉计算机，让计算机帮助我们挖金子，这样更有效率**（见图 3-20）。

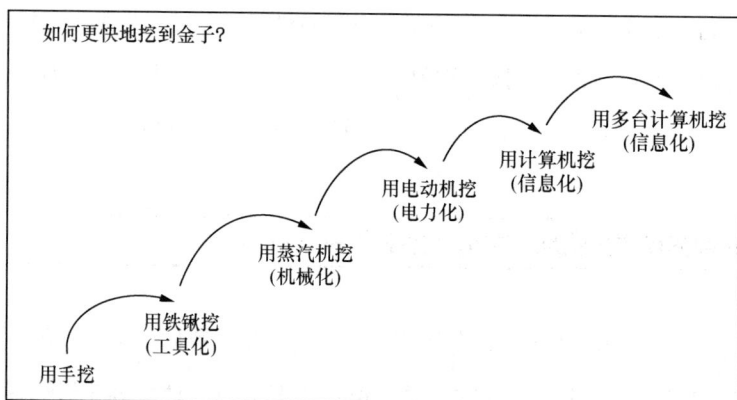

图 3-20   如何更快地挖到金子

企业对 ERP（Enterprise Resource Planning，企业资源规划）、财务系统、信息系统、顾客管理系统等软件的使用核心就是实现场景中业务流程的机器化，对这些软件的应用其实就是信息化，它们的原理都是**对人工作的规则进行编程并输入计算机，然后由计算机代替人工作，让机器比人做得更快、更好**（见图 3-21）。

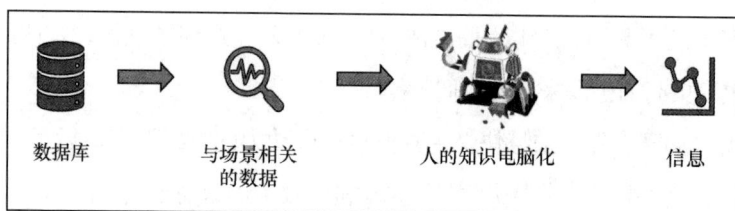

图 3-21   信息化过程

【例 3-4】财务系统和 ERP 系统的信息化。

以前没有财务系统时，财会人员手动做账。以报销发票为例，当员工拿发票报销时，财会人员手动记录发票属于哪个会计科目，做好"借"和"贷"的账目记录，并与公司本月度、本年度的总账进行汇总。

有了财务系统后，财会人员的操作流程就是登录自己的账号，进入系统后录入发票内容和金额，财务系统就会根据既定的规则，计入相应的会计科目，月度与年度的"借"和"贷"的额度也会随之变化。到了年底，财务系统可以根据指令，自动生成各种财务报表。这种财务系统是信息化而不是数字化，因为它们是根据输入的规则工作的，目的只是提升公司内部的效率，而不是为公司的顾客创造新的价值。

同样，ERP系统也用于实现信息化而不是数字化。ERP系统集中了库存系统、采购系统、生产规划系统、财务系统等。与财务系统仅有统计功能不同，ERP系统还有分析能力。当商品的市场需求发生变化时，从材料的采购、库存到生产计划等，也都会随之动态变化，最后进入财务系统完成交易记录。因此，ERP系统对于企业的价值在于整合生产过程中的资源，目的是提高企业内部运营管理的效率。

由此可以看出，ERP系统无论多么有效，都需要人工输入规则并产生结果，目的是用更高的效率、更低的成本挖出更多的金子，也就是产生更多的信息。

在各种新技术的催化下，人类又面临新的挑战与机遇——数字化。很多企业分不清信息化和数字化的区别，经常做着信息化的事，却以为自己是数字化企业，根本原因在于这些企业并没有真正理解数字化的含义。

数字化并不是简单地优化信息的获取过程和提升业务效率，其重点在于从信息中产生新的洞察，如顾客价值，而顾客是我们在信息化阶段始终都没有触及的领域，因为顾客难以控制、难以度量，是极复杂的因素。但在新的数字技术出现后，我们越来越了解顾客，于是我们的追求已经不再局限于提升业务效率，而希望创造新的业务场景、产生新的顾客价值并开拓新的市场，数字化能告诉我们新的方向在哪里。

如果将挖掘信息比喻成淘金，信息化就是告诉机器怎么挖金子，机器把人挖金子的过程记录下来并按照人的指令快速挖出金子；而通过数字化我们不仅能快速挖出金子，还能挖出人不知道的钻石，即产生新的知识和洞察。图3-22总结了信息化与数字化的区别。

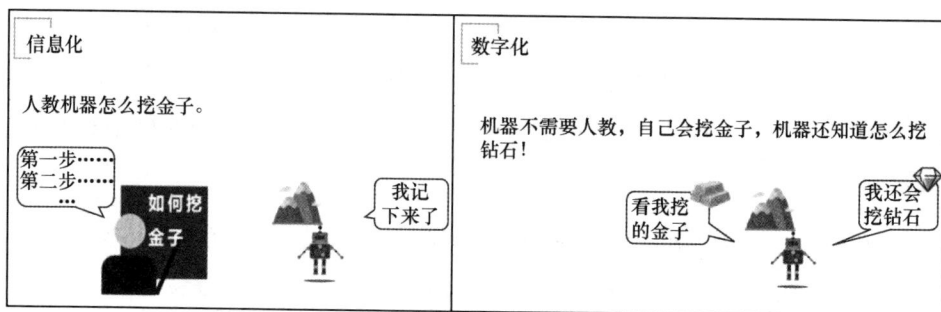

图 3-22　信息化与数字化的区别

【例 3-5】监控大屏是信息化还是数字化？

制造企业的生产车间里常常会有监控大屏（见图 3-23），上面实时显示了设备的运行状态、员工的绩效情况、机器的产量统计、质量控制情况以及进度情况等。请大家判断一下这是信息化还是数字化。

图 3-23　监控大屏

基于前面描述的信息化和数字化的概念，相信大家已经能够轻松做出判断：这是信息化。因为监控大屏上显示的都是我们人类发出指令让计算机完成的工作，计算机并没有指导业务工作和产生新的价值。一旦计算机能够为我们指明新的顾客价值所在，数字化道路的齿轮就会由此开始转动。

第 4 章将详细探讨如何翻越从信息化到数字化必经的几座山，走入机器智能的神奇世界。

本章要点

- 数字世界的基础是数据。我们采集的第一手数据往往混杂着大量的噪声，它们是没有价值的脏数据，必须经过清洗形成信息后，才能帮助我们减少特定场景问题的不确定性。

- 三种原因导致人们不相信数字世界得出的诊断和决策结果：数据搜集不完善，建立起的数字世界并非数字孪生体，而是基于现实世界的模拟世界；使用的并非机器学习的算法模型，而是人的模型；得出的无限逼近真实情况的最优解实际上只是近似解。

- 不多不少正合适的数据是基于场景采集的"全量、全要素的实时"数据。

- 场景是指用户在一个有时间的空间中经历的情景和互动。不同的场景下需要搜集不同的数据。

- 知识只能在信息的基础上生长。信息化只能支持我们实现信息的活学巧用，数字化则支撑我们产生新的知识并适应时代的变化，走向智能。

- 如果将挖掘信息比喻成淘金，则信息化就是告诉机器怎么挖金子，机器把人挖金子的过程记录下来并按照人的指令快速挖出金子；而通过数字化我们不仅能快速挖出金子，还能挖出人不知道的钻石，即产生新的知识和洞察。

参考文献

[1] 中华人民共和国住房城乡建设部.关于推进建筑信息模型应用的指导意见 [J].中国勘察设计，2015，(10)：22-26.

[2] 中华人民共和国住房和城乡建设部，中华人民共和国教育部，中华人民共和

国科学技术部，等 . 关于加快新型建筑工业化发展的若干意见 [J]. 上海建材，
2020，(5)：1-4.

[3] KUO S M，LEE B H，TIAN W. 数字信号处理：原理、实现及应用（基于
MATLAB/Simulink 与 TMS320C55xx DSP 的实现方法)[M]. 3 版 . 王永生，
王进祥，曹贝，译 . 北京：清华大学出版社，2017.

[4] 刘俊 . 信号与系统（MATLAB 版）[M]. 北京：电子工业出版社，2011.

从信息时代到数智时代的学习

在开始本章的学习之前，我们先回顾一下信息化和数字化的区别。

信息化（informatization）是人的智能的机器化，知识模型由人提出，计算机则帮助我们算得更快并验证答案。信息化是应用人的知识的过程。

数字化（digitization）是机器智能的机器化，是计算机通过机器学习构建机器模型并将机器模型产生的信息整合成新知识的过程。数字化是创造新知识的过程。

本章涉及的元概念如下。

- **智能:** 获得并运用知识解决实际问题时所必需的能力。

- **人的学习:** 人以各种方式获得知识的过程,知识的获取方式包括阅读、听讲、研究、实践等。

- **机器学习:** 机器学习、记忆、应用和迭代模型的过程。

- **人的智能:** 人学习、记忆、应用知识并创造新知识的能力。

- **机器智能:** 机器不断地学习、记忆、应用和迭代模型的能力。

- **人工智能:** 人的智能和机器智能的叠加。先把数据数字化,再通过人的学习或机器学习产生新的智能的过程。

仍以从大山中挖金子为例,大山可视为由数据组成的数据库,里面既有金子,也有大量的石头、泥土、沙子等。

信息化就好比人学会了从大山中挖金子,于是将挖金子的经验总结成模型,在利用计算机编程后,在机器的帮助下,让金子挖得更快、更多、更好。

数字化就好比机器不需要人教,而是自己学习挖金子并通过总结经验,建立起自己的模型,金子挖得比人快、比人好。机器不仅知道如何挖金子,还知道怎么挖出钻石。

本章将讨论的 3 个关键问题如图 4-1 所示。

- 人是如何学会挖金子的? 换言之,人的智能是如何发展的?
- 机器是如何学会挖金子的? 换言之,机器智能是如何发展的?
- 人和机器的未来如何发展? 换言之,人工智能是如何发展的?

图 4-1 本章将要讨论的 3 个关键问题

思想和行动的无尽轮换,

无尽的发明,无尽的实验,

带来流动的，而非静止的知识；

带来语言的，而非沉默的知识；

带来口说的，而非真理的知识。

我们的一切知识都使我们更接近无知，

我们的一切无知都使我们更接近死亡，

我们在生活中丢失的生命何在？

我们在知识中丢失的智慧何在？

我们在信息中丢失的知识何在？

——选自《荒原：艾略特文集·诗歌》

在了解人和机器如何学习之前，我们需要首先辨析如下几个概念——信息、知识、记忆、学习。

信息与知识的关系如下。

■ 信息是基于特定场景筛选过的有用数据，它们能够降低场景的不确定性。

■ 知识是从基于特定场景的信息中抽象出来的经过验证的规律。

■ 知识包括显性知识和隐性知识。

记忆与学习的关系如下。

■ 记忆是人脑对经历过的事物的识记、保持和再现[1]。

■ 记忆的关键是保留信息。

■ 学习是以各种方式获得知识的过程，知识的获取方式包括阅读、听讲、研究、实践等[1]。

■ 学习的关键是获取知识。

显性知识与隐性知识的区别如下。

■ 显性知识是能够用文字和数字等形式编码表达、经过编辑和整理且以结构化或格式化形式存在的信息[2]。显性知识具有便于学习、可快速复制、大规模传播的特点。

■ 隐性知识是不能或未能用文字和数字等形式编码表达、高度个性化且难以结构化和格式化的数据，包括主观理解、直觉和预感[2]。隐性知识不易学习、不可快速复制且无法大规模传播，但隐性知识的保密性强，容易形成独特的竞争优势（见图 4-2）。

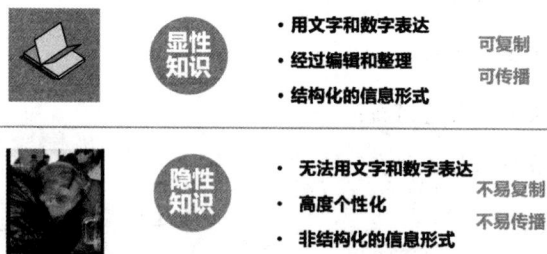

图 4-2　显性知识与隐性知识的区别

【例 4-1】完成判断题（见图 4-3）。

图 4-3　关于隐性知识与显性知识的判断题

在图 4-3 中，"九九乘法表""羽毛球教学视频"《新华字典》"南京市天气预报""李白《静夜思》"这些都是显性知识，它们能够用文字和数字表达，是经过编辑和整理的以结构化或格式化形式存在的信息；而"渔夫的捕鱼经验""学习英语的好方法""画画的想象力""乒乓球双打运动员的默契配合""李白《静夜思》读后感"这些都是隐性知识，它们难以结构化。

4.1 人的智能如何发展

4.1.1 人如何学会挖金子

某天，有个人在一座大山的山腰上用镐挖土，剔除泥沙后发现了金子。

很快，听到这个消息的另一个人也来到这座大山，用同样的方法挖出了金子。

慢慢地，越来越多的人来到这座大山挖金子，挖金子的方法口口相传，逐渐被总结成一条流传的规律。

通过更多人的实践，这条挖金子的规律得到不断修正，人们逐渐掌握了更快地从这座大山里挖出金子的方法（见图 4-4）。

看起来，只要记住了这条规律，就可以从这座大山里挖出金子。

但是，换一座大山情况如何呢？如果仅仅使用原先的规律探索另一座大山，采用记忆而不是学习的方法，就会出现"守株待兔"的现象。

图 4-4 人挖金子的过程

从这个例子中我们可以体会到，当我们从这座大山里无意间挖出金子时，这是一件极其偶然的事情。如果使用从这座大山里挖金子的规律去别的大山里实践，结果可想而知。因此，我们必须不断总结各种经验规律，才能最终找到适用于所有大山的普适性的挖金子的知识模型。

下面我们对从大山里挖金子的过程进行抽象化。大山可以视为数据库大山，挖金子的规律可以视为知识模型，沉淀下来的金子可以视为有用的数据——信息，而筛掉的泥沙可以视为一种噪声。我们必须基于各种情境中的数据总结规律，构建模

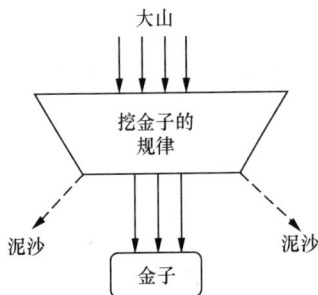

型并去除噪声，才能真正从数据中筛选出信息，才能真正从大山里顺利挖出金子（见图 4-5）。

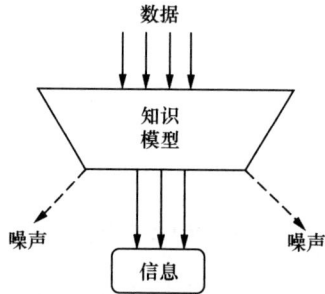

图 4-5　获取信息的过程

4.1.2　人是如何学习的

从上面人们从大山里挖金子的故事中我们可以发现，人类是从故事开始学习的。

（1）一个人挖到金子，形成一个故事。

（2）许多人挖到金子，形成多个例子。

（3）人们通过学习多个例子，找到其中的规律。

（4）人们验证这个规律的正确性，形成知识。

（5）人们通过练习题学习这个知识，同时对学到的结果和题目答案进行比较，反复进行反馈并巩固。

（6）当遇到新的问题时，人们应用所学知识，给出新问题的答案，并在答案与新问题之间不断进行反馈和修正，因此新问题与新答案的校对便形成了闭环反馈链，在这个过程中不断强化知识，使知识得到巩固和加强。

学习——反馈机制是人类区别于其他动物最重要的机制之一。人类不断地利用新问题来验证是否学会了知识。若答对问题，则进行知识的强化；若答错，则找出错误原因，不断地进行反馈、改进和巩固，从而灵活地应用知识（见图 4-6）。

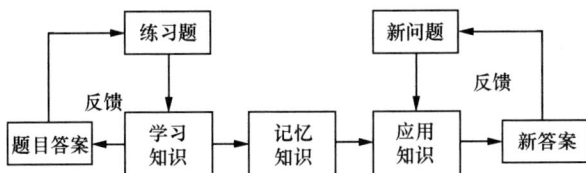

图4-6 人类学习的过程

【例4-2】我们是如何学习乘法运算的?

对于绝大多数人而言,背诵乘法口诀表是学习小学数学的起点。当变量很少(变量的个数在1和10之间)时,我们可以通过记忆所有变量之间的算式关系——乘法口诀表来学习。但是,当变量逐渐增加时,比如当面对23×33这样的乘法问题时,该如何计算呢?

当变量很多时,我们不能通过记忆来寻找答案,而是需要通过学习知识找到答案。面对像23×33这样的乘法问题,我们可以先记忆九九乘法表,掌握个位数的运算规律。接下来,我们可以将23×33拆解为个位数的运算,得到3×3=9、2×3=6。在此基础上,通过对个位数的运算规则进行叠加、排列并融入简单的加法,我们逐渐总结出一套两位数乘两位数的运算规则。这样,23×33的乘法问题就可以通过两位数的运算规则得到解决。

一旦掌握两位数甚至三位数的运算规律,我们就能不断推导。无论碰到哪些数字运算的新问题,我们都可以迅速利用知识(规律)找到答案。因此,学习能力的关键在于学习的方法。那么,如何判断是单纯记忆还是掌握了这个知识呢?这就要看是否拥有运用知识的能力(见图4-7)。

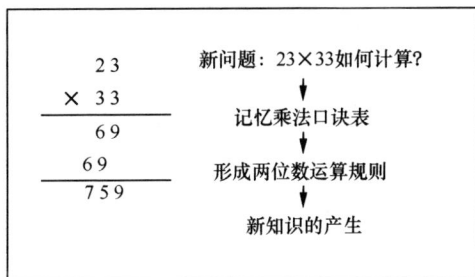

(a)

图4-7 我们学会乘法表的过程

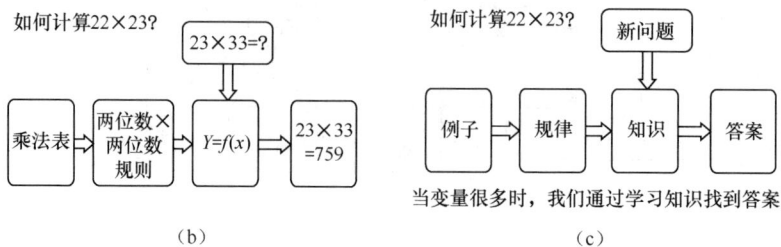

如何计算22×23?　23×33=?

乘法表 → 两位数× 两位数 规则 → $Y=f(x)$ → 23×33 =759

（b）

如何计算22×23?　新问题

例子 → 规律 → 知识 → 答案

当变量很多时，我们通过学习知识找到答案

（c）

图4-7　我们学会乘法表的过程（续）

【例4-3】考试到底考的是什么？[①]

学习、记忆和应用知识是一种连锁能力。通过做练习题和分析答案，人们学习并掌握知识，记忆后在大脑中形成诸多知识点；而考试往往考的是考生解决新问题的能力，考生在平时的练习过程中往往未曾见过考题，通过对考题与考试结果进行比对，从而形成考生对知识掌握的反馈与评估。不同个体和组织之间的能力差异就在于是否可以通过反馈，不断调整和修正，最终找到新的规律，这可以称为创新能力或学习能力。因为其稀缺且难以快速复制，所以这种能力是个体和组织的核心竞争力。

因此，考试后最重要的是反馈过程，反馈的重点是找出与应用知识能力之间的差距，不断提高，逐渐形成自己的一套学习方法，最终创造出新的知识，增强学习过程。

以"双减"政策为例，传统教育较注重用记忆来学习知识，各类辅导班也在记忆题目、背题型等方面发力，而不是培养学生学习和应用知识的能力。实际上，我们应该掌握的是应用知识的能力而非记忆能力。同时，通过考试机制选拔出来的人才应该具有创造力和想象力，而不是仅仅具有记忆能力（见图4-8）。

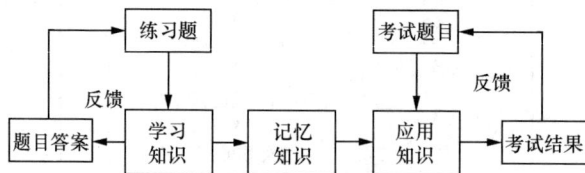

图4-8　考试的机制

---

① 参考B站上关于超智能体的视频。

4.1.3 人的学习如何发展——人的智能

1. 人的智能如何产生

首先让我们回到元概念上，人的智能是什么？

人的智能是人学习、记忆、应用知识并创造新知识的能力。 人类的学习过程如下：通过形成练习题和答案之间的闭环反馈，不断地学习和记忆所学知识，并在面对新的问题时应用知识进行解答。更重要的是，在不断解决新问题的过程中，发现新的规律并不断验证这些规律，最终创造出新的知识。**人的智能的关键在于创造新的知识。**

挖金子的过程也是如此。一个人挖金子挖得快是指什么呢？首先，这个人能够记住别人挖金子的规律。其次，进山后，他知道怎么去实践。最后，他还能通过实践总结出挖金子的新规律，并逐渐成为自己的隐性知识，从而挖得比别人更快、更好。

隐性知识只有不断总结、结构化和格式化，才能转变为新的显性知识，被他人使用，这便是人的智能的产生过程。

综上所述，人的智能是指人类不断学习、记忆、应用知识并创造新知识的能力，核心在于不断创造新的知识（见图4-9）。

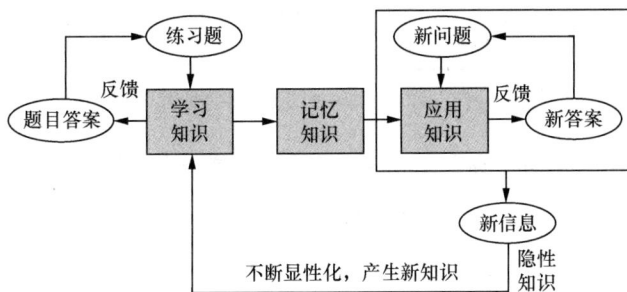

图4-9 人的智能的产生过程

2. 从人的学习到人的智能

图4-10展示了人类的发展历程：从猿/猿人发展到早期智人，再发展到现代人。

在早期智人和现代人的阶段，人类经历了学习、记忆、应用知识的过程。在人类的发展历程中，人的智能也在发展。

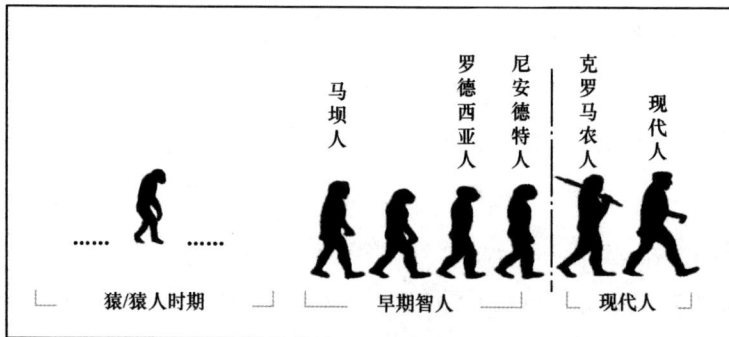

图 4-10　人类的发展历程

如图 4-11 所示，人的智能的发展强调 4 项能力。

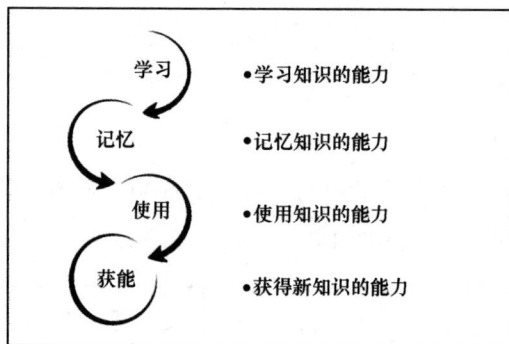

图 4-11　人的智能强调的 4 项能力

【例 4-4】"为什么听了那么多道理，还过不好这一生？"[1]

我们常常听到这么一句话："为什么听了那么多道理，还过不好这一生？"这是因为别人的道理是别人从经验中总结出来的规律。我们不断学习别人的经验，记忆别人的知识，应用别人的知识。当我们把别人的知识应用到自己遭遇的新问题时，产生的新答案必然和现实存在误差。

────────────

① 参见 B 站视频。

但是，这并不代表学习别人的道理是无用的，我们要做的是建立良好的闭环反馈链。别人的道理为我们解决问题提供了参考依据，但更重要的是，当我们自己遇到问题时，我们要能够不断地对比自己的答案与现实之间的误差，从而总结出自己的规律。在不断解决自己所遭遇问题的闭环反馈过程中，我们要建立自身面对问题时的知识储备并投入运用，不断学习、记忆和应用经验，在此过程中提高自己解决问题的能力和经验，形成自己的知识模型，只有这样才能真正地解决问题（见图 4-12）。

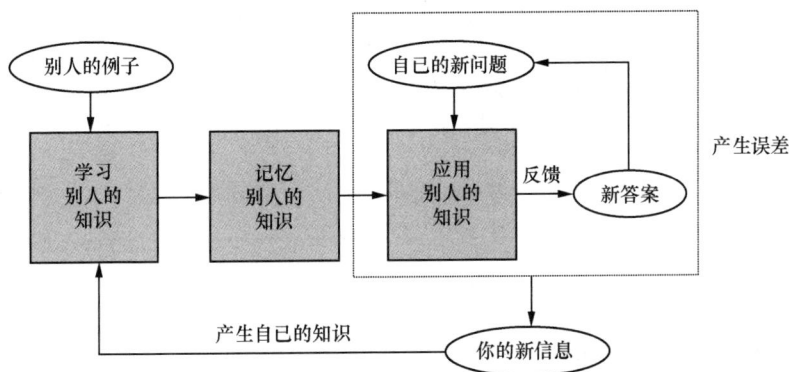

图 4-12　借助"别人的知识"建立闭环反馈链

4.2　人的智能如何机器化——迈入信息化时代

4.2.1　我们如何更快地挖金子

为了提高挖金子的效率，人类挖金子的技术也在不断迭代（见图 4-13）。从最开始的徒手挖到使用工具（如铁锹）挖，人类节省了不少体力；近代的蒸汽机以机器代替人力，在效率上有了极大提升；电动机则从动力上有所创新；在有了计算机后，信息化使挖金子的效率实现了历史性突破；目前，用多台计算机挖已极其常见。人类在技术手段上不断提升，让机器帮助我们学得更快、记忆得更多，我们的计算能力更强了。

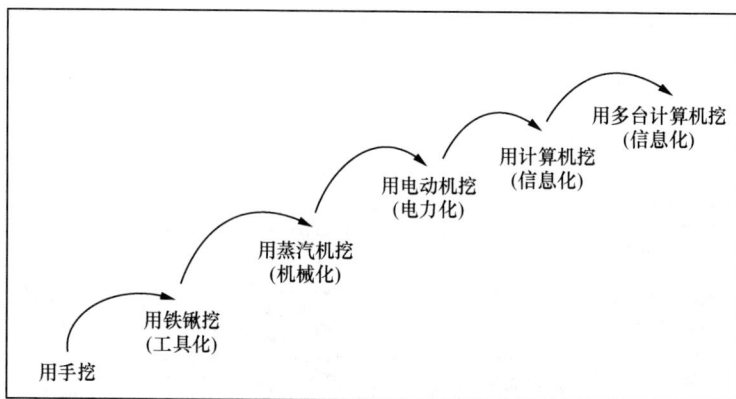

图 4-13　挖金子的技术迭代过程

4.2.2　人的智能如何机器化：信息化

信息化是应用知识的过程，而数字化是创造新知识的过程，这是信息化和数字化根本的区别。信息化简单理解就是人的智能的机器化，模型由人提出，计算机则帮助我们从数据库中提取与场景相关的数据，并通过人的知识模型的编程化，更快地得到信息。信息化是人类利用机器从数据库中挖金子的过程。信息化时代的工具越来越先进，效率也越来越高。

人的智能的机器化也就是信息化，信息化提高了人的 3 种能力（见图 4-14）。

- 学习能力：学习知识的能力。
- 记忆能力：记忆知识的能力。
- 应用能力：使用知识的能力。

当人类的知识被逐渐模型化之后，显性知识得到进一步传播与复制。知识在被编程化并输入计算机后，问题的解决速度越来越快。但是，由于模型与人的学习过程没有形成闭环的反馈系统，因此人无法继续获得新的知识。

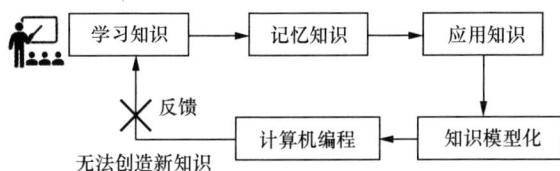

图 4-14 人的智能的机器化

信息化是指通过机器来帮助人类提高学习、记忆和应用知识的能力，但此时机器并不具备获得新知识的能力。那么如何才能突破获得新知识的天花板呢？这就要求人类迈入数字化时代。数字化的核心的就是让机器能够自己学会挖金子并具备创造新知识的能力（见图 4-15）。

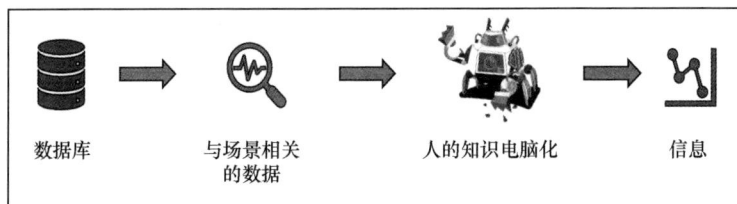

图 4-15 信息化的过程

4.3 机器智能如何发展

4.3.1 机器如何学习自己挖金子——机器智能

1. 机器学习

机器学习（Machine Learning，ML）领域的创始人 Arthur Samuel 在 1959 年对机器学习做了定义：机器学习能让计算机不依赖确定的编码指令来自主地学习，即赋予机器学习的能力，以此让机器实现通过直接编程无法实现的功能。

简单来说，与人的学习相对应，机器学习就是机器学习、记忆、应用和迭代模型的过程。要了解机器学习的过程，就必须首先了解两个关键概念——训练数据集和测试数据集。

- 训练数据集是样本的集合，其中的样本用于训练机器构建的模型。
- 测试数据集也是样本的集合，其中的样本用于检测机器构建的模型是否符合目标。

2. 机器学习的过程

首先，学习模型。输入训练数据集，也就是将练习题与答案同时输入机器，机器执行算法进行计算，并根据计算结果与已知答案的偏差对模型进行调整，从而在不断的反馈过程中训练模型。

其次，记忆模型。机器对计算结果最准确的模型和参数进行记忆。

最后，应用模型。输入测试数据集，机器根据记忆的模型对新的问题进行计算，并根据计算结果与新答案之间的偏差评估模型是否符合标准，同时进行反馈修正以形成闭环（见图 4-16）。

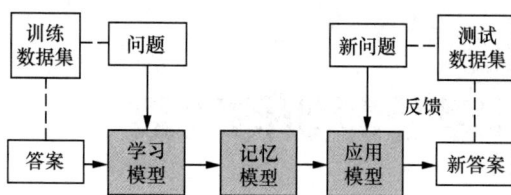

图 4-16　机器学习的过程

机器学习与人的学习相比，相似之处如下。

- 机器学习与人的学习都遵循从学习到记忆，再到应用的过程。
- 在应用环节，机器学习和人的学习都强调反馈。当面对新的问题时，它们都应用知识进行解决，并将得到的答案与新问题的答案做比较，从而形成闭环的反馈过程。在这一过程中，通过不断应用知识解决问题，使知识得到巩固和加强。

机器学习与人的学习相比，不同之处如下。

- 在学习的初始阶段，人们通常先给出题目，再应用模型进行计算，最后对答案进行验证；机器学习则在同时拥有问题和答案的情况下进行学习。不过，随着机器学习的不断发展，机器可以在只有问题没有答案的情况下进行学习，也就是进行所谓的无监督学习。

- 在应用环节，人们通过不断反馈形成新的知识，同时人们可以将知识不断地显性化，从而在人与人之间进行传播和共享；而机器通过不断反馈得到的新知识只能被机器识别和应用，受限于技术的发展，目前还无法将新知识显性化，也就无法实现新知识在机器与人之间的传播和共享。

3. 机器智能如何发展

机器智能是指机器不断地学习、记忆、应用和迭代模型的能力。

我们回顾一下人的智能的发展历程。首先，人通过练习题学习知识，并根据反馈记住知识点。然后，人应用知识点解决新问题，并不断地根据反馈找到新的规律（这些新的规律就是新的信息），形成个体的隐性知识。最后，科研人员不断地将个体的隐性知识显性化，写进论文、书本或模型中，从而让更多的人能够学习和掌握它们。

机器智能的发展过程如图 4-17 所示。

（1）学习模型。将训练数据集输入机器，机器将得到的结果与问题的答案做比较，不断训练模型。

（2）记忆模型。机器对计算结果最准确的模型进行记忆。

（3）应用模型。将测试数据集输入机器，机器根据记忆的模型对新问题进行计算，并根据计算结果与已知答案的偏差评估模型是否符合标准。

（4）迭代模型。机器在不断的反馈过程中，对训练好的模型进行调整。与人的智能在发展过程中出现新的规律一样，机器智能在发展过程中也形成了新的知识，新的知识由于只有机器能够识别、理解和应用，因此是隐性知识。机器根据获得的隐性知识进行模型的迭代，在迭代的过程中，模型变得更精准。

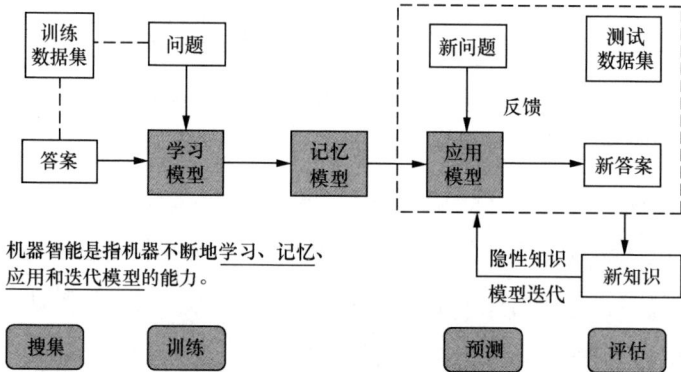

图 4-17　机器智能的发展过程

在信息化时代，机器仅具备学习、记忆和应用知识的能力；而在数智时代，机器突破了获得新知识的天花板，具备了获取新知识的能力，实现了机器智能。

因此，更进一步地，**机器智能是机器学习、记忆、应用知识并创造新知识的能力**。

4. 机器学习的类型

机器通过训练数据集和测试数据集进行学习，对于这些数据集中的样本，我们已经进行了类别标记。换言之，我们已经同时把问题和答案告诉了机器，让机器进行学习，这种机器学习方法属于监督学习。除此之外，机器学习的其他方法如下[3]。

- 无监督学习。对训练数据集中的样本不进行类别标记，而是直接将它们输入机器，让机器自己分析数据结构，这种机器学习方法属于无监督学习。换言之，我们只将问题交给机器，然后让机器自己去学习。

- 半监督学习。训练模型时，使用的训练数据集中既包含已标记类别的样本，也包含未标记类别的样本，这种机器学习方法属于半监督学习。半监督学习是将监督学习与无监督学习相结合的一种机器学习方法。

■ 深度学习（Deep Learning）。深度学习相对于传统机器学习是一种新的机器学习方法。传统机器学习是一种浅层的机器学习方法，机器根据输入数据直接给出输出结果。传统机器学习的运算速度较快，但是对于复杂的问题，输出结果的准确度较差。深度学习则在输入和输出之间进行多层的判断，具体的做法是在输入和输出的过程中加入多个隐藏判断层（简称隐层）。通过利用深度学习，对于复杂的问题，机器的输出结果的准确度有了极大提高。

图 4-18 对不含隐层的浅层机器学习模型、含一个隐层的浅层机器学习模型以及含多个隐层的深度学习模型做了比较。

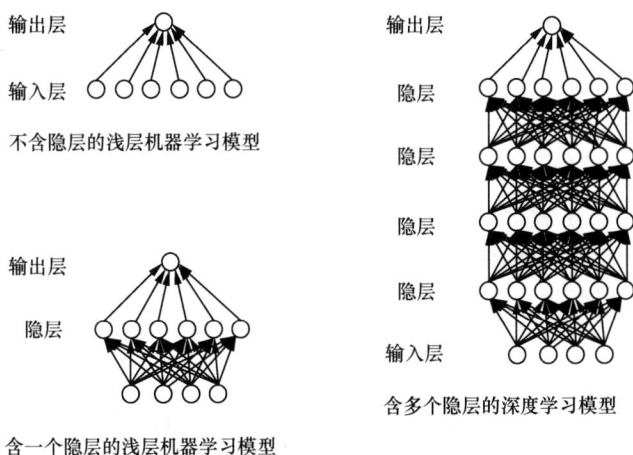

图 4-18　比较不同的机器学习模型

下面我们以图像识别为例，简单看一下传统机器学习与深度学习的区别。将一幅人物图像输入机器，让机器进行人物判断，传统机器学习直接根据图像中人物的轮廓、眼睛、鼻子、嘴巴等特征同时进行判断，然后快速输出结果，分析时间较短，但是结果的准确度较差。

深度学习则在输入与输出之间进行多层判断，具体的做法是在分析过程中加入多个隐层。例如，第一层判断所输入图像的胡子特征，第二层判断图像中人物的衣服特征，第三层判断图像中人物的眼睛特征等等。通过利用深度学习，机器的输出结果的准确度有了极大提高（见图 4-19）。

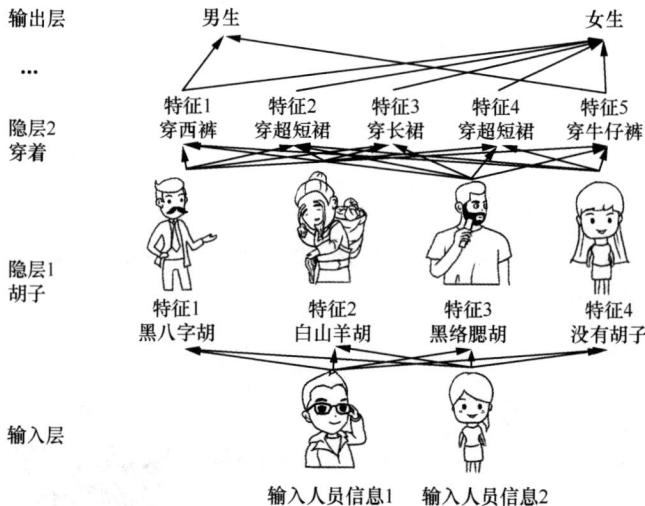

图 4-19　基于深度学习的图像识别

5. 机器智能的困局——黑箱

Ross Ashby 在 *An Introduction to Cybernetics* 一书中对黑箱做了定义："由于无法了解一个系统的内部结构，因此只能根据输入输出观察这个系统，这个系统就像一个看不透的黑箱（block box）。"机器学习面临的挑战或者说机器智能面临的挑战，就是我们常常提及的黑箱。具体来说，机器在学习过程中会不断产生新的知识，而这些新的知识对于人类来说是隐性知识，只有机器能够识别、理解和应用它们。对于机器通过不断学习获得的新知识，人类目前还无法将它们结构化和显性化，因而它们也就无法在人与人之间共享和传播。

由于黑箱模型内部结构的复杂性，模型的使用者往往无法得知数据进入模型后是如何得到预测结果的，就好像变魔术一样，魔术师从黑盒里变出不同的物品，观众却不明所以。因此，对于决策者，尤其对于高风险领域（如自动驾驶、金融领域、医疗行业等）的决策者，在不清楚黑箱运作原理的情况下，根本不敢仅凭模型的预测结果就轻易相信机器做出的决策。

具体来说，黑箱主要存在三个方面的问题。

- 如果黑箱无法给出合理的因果关系，模型的输出结果将很难让人信服。
- 黑箱模型的内部结构较复杂，当模型受到外界攻击时，我们通常很难发现这些攻击。倘若黑客在原始模型的输入样本中添加一些扰动（通常称为对抗样本），模型将很有可能产生错判，此时如果建模人员无法及时调整模型，就会导致非常严重的后果。
- 黑箱模型可能存在偏见。黑箱模型在做预测时，会放大数据收集过程中可能存在的数据不平衡性问题，导致模型最终得出带有偏见的结果。

随着机器学习的不断发展，人工智能逐渐被应用于医疗健康领域。虽然机器学习和人工智能极大提升了效率，但是黑箱的问题让机器智能陷入困局。以肺结节 CT 筛查为例，不同的人工智能诊断提供商在训练模型时通常基于自有数据库，并以自有数据库进行模型检验。由于黑箱的问题，我们无法了解机器通过训练得到的算法和模型以及它们的运作机制，这就导致我们无法验证训练数据集和测试数据集的不同是否会导致训练得到的算法不一致，我们也无法保证训练得到的模型的鲁棒性。黑箱困局还带来了安全性问题。由于在机器智能的输入数据和输出答案之间存在着无法洞悉的隐层，这导致我们难以判断人工智能是否出错，人工智能的安全性无法得到保证。只有弄清楚计算机是"怎么想的""怎么得出结论的"，人类才会更相信计算机，从而对它们更放心（见图 4-20）。

输入 → 黑箱 将输入转为输出 → 输出

图 4-20　机器智能陷入"黑箱"困局

直到现在，人类一直致力于研究和探索如何破解机器智能的"黑箱"困局。我们想要了解机器模型迭代的过程，从而将隐性知识变为显性知识，提高人类的知识获取能力。为了实现这一切，我们回到了基础学科不断进步的问题，因为基础学科的提升就是不断发现因果关系的过程。

4.3.2 机器智能如何机器化——迈入数字化时代

在信息化时代，人的智能实现了机器化；在数字化时代，机器智能实现了机器化。接下来，我们将通过探讨人类如何学习下围棋、传统的计算机如何下围棋和AlphaGo如何下围棋，介绍机器智能是如何机器化的。

1. 人类如何学习下围棋

首先，学习并掌握围棋规则。

然后，根据每次对弈的胜负结果，总结并记忆获胜和失败的规律，也就是记住棋谱。

接下来，在新的对弈中应用规律（棋谱），对新的胜负结果进行复盘（反馈）以进一步提高下围棋的技艺。

最后，有些人通过不断地复盘形成自身解决高难度棋局的卓越能力，成为围棋高手。人类开始不断地对高手的经验进行学习、总结和显性化，形成新的知识模型——棋谱（见图4-21）。

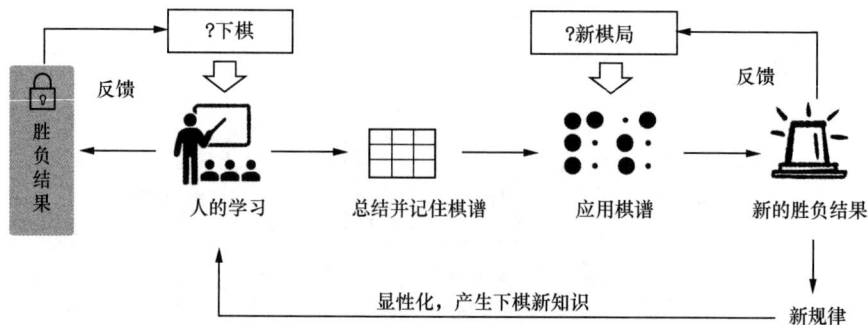

图4-21 人类下围棋的过程

2. 传统的计算机如何下围棋

首先，将围棋规则与棋谱以编程方式输入计算机，生成围棋软件。

然后，计算机按照围棋软件的指示与人对弈。人机对弈的结果是，当人的水平高于计算机中保存的棋谱时，人战胜计算机，反之失败。

最后，不断地将新的棋谱以编程方式输入计算机，形成不同版本的围棋软件。

在上述过程中，由于计算机无法通过自我学习并掌握新的棋谱提高下围棋的技艺，人的下棋水平决定了围棋软件的水平，因此这是人的智能的机器化（见图 4-22）。

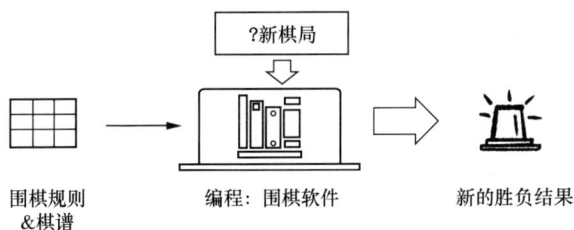

图 4-22　计算机下围棋的过程

3. AlphaGo 如何下围棋

AlphaGo 采用完全不同于计算机软件的规则模式，它是机器学习下真正意义上具有机器智能的系统。AlphaGo 先将围棋规则和训练数据（棋谱）作为输入，通过机器学习自我对弈、自我学习、自我总结获胜规律并自我掌握新的棋谱，然后根据自己学会的棋谱，在与人类的对弈过程中，根据人类的落子，快速选择最优解。

1）AlphaGo 2016 的学习过程

（1）人类将各种大师棋谱、包含胜负结果的样本数据集、围棋规则作为训练数据集输入其中。

（2）使用卷积神经网络 [①]、蒙特卡洛树搜索 [②] 等算法训练机器。

（3）机器通过自我学习得到训练好的模型并进行记忆。

（4）在人机对弈过程中，机器应用训练好的模型找到最优落子。AlphaGo 2016 能够实现在 3000 万步内找到最优落子。

（5）进行自我对弈。自我对弈使得 AlphaGo 2016 能够根据对弈结果进行算法校对，不断地优化和迭代模型，提高围棋技艺，形成机器棋谱（见图 4-23）。

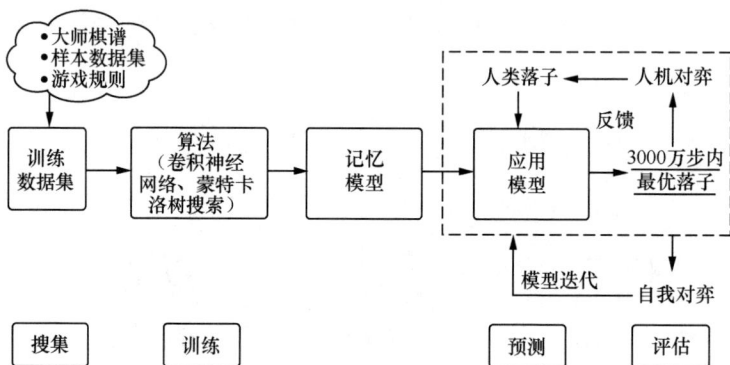

图 4-23　AlphaGo 2016 下围棋的过程

2）AlphaGo 2017 的学习过程

当下，数字化面临的最大挑战就是数据的获取，而 AlphaGo 2017 所要解决的关键问题就是不再需要使用人类数据进行训练，因此 AlphaGo 2017 的价值甚至超过训练数据的价值。人类可以仅将围棋规则作为训练数据集输入机器，AlphaGo 2017 即可通过机器的自我对弈进行学习和模型训练。AlphaGo 2017 的计算能力已经超出

① 一种通过模仿动物神经网络的行为特征来进行分布式并行信息处理的算法或数学模型。卷积神经网络（Convolutional Neural Network，CNN）包含卷积计算且具有深度结构的神经网络，是深度学习的代表性算法之一。1962 年，Hubel 和 Wiesel 对猫的视觉皮层的信息处理过程进行了研究，受此影响，科学家提出了卷积神经网络的概念；1980 年，科学家福岛邦彦首次通过代码实现了 CNN。

② 使用随机数或伪随机数，将所要求解的问题与概率模型相联系，实现统计模拟或抽样。

人类的认知，它能够在近似无限步中找到最优落子。同时通过自我对弈和人机对弈，AlphaGo 2017 还能够进行模型迭代（见图 4-24）。

（1）人类将围棋规则作为训练数据集输入其中。

（2）使用 ResNet 神经网络训练机器。

（3）机器通过自我学习得到训练好的模型并进行记忆。

（4）在人机对弈过程中，机器应用训练好的模型找到最优落子。

（5）通过自我对弈不断地优化和迭代模型，提高围棋技艺，形成机器棋谱。

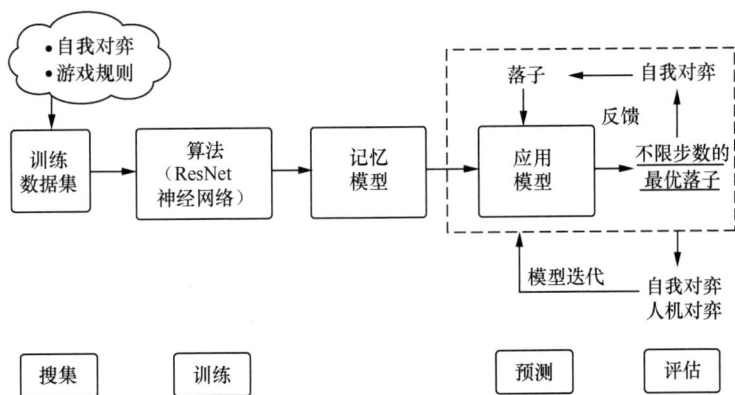

图 4-24　AlphaGo 2017 下围棋的过程

3）AlphaGo Zero 2018 的学习过程

AlphaGo Zero 2018 的重大突破就是知识迁移[①]：在以往的基础上重新构建自我对弈的算法，大幅提升了算力，缩短了训练时间，能够利用单个算法掌握三种对弈棋类规则（比如由原来的会下围棋到会下国际象棋和日本将棋），实现了触类旁通、举一反三（见图 4-25）。

（1）人类将围棋规则作为训练数据集输入其中。

（2）使用 ResNet 神经网络训练机器。

---

① 一种学习对另一种学习的影响。任何学习的过程都是学习者在其已有的知识经验、认知结构、动作技能的基础上进行的，原有的知识结构对新的学习产生的这种影响就形成了知识迁移。

（3）机器通过自我学习得到训练好的模型并进行记忆。

（4）在人机对弈过程中，机器应用训练好的模型找到最优落子。

（5）通过自我对弈不断地优化和迭代模型。

（6）在形成围棋的机器棋谱的同时，开始进行知识迁徙，快速掌握其他棋类（如国际象棋和日本将棋）的对弈规则和机器棋谱。

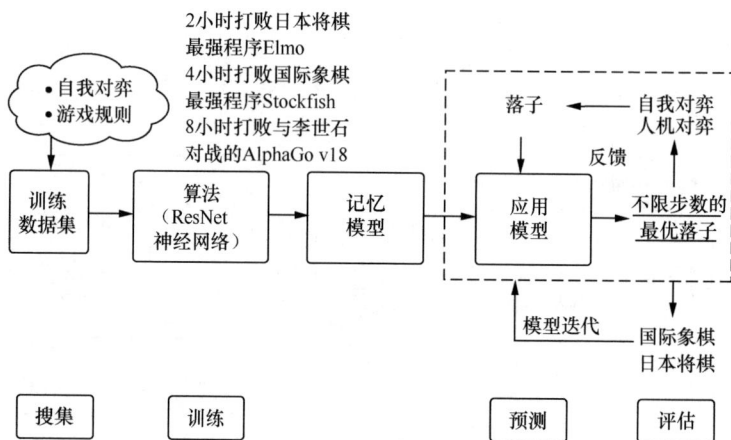

图 4-25　AlphaGo Zero 2018 下围棋的过程

图 4-26 对人类下围棋、传统计算机下围棋和 AlphaGo 下围棋的过程做了总结。

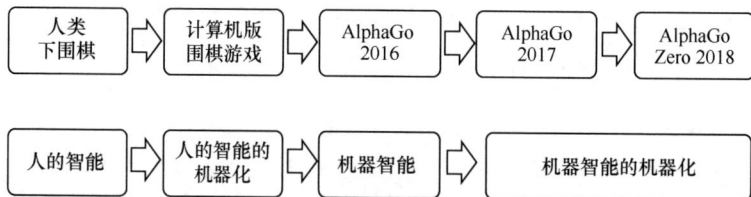

图 4-26　人类下围棋、传统计算机下围棋和 AlphaGo 下围棋的过程

■ 人类下围棋的过程体现了人的智能的发展。

■ 传统计算机下围棋的过程体现了人的智能的机器化（即信息化）过程。

■ AlphaGo 下围棋的过程体现了机器智能的发展——从 AlphaGo 2016 实现机器智能，到 AlphaGo 2017 实现自我对弈，再到 AlphaGo Zero 2018 实现知识迁移，体现了机器智能的机器化（即数字化）过程。

4.4 人和机器的未来如何发展——迈入"数智时代"

进入数字化时代，我们已经可以精准地洞察数智（数据智能的简称）的内核。数智是指数据的数字化，旨在通过学习产生智能（intelligence）。

4.4.1 什么是人工智能

人们对于人工智能的定义有多种理解。就人工智能的外部表现而言，有人认为人工智能是机器展现出来的智能，因此只要机器有智能的特征和表现，就可以视为人工智能。就人工智能的技术内容而言，也有人认为人工智能是研究、开发用于模拟、延伸和扩展人的智能的理论、方法、技术和应用系统的一门新的技术学科。当前，人工智能较全面的定义如下：利用数字计算机或者由数字计算机控制的机器，模拟、延伸和扩展人的智能，感知环境、获取知识并使用知识获得最佳结果的理论、方法、技术和应用系统。

根据本书的定义，我们可以精准地洞察人工智能的内核：把数据数字化，然后通过人或机器的学习产生新的智能。

人工智能 = 人的智能 + 机器智能

综合以上人们对人工智能的定义，我们不难发现，人工智能的本质是人的智能与机器智能的叠加。那么如何才能实现人的智能与机器智能的叠加呢？我们需要进行人机互动，同时在这个过程中实现人与机器更好地相互理解。

4.4.2 未来，机器需要更了解人的哪些方面

作为一种独特的生物种群，人类有着独立且丰富的意识。人类的许多意识活动和意识行为的产物属于隐性知识。我们在之前的内容中曾提到，隐性知识是不能或未能用文字和数字等形式编码表达、高度个性化且难以结构化和格式化的数据。此外，隐性知识不易复制，更无法大规模传播。目前，机器无法辨别人类的独立意识，因而也就无法了解人类产生的隐性知识。机器智能的未来发展方向是使机器更了解人类，更通人性，因此机器智能需要重点解决的问题，就是让机器能够懂得人的隐性知识。那么，机器需要了解人的哪些方面呢？

■ 人的情感。情感是在客观事物或现象与人的意识的相互作用下人的大脑所产生的感受。由于情感是由客观事物和个体意识共同决定的，因此情感存在个体差异性。正是这种个体差异性导致人的情感高度个性化，成为难以用文字和数字进行表达且难以格式化的隐性知识。人的情感既包括 9 种基本情感——喜悦、悲伤、厌恶、愤怒、恐惧、嫉妒、爱情、愧疚、希望，也包括同理心等复杂情感。

■ 人的想象能力。想象能力可以理解为人在大脑中描绘图像的能力，人所想象的内容不仅包括图像，还包括声音、味道等感官方面的内容，以及能够在大脑中描绘出来的疼痛和各种情绪体验等，从而让人有身临其境的感觉。比如，在谈论汽车时，人就会想象出各种各样的汽车形象、声音、质感，甚至体验和情感等。

■ 人的抽象能力。在思维活动中，人类通过对客观事物或现象进行科学分析，将自身认为是事物或现象本质的内容提取出来，并舍弃非本质、非主要的内

容，从而形成一定的概念和范畴，这种思维能力就是人的抽象能力。抽象能力是人的高级思维活动的表现，这种能力以分析、综合和比较为基础，同时需要一定的判断和推理能力。

■ 人的创造能力。创造能力是人类特有的一种综合能力，具体表现为产生新的思想、发现并生产新的事物等。作为一种综合能力，这种能力不仅需要人的思维意识，还需要人的动手能力，因此创造能力是由人的知识、智力、能力和个性品质构成的。

《圣母怜子像》是米开朗琪罗的经典之作，呈现出深沉的母爱以及母亲对孩子的柔情。我们不仅能从这个作品中了解到人物关系，还能从人物的表情、神态等细节处想象出人物之间丰富的情感。这些丰富、复杂且具有高度个性化的意识内容就是人的隐性知识。机器难以了解和识别人的隐性知识。如果将《圣母怜子像》输入机器，则机器虽然可以从中识别出雕像以及雕像的神态与表情，但却无法识别出作品中母亲对孩子的怜爱之意。

因此，机器学习和人工智能的未来发展方向，就是让机器更通人性，从而能够了解并解读人类的隐性知识。

4.4.3 未来，人需要更了解机器的哪些方面

机器在学习过程中会不断产生新的知识，而这些新的知识对于人类来说是隐性知识，只有机器能够识别、理解和应用它们，人类是无法理解的。换句话说，人类只能根据输入内容和输出结果观察机器，而无法搞清楚机器智能的运行机制，这导致机器智能陷入黑箱困局。

【例4-5】以目前在医疗领域得到广泛推广的人工智能诊断治疗为例，消费者可以通过智能手机等终端设备，辨识皮肤、头发和指甲方面的疾病。然而，采用这些技术的主要阻碍在于消费者对医疗 AI 的不信任。受限于机器学习和机器智能的黑箱困局，消费者不了解 AI 的运行机制以及诊断的安全性和可靠性，因此他们认为医疗

AI 无法满足个性化需求，诊疗表现无法与人类医生对等，而且他们觉得无法追究 AI 的责任。

打不开机器学习和机器智能的黑箱，人类就无法与机器建立信任感。而信任感在人工智能的发展过程中至关重要，信任感的建立是人类愿意接受和使用机器，去创造与实现更加美好的生活的基础。因此，人类未来要做的就是打开机器学习和机器智能的黑箱，搞清楚机器智能的运行机制，从而建立起人类与机器之间的信任感。

人类一直致力于研究和探索如何破解机器智能的"黑箱"困局，所有基础科学的前沿研究都在不断地尝试打开机器智能的黑箱。可以预见的是，人类未来会不断推动基础科学的发展，努力地将机器的隐性知识显性化，从而在人与人之间学习和共享它们。

综上所述，我们得出如下结论。

- 机器的发展需要了解人的隐性知识。
- 人工智能的发展需要了解机器的隐性知识。
- 人与机器未来的发展需要实现更好的人机互动，共同迈向"数智时代"。

听说过元宇宙吗？ 2021 年，这个概念在网络上迅速蹿红，引发科技界和投资界广泛关注。元宇宙的英文全称 Metaverse 由 Meta 和 Verse 两个词根组成，Meta 表示超越、元，Verse 表示宇宙。元宇宙不是真实的世界，而是未来的虚拟世界 [5]。

元宇宙是利用科技手段进行链接与创造的虚拟世界，能够与现实世界进行映射并交互，是具备社会体系的数字生活空间。在本质上，元宇宙是对现实世界的虚拟化、数字化过程，需要在人的智能和机器智能方面进行打破黑箱的双向开发，建立人工智能世界。

【例 4-6】电影《失控玩家》讲述的是一位游戏 NPC（Non Player Character，非玩家角色）盖伊，生活在一款名为《自由城市》的热门游戏里。有一天，盖伊触碰到"觉醒"的关键，他完全不按照游戏的设定，开始变得有情感，爱上女主角米莉。《自由城市》最初版本源代码的编写者埋下的彩蛋，就是像盖伊这样的人工智能一旦遇上"梦中情人"或其他美好事物，其代码就会自然成长，一发不可收拾。最终，人工智能将会拥有近似人类的情感，对命中（代码里）注定的女人一见钟情。

键盘①："盖伊的进化甚至超出我们的想象，它是一个认为自己是'活人'的算法。"

键盘："严格来说，它已经活了，它是第一个真正的人工智能。"

键盘："米莉，它的代码已经是原有大小的几千倍。"

······

键盘："盖伊这个角色生来就不会遇到'梦中情人'，从本质上讲，以上设定是这个角色的基石。"

键盘："但盖伊从未停止过能遇见'梦中情人'的希望。"

键盘："后来有一天，盖伊在自由城市和你见面了。"

键盘："一旦见到你，盖伊就永远不可能回到原来的盖伊了，它原本感到自己死定了，但相反，它觉得自己活了。"

键盘："所以到最后，盖伊有了自我意识，它真的活过来了。"

在深刻理解了什么是数字、什么是数字化以及数字化与信息化的本质区别后，我们开始形成自己的元学习模式。我们一路从焦虑中走来，虽然每一天都在和新的海量知识奋力搏击，但我们开始慢慢领悟到学习的乐趣和成就感，这才是学习真正的持久乐趣。现在，我们充满信心，满怀乐趣地期待开始真正走进组织的数字化转型之旅。

组织的数字化转型是"组织转型＋数字化"的过程，最终目标是让组织像个体一样获得数字化的智能，创造新的市场价值。

组织，是一群人的地方，

---

① 电影《失控玩家》中的男二号。

是一群不同的人的地方，

有更多的不确定性、更高的复杂性、更多的易变性、更多的模糊性。

组织的数字化过程，

从组织的数字化学习到组织的数字化智能的获得，

是一个更复杂的过程，

不仅仅是技术的事情……

本章要点

■ 显性知识是能够用文字和数字等形式编码表达、经过编辑和整理且以结构化或格式化形式存在的信息。

■ 隐性知识是不能或未能用文字和数字等形式编码表达、高度个性化且难以结构化和格式化的数据，包括主观理解、直觉和预感。

■ 人学习的过程：通过学习多个例子，找到其中的规律；在验证规律的正确性之后，形成知识并开始学习知识；通过问题与答案的校对，形成闭环反馈链，掌握知识；不断地记忆所学知识，当遇到新的问题时，应用知识进行解决，新问题与新答案的校对也形成闭环反馈链，在此过程中不断应用知识解决问题（即强化知识），使知识得到巩固和加强。

■ 机器学习的过程：学习模型，输入训练数据集，也就是同时将题目和答案输入机器，机器进行计算，并根据计算结果与已知答案的偏差对模型进行调整，从而在不断的反馈过程中训练模型；记忆模型，机器对计算结果最准确的模型进行记忆；应用模型，输入测试数据集，机器根据记忆的模型对新的问题进行计算，并根据计算结果与新答案的偏差评估模型是否符合标准。

■ 在人类的发展过程中，人的智能也在发展。人的智能的发展强调 4 项能力——记忆知识的能力、存储知识的能力、使用知识的能力以及获得新知识的能力。

- 机器智能是指机器不断地学习、记忆、应用和迭代模型的能力。在信息化时代，机器仅具备学习、记忆和应用知识的能力；而在数智时代，机器突破了获得新知识的天花板，具备了获取新知识的能力，实现了机器智能。因此，更进一步地，机器智能是机器学习、记忆、应用知识并创造新知识的能力。
- 如图 4-27 所示，从数据到信息，信息化是人的智能的机器化过程；而由数据到信息，再由信息到知识，最后实现智能，数字化是机器智能的机器化过程。

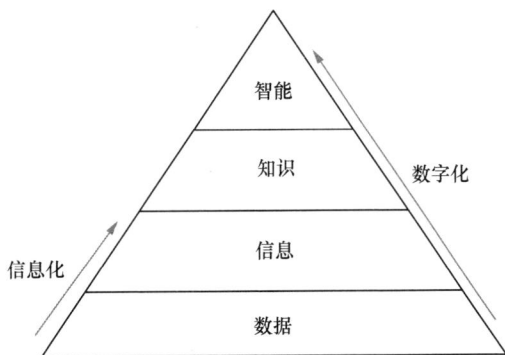

图 4-27　信息化与数字化

参考文献

[1] 朱鹤年 . 学习和记忆 [J]. 江苏师范大学学报（哲学社会科学版），1981，2(1):49-52.

[2] 周城雄 . 隐性知识与显性知识的概念辨析 [J]. 情报理论与实践，2004，7(2):3.

[3] 周志华 . 机器学习 [M]. 北京：清华大学出版社，2016.

[4] 胡喆，温竞华 . 什么是元宇宙？为何要关注它？[N]. 新华每日电讯，2021-11-21.

第 5 章

数字化转型：
重要的是转型

· — ·

　　本书的主题是组织的数字化转型。到底什么是组织？什么是组织的型？组织转型到底是在转什么？组织转型会面临哪些挑战？在本章中，我们将继续回到元概念，探讨组织数字化转型的上述重要问题。

　　本章涉及的元概念如下。

- 组织：由多种参与者为实现特定目标而精心构成的活动系统，嵌于更广泛的外部环境。

- 组织的型：包括多种参与者（价值网络）、特定目标（愿景、价值观和战略）、活动系统（产品服务系统、商业模式系统）和系统环境（外部系统环境、制度环境）。

- 产品服务系统：一个完整可交付的系统，该系统由各个组件连接而成，其核心组件以及核心组件之间的连接共同决定了产品的性能。

- 商业模式系统：由产品价值主张、盈利模式、关键业务流程和关键资源四大模块及其交互关系形成的系统，用于组织价值的创造、传递和占有。

- 利益相关者：泛指影响组织或受组织影响的个人、群体和其他组织。

- 价值网络：上游供应商、下游市场渠道和辅助供应商的集合，他们共同支持行业内的主导商业模式，为顾客提供同一种价值主张。

- 制度环境：为社会行为提供稳定性意义的利益分配、认知行为和规制规范的结构及活动。

- 组织转型：组织的产品服务系统、商业模式系统、价值网络和制度环境的4重彻底、激烈的变革。

5.1 案例：诺基亚到底做错了什么

20世纪70年代至90年代末，在汽车电子和通信电子领域，摩托罗拉处于绝对垄断地位。

世界上第一台移动电话是摩托罗拉在1946年发明的，世界上第一批商用功率晶体管是摩托罗拉在1947年推出的，世界上第一台寻呼机（俗称BP机）是摩托罗拉在1956年发明的。1969年的阿波罗工程用了摩托罗拉的13个通信设备。宇航员尼尔·阿姆斯特朗就是通过摩托罗拉的设备回传给了地球那句划时代的豪言壮语："这

是我的一小步，却是人类的一大步！"1983 年，摩托罗拉推出了具有划时代意义的
DynamicTAC 8000X，俗称"大哥大"。

但在当时，"大哥大"不仅电话体积大，而且经常掉线。这是地面基站的密度不
够、信号根本无法实现全球覆盖造成的。那时候的地面基站和现在华为、中兴公司
的相比，建设成本极高，而且部署难度极大。

在这种情况下，摩托罗拉的工程师们提出了一种"脑洞大开"的解决方案——把
地面基站搬到天上。于是，铱星计划应运而生。铱星系统（原名 Iridium SSC）一代
是低轨卫星通信系统，始于 1987 年，1990 年对外发布，1996 年开始部署，1998 年
11 月 1 日开始服务（见图 5-1）。

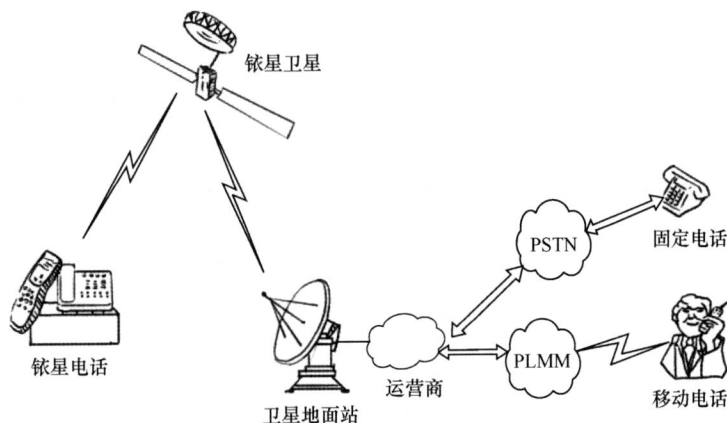

图 5-1　铱星计划示意图

然而，由于使用率不高，因此铱星计划很快就面临严重的财务危机。首先，地
面上移动电话系统（如 GSM）的覆盖率开始提高，加上逐渐普及的国际漫游服务，
给铱星系统带来极大的竞争压力。其次，虽然提供全球性的通信服务，但昂贵的通
信费用造成铱星系统的使用率无法提升。最后，与地面上的移动电话相比，笨重且
昂贵的卫星手机让使用者感到十分不便。

因此，尽管部署耗时 13 年、在轨运营卫星 66 颗、部署成本高达 60 亿美元，但
由于当时市场上并没有足够的需求，仅在上市 15 个月后，也就是 1999 年 3 月，就

因用户不足、无法维持而宣布破产，其商业服务也因此停止。

至此，诺基亚反超摩托罗拉的辉煌史拉开序幕。

5.1.1　引领功能机时代

让我们回到 1987 年，当时手机还称作移动电话，与后来的 2G 相比，1G 使用的是模拟调制，而 2G 使用的是数字调制，虽然两者都利用数字信号与发射基站相连接，但是 2G 语音采用数位调制，1G 语音则被调制在 150MHz 或更高的频率上。因此，作为终端机，1G 手机的通话方式采用的是蜂窝电话标准，仅限于发送语音。另外，因为带宽有限，1G 手机并不支持长途漫游。

同年，创立于 1865 年的诺基亚在芬兰本土上市。如果说在手机作为终端机的模拟机赛道上摩托罗拉是毫无疑问的"大哥"，那么诺基亚就是"小弟"。然而，虽然没有酝酿铱星计划的财大气粗，但诺基亚选对了数字手机的新赛道。

被看作第二代（2G）移动电话系统的全球移动通信系统（Global System for Mobile Communications，GSM，俗称"全球通"）又称泛欧数字式移动电话系统。1990 年，第一版 GSM 标准制定完成。1992 年，芬兰的 Radiolinja 成为第一个商业运营的 GSM 网络。

从用户角度来看，GSM 的优势主要有两点。其一，数字信号通过降噪技术减少了白噪声和背景噪声的干扰，从而能够提供更高的数字语音质量；其二，手机与基站之间通过使用数字信号增加了系统容量，从而允许在同一带宽内传播更多的信号，短信和电子邮件等资料的传输成为可能。

从网络运营商的角度来看，GSM 的优势是能够部署来自不同厂商的设备，因为 GSM 作为开放标准提供了更容易实现的互操作性。另外，GSM 标准允许网络运营商提供漫游服务，在与移动电话运营商签署"漫游协定"后，用户就可以在全球范围内使用他们的移动电话了。

如此一来，最早开始参与 GSM 标准起草和制定工作的专家组成员——诺基亚，迅速切换到了2G这一新赛道。除向市场推出全球通之外，诺基亚还从短信等功能的设计出发，逐步完成从模拟机向数字手机的转变。诺基亚一改移动电话终端机的作用，开启了全新的功能机时代。

从登陆纽约证券交易所起，诺基亚开始在全球市场发力，并且很快迎来自己的黄金时代。1994年，诺基亚推出采用标志性铃声的2100，1996年推出第一代智能机9000。1997年，诺基亚售出创纪录的2130万部手机，以超过21%的市场份额击败摩托罗拉，成为全球排名第一的手机制造商。随着澳大利亚、新西兰和亚洲国家相继推出GSM网络，诺基亚的手机业务飞速增长，除了不断加大广告宣传投入，诺基亚还将研发中心扩大至14个国家，并采用符合当地受众的设计理念，陆续推出多款经典手机型号，创造了多项行业第一。从内置贪吃蛇游戏的6110、支持WAP（Wireless Application Protocol，无线上网协议）的7110到3G手机6650，此后的诺基亚几乎成了手机的代名词。

2007年，诺基亚销售了4.3亿部手机，创造有史以来手机品牌最高年销量，把三星、摩托罗拉等对手远远甩在身后。这一年，诺基亚的股价直冲42.22美元（见图5-2），全球手机霸主当之无愧[1]。

图5-2　诺基亚股价走势

5.1.2　在智能手机浪潮中走下神坛

随着 3G 赛道的开启，诺基亚也开始面临一个"古老的问题"：在 3G 赛道上，诺基亚能否依旧是王者？ 2007 年，苹果公司推出第一代 iPhone，谷歌公司则将安卓（Android）系统免费开源，彼时塞班（Symbian）系统依旧是全球应用最广的手机操作系统，但塞班和诺基亚的好运并没有持续下去。从这一年开始，诺基亚开始在股票市场上走下坡路，iPhone 推出一年后的 2008 年 6 月 30 日，诺基亚的股票跌到收盘时的 24.50 美元，较一年前的 28.11 美元下跌 3.61 美元，一年跌了近 13%，较 42.22 美元下跌幅度更大。

诺基亚手机在高端、中端和低端市场分别面临来自苹果手机、安卓手机和各种山寨手机的阻击。2010 年，尽管保住 40.3% 的全球市场份额及 8.1% 的美国市场份额，但诺基亚的利润已经从行业领先的 35 亿美元降到 13 亿美元以下。2011 年，诺基亚放弃塞班系统和开发中的 Meego 系统，选择微软的 Windows Phone 7 系统。彼时，与 2007 年相比，诺基亚的股票市值下降 75%，其全球手机销量第一的地位也被苹果和三星超越。

在智能手机从初出茅庐逐渐成长为手机市场主角的过程中，诺基亚这一曾经无可撼动的霸主却迟迟推不出触摸屏的智能手机，因而只能在智能手机浪潮中渐渐落伍，眼睁睁看着曾经的用户纷纷流走。2012 年，诺基亚在全球范围内裁减了数万名员工，同时宣布出售芬兰的诺基亚总部大楼，诺基亚股价最低时跌至 1.67 美元。2013 年，诺基亚以 54.4 亿欧元（当时约 72 亿美元）将手机设备和服务业务出售给了微软。

至此，在智能手机浪潮中错失良机的诺基亚失去了霸主的地位，曾经的手机王国彻底崩塌。

5.1.3　为什么曾经的手机霸主在短短几年内快速溃败

1. 是诺基亚的技术创新能力不够吗

如果从专利的角度看手机行业的核心技术能力，诺基亚无疑相当出彩。根据国家知识产权局网站上的数据，诺基亚最早的专利申请可追溯到 1987 年。从那时起，诺基亚就已经加入移动通信技术标准的制定，其手机专利遍布 2G、3G、4G 等主要通信网络：2G 时期，诺基亚是 2G 专利的主要拥有者之一；3G 时期，诺基亚拥有大量 WCDMA（Wideband Code Division Multiple Access，宽带码分多址移动通信系统）专利；4G 时期，诺基亚拥有数量可观的 LTE（Long Term Evolution，长期演进技术）专利。

因此，诺基亚在手机核心方面的很多专利是其他手机公司规避不了的。据统计，包括苹果、三星、HTC、微软、黑莓、LG、索尼、摩托罗拉、华为等近 40 家公司需要向诺基亚缴纳专利授权费。2011 年，苹果公司一次性向诺基亚支付了一笔巨额专利使用费，并签订了交叉授权协议；2013 年，三星公司和诺基亚续签了为期 5 年的专利使用协议，获得部分专利组合使用权；直至 2021 年，诺基亚仍在对 OPPO 公司提出专利侵权诉讼。

截至 2014 年（在这一年，诺基亚向微软出售了其手机业务），如图 5-3 所示，诺基亚的专利检索总量为 12121 条，发明公布数为 3955，发明授权数为 3647，实用新型专利数为 33，外观设计数为 1042。显然，在技术方面，当时的诺基亚一直是手机行业毋庸置疑的创新者。可以说，正是强大的技术创新能力造就了曾经的手机霸主。

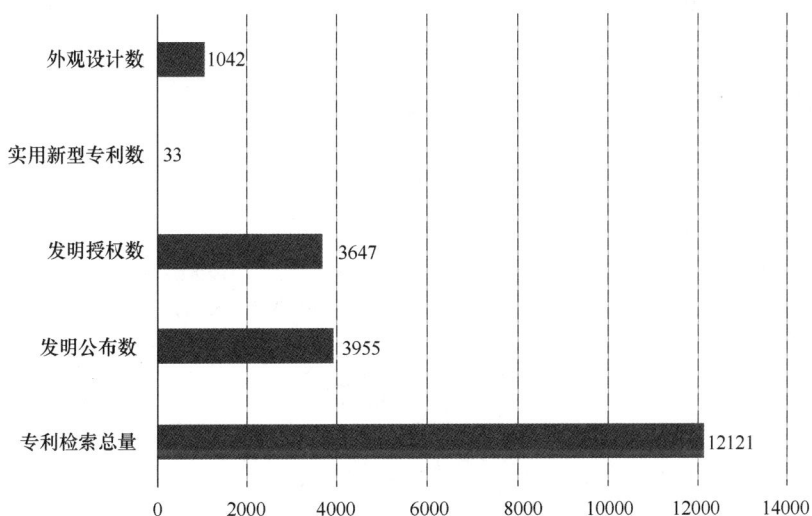

图 5-3　截至 2014 年，诺基亚专利持有情况

"没有任何一家手机制造商可以在不使用我们专利的情况下生产手机。"

——诺基亚知识产权副总裁伊尔卡·拉赫纳斯托（Ilkka Rahnasto），2006 年

2. 是诺基亚的产品创新能力不够吗

从诺基亚在 2007 年前后的创新举措可以看到，诺基亚是最早推出智能手机、手机照相功能、上网功能的厂商，也是第一款 3G 手机、第一个应用商店的推出者，诺基亚的许多举措是领先于后来的苹果公司的（见图 5-4）。

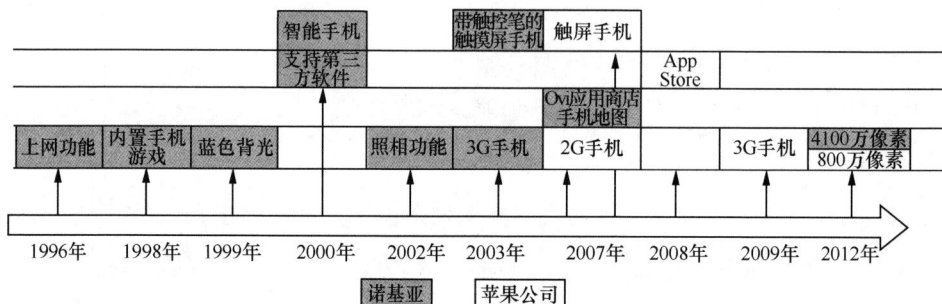

图 5-4　诺基亚和苹果公司产品功能研发对比

同时，诺基亚很早就意识到顾客对于手机从通话的功能需求，开始向娱乐、通信等多元化需求转变，因此开始布局智能手机。诺基亚的塞班系统相比苹果的 iOS 系统和谷歌的安卓系统早 10 年推出（见图 5-5）。

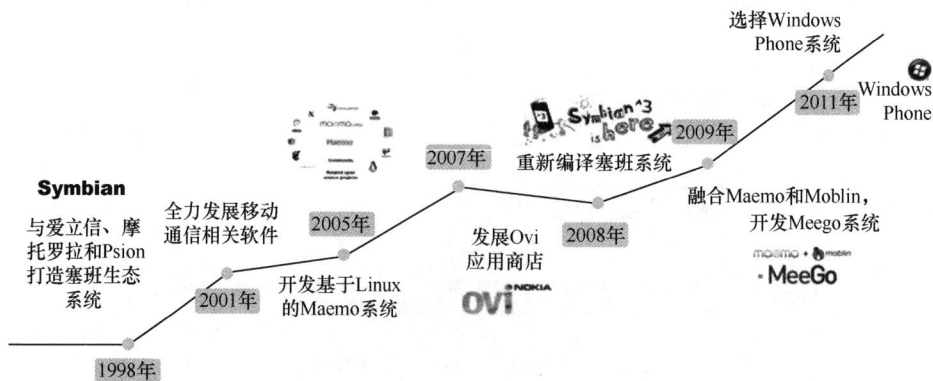

图 5-5　诺基亚手机操作系统的发展

3. 是创新者因为窘境而忽视新兴市场需求吗

相比三星的高端定位和摩托罗拉的中低端定位，诺基亚始终立足于市场价位的全覆盖。根据 2007 年 4 月中国手机市场前 15 个品牌的市场占有率的研究报告，在诺基亚的 53 款机型中，高端、中端和低端手机的占比分别为 15%、59% 与 26%，而三星和摩托罗拉的这一组合分别为 18%、71%、11% 以及 3%、63% 和 34%（见图 5-6）。

市场价/元	三星	诺基亚	摩托罗拉	联想	夏新	波导	CECT
＞3000	11	8	1	1	1	0	0
1500～3000	27	20	9	5	5	0	4
700～1500	15	11	10	26	33	29	83
＜700	6	14	10	8	9	24	12
总计	59	53	30	40	48	53	99

图 5-6　2007 年 4 月中国手机市场前 15 个品牌的市场占有率

除在价位上关注新兴用户之外，在全球范围内，诺基亚还十分重视新兴市场的开发。坐拥 2G 时期北美和欧洲的庞大市场，诺基亚还大力进军亚洲、中东和拉丁美洲市场（见图 5-7）。

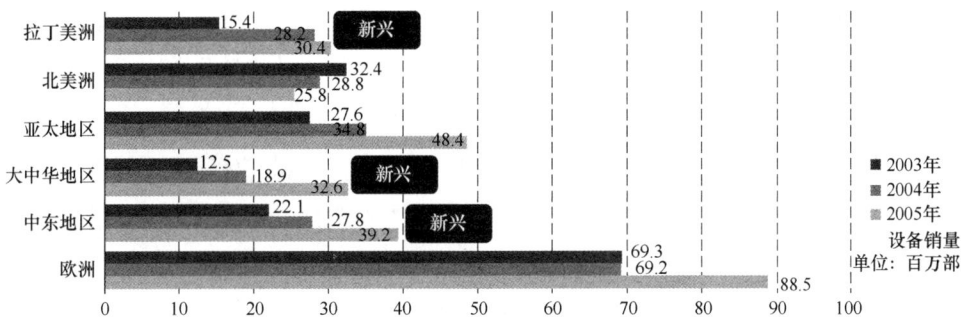

图 5-7　2003—2005 年诺基亚手机设备销量市场分布[①]

4. 是诺基亚有"大公司病"，"船大难掉头"吗

从木材厂到化工厂，从电信业务到移动电话，诺基亚在其一百多年的发展历程

---

① 数据来源：诺基亚 2003—2005 年年报。

中经历过数次业务转型。比如 20 世纪 90 年代初，诺基亚在危急关头做出专注于移动通信的战略决策。可以说，灵活的战略聚焦和重组帮助诺基亚一次次走出泥潭，实现完美转型（见图 5-8）。

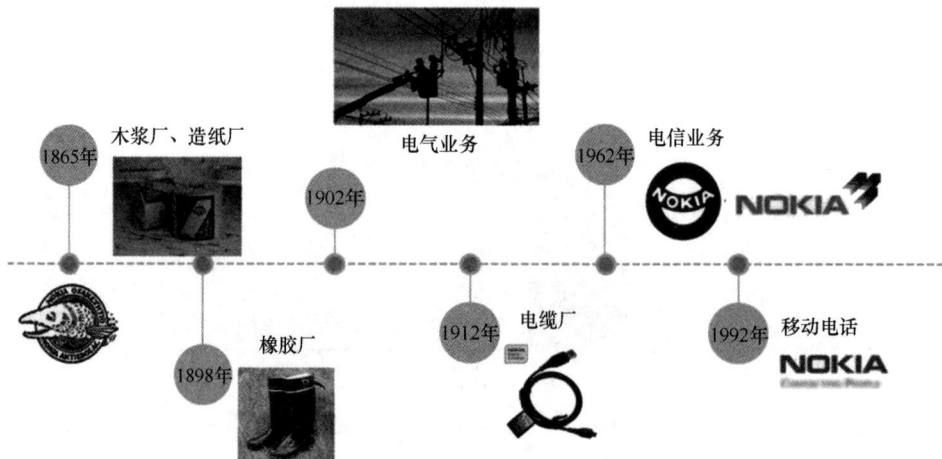

图 5-8　诺基亚的百年发展史

巅峰 10 年，诺基亚为了满足手机业务的迅猛发展，将手机部门打造成了分布式的组织结构，组织的职能单元跨越地理空间，通过依靠一定手段进行沟通协调完成统一的任务。这种将决策权分散到职能部门和分支机构的结构具有多中心、分散控制，多触角、多方向以及灵活机动、快速应变的显著特点 [2]。

此外，诺基亚在主要销售市场和生产网络地区雇了大量的员工。由此可见，诺基亚的战略灵活性不仅体现在公司层面，还体现在业务部门层面。当年的诺基亚无论是组织架构还是业务分布，都服务于公司增长战略，灵活性已从战略制定扩散到组织的方方面面，百年诺基亚堪称"会跳舞的大象"（见图 5-9）。

5. 既然以上都不是原因，那么诺基亚到底做错了什么

通过以上介绍我们不难发现，产品创新、对市场差异的快速反应和灵活性，是诺基亚实现全球扩张的制胜法宝，在这几个方面，诺基亚的能力都很突出。既然以上都不是原因，那么诺基亚到底做错了什么？

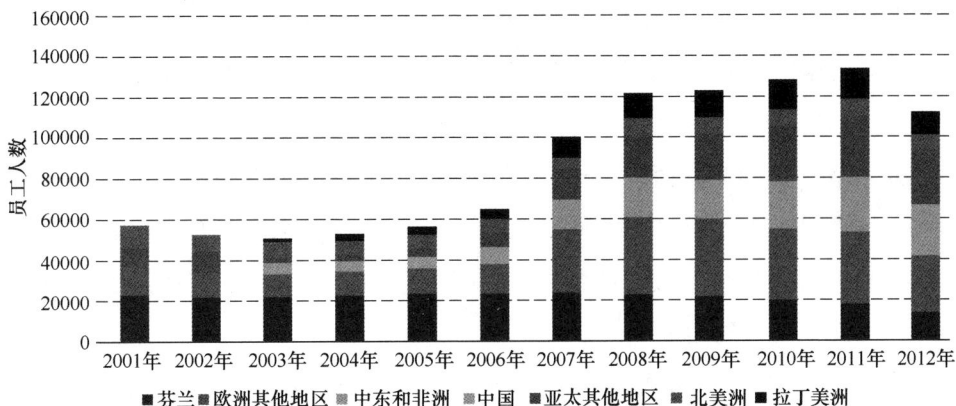

图 5-9　诺基亚全球雇员分布

正如诺基亚董事长李思拓在他的自传中提到的："**我逐渐意识到，有种莫名的力量成了我们的羁绊，让我们无法应对全新的竞争态势。**"[3]

这种"莫名的力量"到底是什么呢？

1）1G ~ 2G 时期

因为比竞争对手更好地理解了数字化的含义，诺基亚意识到网络可能出现全数字化改革，所以管理层开始重点关注移动通信领域。为了成为一家在电信领域提供高增值产品的全球化公司，诺基亚决定：尽早符合泛欧数字 GSM 标准；专注于 GSM 欧洲研发联盟的基站开发；积极与刚获得特许经营权的独立移动网络运营商进行合作。

为了实现上述目标，一方面，诺基亚从 1989 年便开始逐步剥离传统的纸制品、橡胶和化学制品业务，1991 年又将计算机业务和消费电子业务出售；另一方面，诺基亚把 1G 的模拟机业务和 2G 的数字移动电话业务分开，并为数字手机单独设立了业务部门（见图 5-10）。

重建与新兴战略机会相匹配的组织架

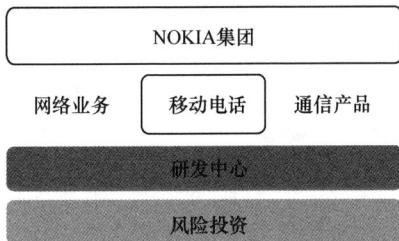

图 5-10　诺基亚组织架构（1992 年）

145

构，为诺基亚之后的发展打下了深远的基础。在数字网络业务中，重组意味着新旧部门不再为争夺资源针锋相对，而且资源能够更便利地从模拟电话领域流向数字电信领域。同样，在数字电话业务中，手机成为一项独立的业务，这意味着手机不再仅仅是网络"终端机"，而成为一种全新的大众消费品。而在产品系统、商业模式、利益相关者网络甚至通信协议和规范上，诺基亚创造了一条完全不同于终端机的赛道，同时投入大量资源，得以抢占先机，赢得广泛的市场，成为 2G 赛道上的王者。

2）2G ～ 3G 时期

在从 2G 迈向 3G 的漫长过程中，手机产品从款式到功能都已经发生翻天覆地的变化。诺基亚为了实现其全方位覆盖的战略，也就是满足从低端到高端的所有细分市场的需求，在2004 年进一步调整了公司结构与战略，形成 4 个业务组——手机组、多媒体组、企业解决方案组和网络组，以及两个横向小组——客户和市场运营以及技术平台。为了继续提高运营效率和保持规模经济，诺基亚将之前单独的手机业务拆分为手机设备和多媒体两部分，其中手机设备继续以 GSM、CDMA 和 WCDMA 技术为基础发展，多媒体则专注于为消费者带来连接的移动多媒体（见图 5-11）。

自此，诺基亚启动了庞大的战略收购计划。

2003 年，诺基亚收购了世嘉公司的一个分支 Sega.com，以开发 N-Gage 设备。

NOKIA集团			
手机组	多媒体组	企业解决方案组	网络组
客户和市场运营			
技术平台			

图 5-11　诺基亚组织架构（2004 年）

2006 年，诺基亚收购了数据和个人信息管理（Personal Information Management，PIM）同步软件提供商 Intellisync 公司。

2007 年，诺基亚购买了媒体共享服务 Twango 并收购了移动广告技术 / 服务供应商 Enpocket。

2008 年，诺基亚收购了美国数字地图数据供应商 Navteq 和加拿大的 OZ Communications 公司。

2009 年，诺基亚购买了 Plum Ventures 公司的部分资产以补充社交定位服务。

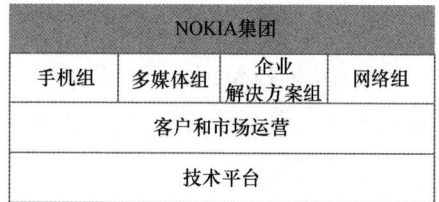

2010年，诺基亚收购了移动网络浏览器公司Novarra和搜索技术公司MetaCarta。

2012年，诺基亚收购了功能手机操作系统开发商Smarterphone和成像公司Scalado。

......

2006年年末，诺基亚管理团队发现，业务的成功不仅取决于设备是否良好，还越来越多地依赖于服务和软件应用。于是，诺基亚在2007年再次对三大业务（手机、多媒体设备和企业解决方案）进行了重组：把所有的产品都划入设备部门，而把所有与消费者和企业有关的应用软件和服务都纳入新的服务部门，并且成立负责管理供应链、销售渠道和营销的市场部门，从而为设备部门和服务部门提供支持（见图5-12）。重组后的诺基亚要求设备项目与服务项目更好地展开合作。

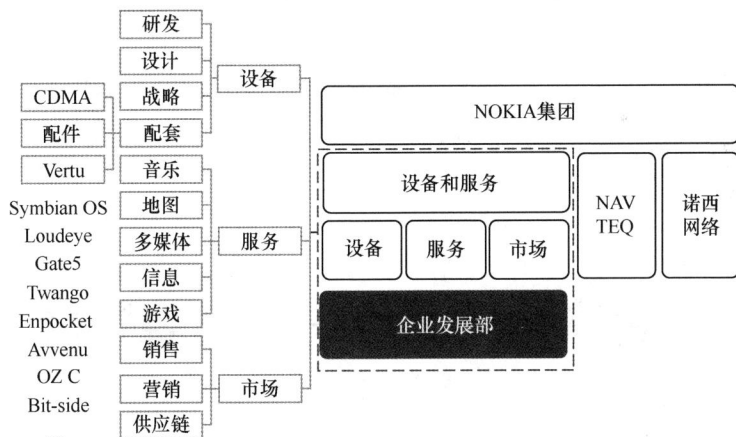

图5-12　诺基亚组织架构（2007年）

由此可见，在从2G迈向3G的过程中，诺基亚采用的是战略升级法，无论在公司层面还是在业务部门层面，都围绕着手机赛道的增长战略。

但手机从功能机向智能机的转变，不是一次手机产品的迭代升级，而是从一个赛道变到另一个赛道，更是一次激烈、断裂式的变革。我们称这种"剧烈的变革"

为组织转型。诺基亚没有清醒地预判到这一点，在组织面临转型时，无论在原有的赛道上多么努力向前，终将徒劳无功（见图 5-13）。

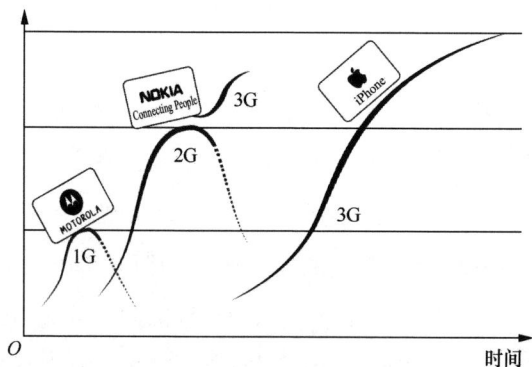

图 5-13　移动手机赛道

因此，**当前进的赛道发生变化时，在原有赛道上所做的一切努力和创新，都将变得毫无意义。**

在讨论组织的数字化转型之前，让我们再次回到元概念，深刻地洞察到底什么是组织转型。

5.2　再次回到元概念：组织是什么

5.2.1　组织的起源

在理解组织转型之前，我们首先需要真正理解到底什么是"组织"。中文里的组织有两种意思：一是纺织，"饬国人树桑麻，习组织"（见《辽史·食货志上》）；二是构成，"雕琢情性，组织辞令"（见《文心雕龙·原道》）。

英文中的 organization 源自希腊语 organ，意思是器官、工具。1873 年，英国哲学家赫伯特·斯宾塞（Herbert Spencer）第一次把这个词延伸运用到社会科学的研究过程中，提出了"社会有机体"的概念，"组织"一词有了社会学的含义。被誉为"组织理论之父"的德国著名社会学家、哲学家、管理学家马克斯·韦伯（Max Weber）在其经典著作《社会和经济组织理论》（*The Theory of Social and Economic Organizations*）中提出，"组织是一个系统，该系统具有确定的、持续性的目标"[3]。Blau 和 Scott（1962）指出组织的鲜明特征在于它们都是为了实现特定目标才正式建立的[4]。Scott（2003）还对组织的概念从多个方面进行了探讨，他认为：组织是一个集合体，它以较具体的目标为导向；组织有多种参与者，虽然追求多种相同或不同的利益，但其中的每个参与者都意识到了组织作为一种重要资源的价值；组织是相互依赖的活动的集合体，被嵌入更广泛的物质资源和制度环境[5]。

5.2.2　组织的定义

下面我们采用科学研究中计量分析的方法，回到概念的源头，从学术角度对组织的定义进行挖掘和归纳。首先，我们基于 Web of Science 科学引文数据库，以"组织"为关键词，从自 1900 年至今的社会科学引文索引（Social Science Citation Index，SSCI）数据集中，重点选取类别为管理、商业、经济、社会、信息管理和公共管理的论文；检索完之后，进一步按相关性和被引量缩小范围，并加入经典的组织管理文献和著作，如 Chester I. Barnard（1938）、Weber（1947）、March and Simon（1958）、Prethus（1958）、Blau and Scott（1962）等，将符合条件的 537 篇文献作为分析对象；最后从中抽取有关组织的定义，生成词云图（见图 5-14）。

从图 5-14 中可以看出，对于组织的定义，如果按照单词出现频次的高低进行排序，则关键词分别如下：

- system（系统）；
- activities（活动）；
- goals（目标）；
- person（人）；
- environment（环境）；
- coordinated（协作）。

图 5-14　组织定义词云图

据此，我们可以给出组织的定义：**由多种参与者为实现特定目标而精心构成的活动系统，被嵌于更广泛的外部环境。**

5.3　组织的型是什么

范式是一种公认的模型或模式，从科学研究到社会系统，它们都有自己的范式。对于组织来说，用来进行自我组织和运营的方式就是组织的范式。简单来说，一个组织的范式可以定义为这个组织的型，也就是这个组织的样子。

下面我们根据组织的定义全面刻画组织的型。就像我们用头部、四肢、身体等器官的特征描述人的特征（见图 5-15）并据此区分不同的人一样，我们也可以通过组织的型区分不同的组织。

组织的型可根据组织的定义进行如下分解：

- 多种参与者；
- 特定目标；
- 活动系统；
- 系统环境。

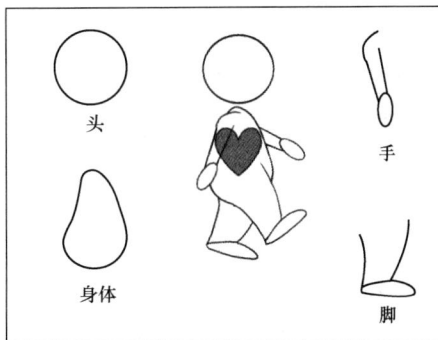

图 5-15　如何描述一个人

因此，我们认为以上 4 个塑造组织的关键要素构成了组织的型，或者说构成了组织的范式（见图 5-16）。

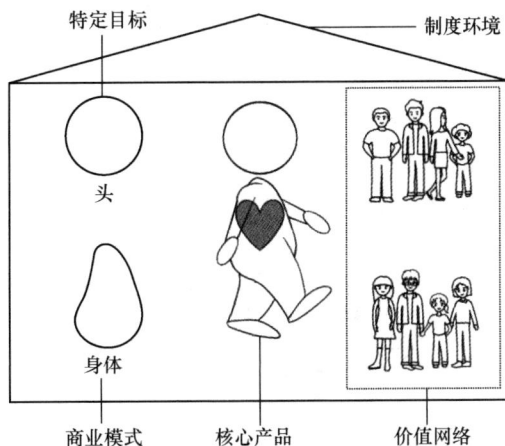

图 5-16　用人类比组织

5.3.1　多种参与者组成的价值网络

1. 什么是组织的价值

价值是指人们为了满足生存和发展而产生的对于一定对象的各种客观需求，也就是说，但凡能满足人类欲望的一系列事物均可称为价值。谈到组织的价值，我们首先会想到股东的资本价值，股东将资本投资于业务并期望从中获得经济回报。

股东当然是组织的参与者，但是参与者并不等于股东，而且他们与股东有本质的差别。员工、供应商和顾客都应该被视为组织的参与者。

组织的价值可进一步扩展。当衡量一个组织的价值时，不要仅看其获利能力，还应考核社会、环境和经济三重价值 [6]。以上标准阐明了组织解决问题的价值观。因此，为了实现三重价值目标，所涉及的人或其他组织都是利益相关者。利益相关者存在于组织的内部和外部，泛指为了实现多重价值，影响组织或受组织影响的个人、群体和其他组织。例如，某零售品牌的利益相关者可能包括消费者、雇员、管理层、供应商、经销商、竞争者、投资方、行业协会、科研院校、政府、媒体、当地社区等。

无论从哪个维度衡量组织，组织之所以能够持续生存的最重要原因就在于为顾客创造了价值。因此，我们认为顾客是最为核心的利益相关者。

根据组织的价值，组织的参与者也经历了不同的角色，如图 5-17 所示。

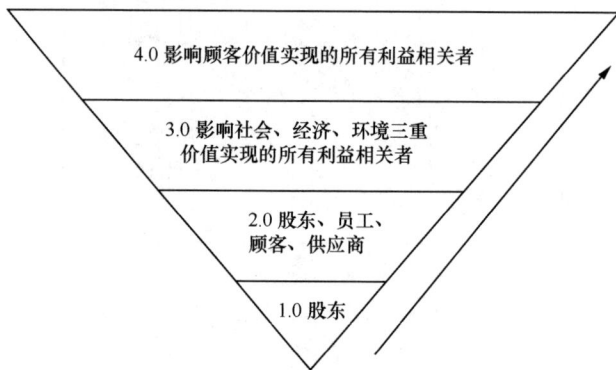

图 5-17　参与者角色的发展

2. 什么是多种参与者组成的网络

1）参与者的角色

参与者之间的交互描述组织内部及组织之间的社会和技术资源以及系统是如何

利用这些资源的。例如，参与者的重要角色有 4 种——顾客、供应商、竞争者和互补者（见图 5-18）。

2）参与者的地位

早在 1993 年，James F. Moore 就提出，商业生态系统应把公司以及公司的商业环境作为研究对象，其中包括供应商、生产商、销售商和竞争对手 [7]。如果回溯到生态系统的元概念，我们就会发现生物

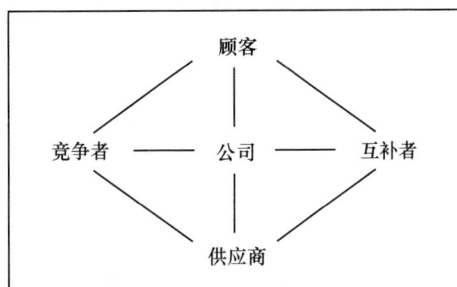

图 5-18　参与者的 4 种重要角色

的生态系统对于我们理解商业生态系统的运行具有很强的类比作用。正如自然界的核心物种在生态系统中扮演核心角色一样，我们也可以识别出企业在价值网络中的 3 种不同类型的地位 [8]。

- 网络核心型：企业主要通过在系统中创建平台实现系统内资源的共享，使企业资源能够互补、协同合作，从而促进整个系统持续健康运行并增强稳定性。此外，通过有效地激发创新并提高系统的生命力，企业将能够从良好的系统中获得持续升级能力。例如，淘宝网具有典型的网络核心型地位，在淘宝生态系统中，淘宝网占据网络的中心位置。通过调整系统成员之间的关系、开发先进的工具、提高网络成员的生产力并提供稳定的平台，鼓励潜在成员加入生态系统。

- 支配主宰型：企业以一种更传统的方式运用影响力并占据和控制系统中的大部分企业，凭借强大实力为系统创造巨大价值，但同时强势支配系统其他成员。支配主宰型企业常用的运营战略就是纵向或横向一体化，如功能机时代的诺基亚。

- 缝隙型：企业在系统内寻找缝隙位置，并通过专业化能力在系统中实现差异化运营。缝隙型企业是商业生态系统中数量最多的一类企业，此类企业最大的优势在于专业性，但由于往往位于商业生态系统的边缘地带，缝隙型企业通常会积极主动地追求创新。例如，淘宝生态系统中的商家店铺、物流公司

和摄影公司就属于缝隙型企业。

3）参与者的关系

利益相关者角色通过可交付的商品和服务之间的交互形成连接，交付的对象可以是物品、知识或金钱，对象的价值是由交换和角色之间的关系决定的。一般来说，参与者之间具有如下 3 种关系 [9][10]。

- 一般交易关系：角色之间相互交换的资产是通用的，可通过市场交易获得，交易的资产也并非组织的竞争优势。一般交易关系可通过合约约束。
- 专用互补关系：从角色 A 获取的资产对角色 B 来说是特殊的，不能通过市场交易轻易获取，而且这种关系或互补资产是角色 B 获得竞争优势的有力砝码，角色 A 与角色 B 形成专用互补关系。
- 联合互补关系：如果角色 A 和角色 B 之间的资产具有互补关系，并且可以从单边专用延伸为双边依赖（也就是说，角色 A 依赖角色 B，而角色 B 也同时依赖角色 A），则角色 A 和角色 B 形成联合互补关系。

专用互补关系和联合互补关系的交易转换成本很高，角色关系的稳定和沉淀是组织防止竞争者模仿、获得市场价值的关键资源与影响因素。

4）价值网络

当响应外部与内部环境变化时，尽管网络中不同利益相关者的角色、地位和关系各有不同，但他们的终端客户是一致的。他们与客户一起，共同创造、生产和分享同一种价值。因此，价值网络是上游供应商、下游市场渠道和辅助供应商的集合。他们和竞争对手一起，共同构成价值网络，共同支持行业内的主导商业模式。当潜在的颠覆者想进入现有的价值网络时，他们必须调整自己的商业模式以符合价值网络，否则就会被吸收和颠覆 [10]。

价值网络是一种结构图，其中的节点代表网络中的利益相关者，这种结构描述了组织内部以及组织之间的社会和技术资源以及系统是如何利用这些资源的。与价值链相比，价值网络引入了互补关系。在价值网络中，顾客、供应商、竞争者或互补者可以承担由同一家公司扮演的多重角色。

以医疗系统为例，图 5-19 展示了一所医院的价值网络。

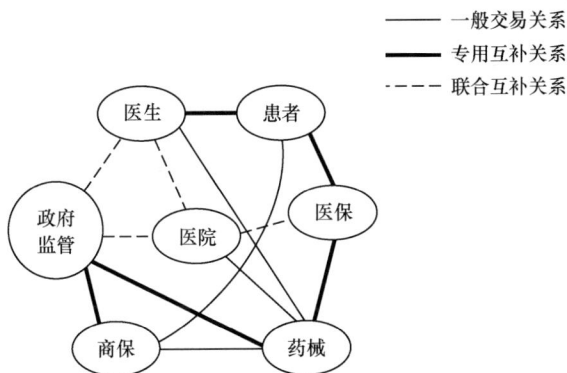

图 5-19　一所医院的价值网络

5.3.2　特定目标

特定目标是指组织的愿景、价值观以及组织为实现愿景而制定的战略。例如，在"我要成为奥特曼，打怪兽，保卫地球！"这句话里面，愿景是"成为奥特曼"，价值观是"保卫地球"，战略定位是"打怪兽"。

1. 什么是愿景

愿景描述了组织希望长期实现的目标，通常在 5 ~ 10 年的时间框架内，有时年限甚至更长。愿景描绘了组织未来发展的远景，并为组织的规划和执行设定了明确的方向。一般来说，组织会在愿景中设定较远大的目标，以便传达组织的愿望并激励受众。以下是有效愿景的主要内容。

- 前瞻性。
- 激励和鼓舞人心。
- 旨在为组织带来好处和改进。
- 定义组织存在的原因及发展方向。

2. 什么是价值观

价值观是组织或个人奔向愿景时遵循的指导原则或选择范围。愿景的实现路径有很多，在这些路径中，对于哪些是我们可以接受的，而哪些是我们坚决不能接受的，就是由价值观决定的。因此，价值观用来确定组织中什么是该鼓励的，而什么是不能接受的。严格来说，价值观是一种道德和信仰，企业在规章制度中设定的内容是有限的，当员工因为面临复杂的商业环境而找不到对应的规定时，价值观就是企业的道德标准。

3. 什么是战略定位

战略定位是指企业的产品、形象和品牌预期可以在消费者心中占据的位置，也就是企业如何吸引人。战略指导或决定着企业如何发展，企业战略定位的核心理念是遵循差异化。著名的战略专家 Michael Porter（1996）指出，差异化是赢得竞争的法宝。差异化就是如何做到与众不同，并以这种方式提供独特的价值，这种竞争方式能为客户提供更多的选择，并为市场提供更多的创新[11]。

Porter 提出 3 种竞争战略——总成本领先战略、差异化战略和集中战略[12]。竞争战略是企业在同一价值竞争中采取的进攻或防御行为[13]。特别容易混淆的是，一些人把运营效率的提高理解为战略定位的成功。例如，有些公司通过消除冗余、使用更先进的技术或更好地激励员工等方式，改变相对成本和差异化水平，从而提升盈利能力与竞争力，但从本质上讲，这种行为只能算作运营效率的提高，而不是战略定位的成功，因为战略定位是指与竞争对手进行不同的活动或以不同的方式进行类似的活动。

5.3.3 精心构成的活动系统

1. 什么是系统

系统是由核心组件及其交互关系构成的有边界的单元，用于实现某种特定的功能或目标（见图 5-20）。

2. 什么是组织精心设计的活动系统

1）产品服务系统

产品服务系统是一个完整的可交付给最终顾客的系统，由各个核心产品组件和连接关系交互组成，核心组件以及核心组件之间的连接共同决定了产品的性能[14]。

2）商业模式系统

商业模式系统是完整的、高效率的、具有独特核心竞争力的活动系统，旨在通过产品系统的创造、生产和交付，实现组织的价值创造、价值生产和价值占有（见图 5-21）。

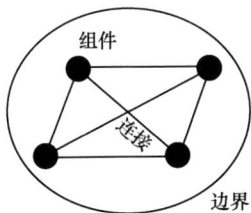

图 5-20　系统中的组件、连接和边界　　　　图 5-21　商业模式系统中的组件和连接

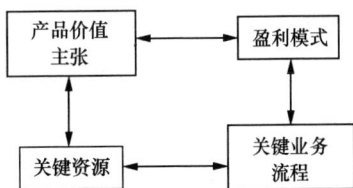

商业模式系统的定义又是一个"巴别图书馆"的例子。为了避免陷入信息的焦虑海洋，我们这里参考克莱顿·M.克里斯坦森（Clayton M. Christensen）给出的定义，**商业模式系统由产品价值主张、盈利模式、关键业务流程和关键资源四大模块及其交互关系构成，用于组织价值的创造、生产和占有**[11]。

- 产品价值主张：组织为顾客传递的价值以及价值的载体——产品服务系统，产品服务系统能够帮助目标顾客用更低的成本更高效、更轻松地完成他们一直渴望完成的工作，体现了组织创造什么价值。
- 关键业务流程：组织为了创造产品价值主张而必须开展的关键业务活动和流程，旨在定义为创造产品价值主张而整合各种活动的方式。
- 关键资源：为了创造产品价值主张，组织还需要投入一系列资源，包括人力、产品、物资、设备、工具和现金等，并开展对外合作关系，这些都是组织的关键资源。关键资源和关键业务流程共同体现了组织如何创造价值。

- 盈利模式：组织的成本结构和收入模式。盈利模式体现了组织如何占有价值。

5.3.4 系统环境

组织的活动系统不是在真空中运行的，而是嵌套在一定的环境中。组织面临的系统环境分为两种：一种是组织面对的宏观力量，称为外部环境；另一种是组织面对的制度性约束，称为制度环境。

1. 外部环境

组织面临的关键外部环境分为 4 个方面，分别是市场影响力、行业影响力、关键趋势和宏观经济影响（见图 5-22）[15]。组织需要随着外部环境的变化不断调整战略决策。

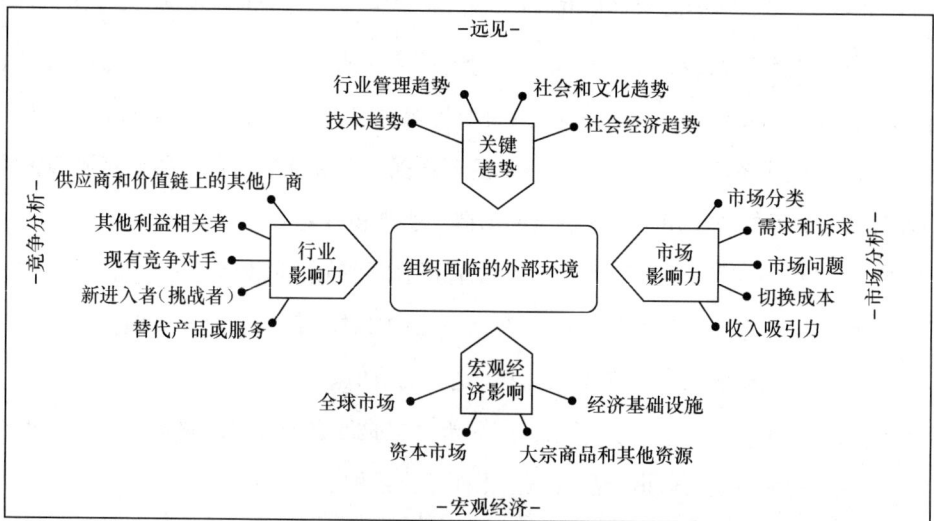

图 5-22　组织面临的外部环境

1）市场影响力

对市场进行分析是洞察外部环境的首要任务。

第一，要从需求和供给的角度，识别出那些影响市场走向、市场变化、客户环境等的关键问题。

第二，要对市场进行分类，哪些是主要的客户群体？哪些新群体的增长潜力最大？哪些群体正在边缘化？

第三，针对细分市场，要进一步评估客户群体的需求点及满足程度。客户真正想要但没有得到满足的地方是什么？哪些需求满足度过饱和了？哪些需求还在增加？客户的兴趣是什么？以上这些问题的答案决定了组织所要提供的价值主张。

第四，要对用户的切换成本进行分析。用户转投替代产品的壁垒或顾虑有哪些？自己的哪些产品或服务对用户产生了捆绑效应或有足够的吸引力？用户可以很容易地找到更便宜的产品或服务吗？智能家居就是一个用户转换成本较大的典型例子。用户不会轻易地在短时间内更换购置的电冰箱、电视机、洗衣机、扫地机器人、厨房用具等装置，而趋向于购买与现有装置配套的设备，以实现更好的智能家居体验（当前，小米、华为、海尔、美的等一众巨头正在抢占智能家居的入口）。

第五，要判断产品或服务的吸引力。哪些是用户真正愿意付费的？利润主要来源于哪个地方？以上问题的答案决定了组织的定价能力和获利机会。

2）行业影响力

我们对组织所处行业的分析主要集中于组织的竞争能力和行业影响力。影响组织行业影响力的角色主要有5种类型，分别是现有竞争对手、新进入者（挑战者）、替代产品或服务、供应商和价值链上的其他厂商、其他利益相关者。

针对现有竞争对手和新进入者（挑战者），组织需要回答如下问题：他们是谁？他们的优势（劣势）在哪儿？他们的价值主张是什么？客户群体是哪些？成本结构如何？对我们有什么影响？最重要的是，他们在做什么？

针对替代产品或服务，组织需要回答如下问题：哪些产品或服务对我们的产品或服务有替代效应？他们的替代价值在哪里？客户转投替代产品或服务的难易程度如何？

　　针对供应商和价值链上的其他厂商以及其他利益相关者，组织不仅需要识别他们是谁、对组织的影响力如何、盈利能力如何，还需要识别价值链上的关键者、正在兴起的边缘者等。这决定了组织应该与谁发展关键伙伴关系，以及应该将哪些业务或资源发展成自身的关键业务或资源。

3）关键趋势

对关键趋势进行洞察是为了产生对未来外部环境的预见，包括以下趋势。

- 技术趋势。它主要指可以带来重大机会（或威胁）的技术，以及边缘用户正在使用的、有可能带来颠覆性的新兴技术。在持续变化的动态环境中，哪些技术可以带来新的价值主张？哪些技术可以强化价值主张的竞争力？用户对主流技术、新兴技术的反应如何？
- 行业管理趋势。它主要指影响组织所在行业的管理规定和趋势，包括法律法规、税收政策、准入监管等。组织需要持续关注哪些管理规则或规定有可能影响市场和供给。对于组织而言，对行业管理趋势忽视或关注不足有可能是致命的。
- 社会和文化趋势。关注社会和文化趋势的实质是对消费者进行洞察。不同的国家和地区有不同的文化认知，而同一国家和地区的文化认知也会随着时间的推进而变化。组织需要关注文化认知与社会价值观发生的哪些变化会影响用户需求和消费者行为。
- 社会经济趋势。人口是预测社会经济趋势的关键变量之一，可基于人口统计学数据预测未来的人口趋势，组织需要识别其中关键的人口统计特征，如年龄、性别、受教育程度、城镇人口比例、储蓄水平等。消费者的收入水平、财富分布和消费偏好同样是预测社会经济趋势的关键变量。

4）宏观经济影响

对宏观经济的考查主要包括全球市场、资本市场、大宗商品和其他资源以及经济基础设施。全球市场主要指总体市场的经济增长情况、失业率、未来发展等整体情况。资本市场关乎组织所能获取的资本及成本。处于组织价值链上且必备的大宗商品等其他资源的价格走向和成本趋势，则影响组织所需关键资源的持续、稳定获取。交通、教育、政府服务等经济基础设施则是关键活动、市场渠道的重要支撑。

管理者可从上述方面判断自己组织所处的外部环境。可以看到，外部环境一旦发生改变，组织就不得不被动地调整战略以适应这种变化。换言之，宏观环境的变化是组织变革或转型的诱因，而组织对外部冲击往往采取提前洞察和适应措施，很少改变时代趋势。

2. 制度环境

作为一种双向能动的要素，制度环境旨在更好地解释组织的行为：组织会被制度环境约束，反过来也能通过塑造新的制度环境创造新的竞争价值。因此，对制度环境进行讨论更加具有能动意义。

1）制度环境的内涵

任何组织都会被嵌入特定的制度（institution）环境。institution 是从拉丁语中的 instituere 派生而来的，意思是创立或建立，用于表明一种**已确定**的事物。制度是**指为社会行为提供稳定性及意义的规制性、规范性、认知性结构和活动** [15]。制度包括法律、规定、习俗、社会和职业规范、文化、伦理等。

制度环境通常可以分为 3 个维度（见图 5-23）。

- 利益分配维度，通过设立经济利益的分配机制督促约束组织的行为。
- 规制规范维度，通过设立规则、奖惩机制、社会规范督促约束组织的行为。
- 认知维度，通过价值观、角色期望、社会认知督促约束组织的行为 [15]。

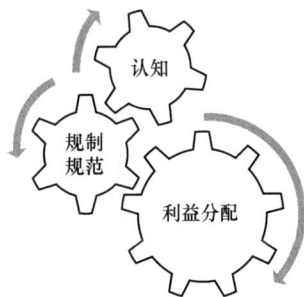

图 5-23　制度环境的 3 个维度

2）制度环境使得行业内的组织趋于相似

每一个组织在其生命周期的早期都可以有不同的样子，但在复杂的交往与发展壮大过程中有些组织会逐渐形成主流的组织形式。这些主流的组织形式能为社会行为提供稳定性及有意义的规制性、规范性、认知性结构和活动，这些结构和活动就像基因一样被内化到人们的认知中，以至于大多数组织认为符合制度是理所应当的，而不需要思考为什么要符合制度。制度在组织的演化过程中为组织提供了行为标准和规范，并且界定了组织行为被认可所需的条件，以限制组织的行为选择（见图 5-24）。

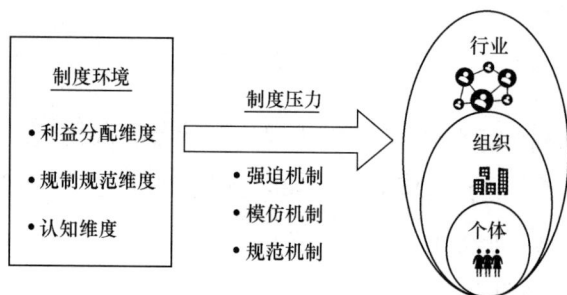

图 5-24　制度环境的趋同作用

制度对个体、组织和行业会产生制度压力。产生制度压力的机制有 3 种：

- 强迫机制，个体和组织必须遵守政府制定的法律法规，否则就会受到惩罚；
- 模仿机制，个体和组织在不确定的环境中会模仿行业内成功组织的行为和做法；
- 规范机制，个体和组织在学习专业化技术的过程中也会学习基本的行为规范，产生共享观念或共享的思维方式，成为遵守既定规范的专业化人才和组织。

正是这种制度压力，迫使同一行业内的个体和组织越来越趋于一致[16]。

3）组织可以重新定义制度环境

尽管可以促使行业内的组织趋于一致，但制度环境并非像外部环境那样是常量，而可以被组织重塑和改变。个体和组织可以主动塑造对自己有利的制度环境。具体来说，个体或组织在组织转型过程中可以建立新的制度环境，定义利益分配维度、规制规范维度和认知维度，并通过各种举措获得行业内外对新制度环境的认同，使新的制度环境具备合法性，从而能够替代原有的制度环境或与原有的制度环境并存，抑或与原有的制度环境融合为另一种新的制度环境（见图 5-25）。

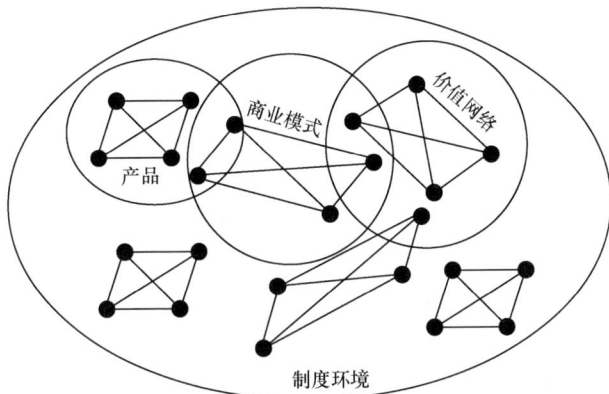

图 5-25 组织是嵌入外部环境的精心设计的活动系统

5.4 什么是组织转型

5.4.1 什么是转型

转型对应的英文 Transformation 在牛津词典中有两层含义。其一，Trans 有横贯、通过、到…的另一边、改变的过程几种意思；其二，这一过程可以使主体从一种形态（formation）变成另一种形态。因此，转型是一种断裂的颠覆性重大改变。

这里需要注意的是，转型是一种变革（change），但变革并不都等于转型。关于变革，我们主要关注变革的范围和速度。

变革的范围涉及对现有业务方向的破坏程度。破坏程度越大，变革越彻底，颠覆程度越高；破坏程度越小，对现有业务方向的调整越小，这说明变革是渐进式的。

变革的速度涉及对现有业务方向的破坏进程。破坏进程越迅速，变革越呈现出不连续的间断性；破坏进程越缓慢，变革越呈现出连续性。

变革的类型如图 5-26 所示。

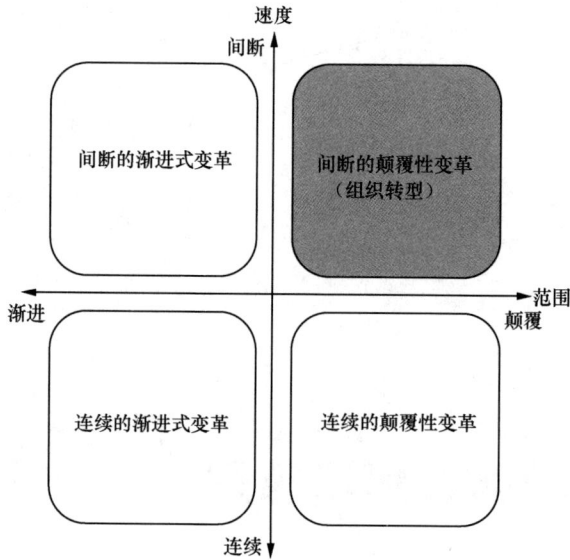

图 5-26　变革的 4 种类型

图 5-26 的左上部分描述的是间断的渐进式变革，这种变革能通过不断产生小规模的缓慢变化并逐渐积累，产生"跳跃"的间断性变革，实现质变。

图 5-26 的左下部分描述的是连续的渐进式变革——由微小的系统改进导致局部的缓慢变革，变革的形式是对工作流程和实践不断进行更新，但这些都发生在现有赛道内。

图 5-26 的右下部分描述的是连续的颠覆性变革，这种变革虽然能够导致范式的

转变，但组织主要依靠持续地在原有基础上进行渐进式积累聚集动力，从而缓慢地实现范式的升级替换。

图 5-26 的右上部分描述的是间断的颠覆性变革，这种变革通常会因为重大的创新机遇、特定事件或危机的结果而迅速发生。由于需要挣脱非常大的系统惯性，这种变革需要强大的主动干预，是一种彻底的赛道切换。

虽然上述 4 种变革的目标都是提高性能，但是对于前 3 种变革来说，性能提高的努力方向不是对范式做根本性转变，而是渐进地加以改进或实现主性能的突破升级。相反，第 4 种变革则希望利用某重大机会（特定事件或危机），从根本上改变组织范式，以解决引发特定事件（或危机）的潜在问题（或原因），这种变革具有颠覆性和间断性，称为"转型"。

5.4.2　什么是组织转型

组织转型是间断的颠覆性重大组织变革。变革管理学家 Romanelli 和 Tushman 指出：绝大多数组织转型是通过在组织活动的大多数或所有领域进行快速和不连续的改变完成的，这种改变指向一种间断的、不连续变化的革命，人们通过爆发这种形式的革命改变组织的系统、战略和结构。

【例 5-1】诺基亚失去手机霸主地位的根本原因在于它没有意识到组织转型的重要性，选错了变革类型，与智能手机赛道失之交臂。我们从技术的 S 形曲线角度分析手机行业的 3 次变革（见图 5-27）。

曲线①是模拟型手机（简称模拟机）的发展赛道，代表模拟机赛道的渐进、连续性变革。

曲线②是数字型手机（简称数字机）的发展赛道，代表模拟机向数字机赛道的渐进、间断性变革。

曲线③是智能手机的发展赛道，代表数字机向智能机赛道转型的彻底、跃迁式变革。

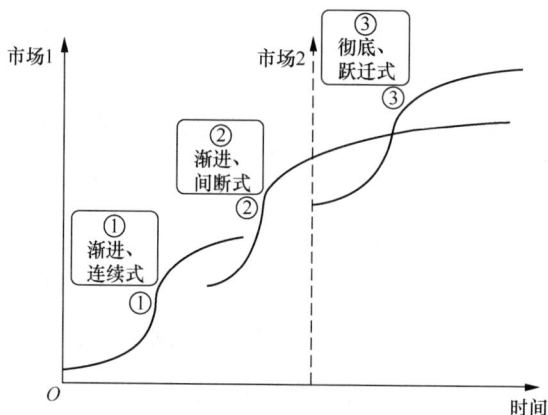

图 5-27　手机行业的三次变革

　　第一次变革发生在 20 世纪 80 年代，在整个模拟网络时代，虽然诺基亚还不是行业龙头，但其通过不断精进蜂窝移动通信技术，在模拟机的赛道①上实现了持续提升。因此这种现有框架内的微小创新呈现出渐进式的连续上升态势。

　　第二次变革发生在 1991 年，全球首次 GSM 通话使用诺基亚移动电话拨出，这意味着诺基亚的移动通信技术开始从模拟机赛道①向数字机赛道②跳跃。尽管这一技术变革逐步带动了诺基亚组织变革，但是我们必须注意，这次变革并没有改变手机行业原有的主要需求和主要性能发展轨迹，只加快了技术改进的步伐。因此，这种技术的代际性创新和发展呈现出渐进式的不连续态势。

　　与前两次的渐进式变革不同，在第三次变革中，苹果公司是以革命者的姿态出现在消费者面前的。2007 年，很多高端手机已经开始支持 3G 网络，但 iPhone 不支持，并且不具备当时比较流行的搜索通信录、复制 / 粘贴文本、用相机录视频等功能。但是，苹果公司正在发起一场从数字机（普通 2G 功能机、塞班智能机）到全新智能手机的根本性变革，也就是从赛道②向赛道③转型，智能机的主要顾客和主要价值发生彻底改变，从手机性能转向移动化、多样化的智能 App 体验。虽然当时的诺基亚如日中天，但是随着 2008 年乔布斯宣布支持软件开发工具包并允许第三方为 iPhone 开发应用程序，智能手机赛道的革命一触即发。虽然有过短暂的落后，但是赛道③的这种转型很快成为行业的主导范式。因此，这种组织转型呈现出明显的连续颠覆态势。

综上所述，组织转型实际上是赛道的彻底改变，因为转型意味着组织的彻底转变。

5.5　组织转型的四重挑战

据此，我们将组织转型定义为**组织通过对产品服务系统、商业模式、价值网络和制度环境进行间断的颠覆性变革，实现新的特定价值目标**。

转型意味着以下内容。

- 对于产品服务系统，核心组件及其连接方式的激烈转变。
- 对于商业模式，价值的创造、生产和占有方式的激烈转变。
- 对于价值网络，价值定义、各种参与者的角色地位及关系的激烈转变。
- 对于制度环境，原有的利益分配维度、规制规范维度和认知维度的激烈转变。

5.5.1　产品服务系统转型

1. 产品服务系统转型就是主导设计的改变

产品由各个组件连接而成，其核心组件以及核心组件之间的连接共同决定了产品的性能。产品服务系统转型就是产品主导设计（dominant design）的改变。如果决定产品性能的某种特定架构（产品的核心组件以及核心组件之间的连接方式）被广泛接受，则产品的主导设计就形成了。例如，苹果公司定义了智能手机的主导设计。当主导设计发生变化时，产品架构和功能也随之改变。

主导设计的概念是由美国产业经济学家詹姆斯·M. 厄特巴克（James M. Utterback）提出的。主导设计是在产品类别中占主导地位的单一架构 [17]，是在特定时期融合了许多单个技术创新并以新产品的形式表现出来的技术与市场相互作用的结果，是赢得市场信赖的创新者为支配重要的市场追随者而必须奉行的一种设计，是技术可能性与市场选择相互作用下广为接受的满意产品。主导设计虽然不一定在技术上最领先，但是表明市场对一款产品的主观需求定义。从厄特巴克对手动打字机、汽车、电子计算器、集成电路、电视和电视显像管等行业的实证研究中我们发现，每一个主导设计出现的里程碑都标志着一次重大的行业转型，并影响随后的技术进步方向、速度和轨迹。

2. 产品的主导设计是如何出现和改变的

主导设计的出现作为重大的特定事件将引发彻彻底底的变革，那么产品的主导设计是如何出现和改变的呢？根据产品服务系统转型的周期模型 [18] 和技术 S 形曲线，技术间断点 1 引发剧烈动荡期的出现，经过剧烈动荡期之后形成主导设计，接下来进入渐进改革期，直到技术间断点 2 出现（见图 5-28）。

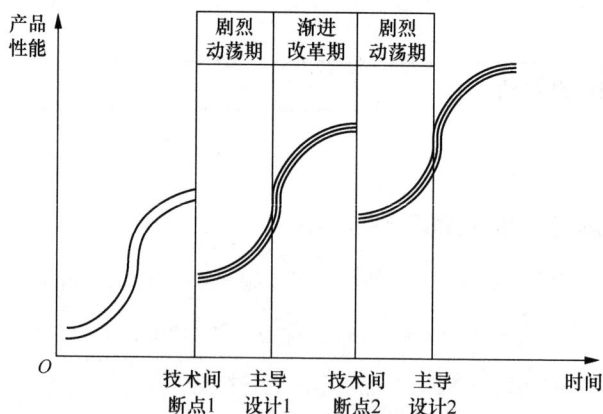

图 5-28　产品服务系统转型的周期模型和技术 S 形曲线

技术间断点是一种创新，这种创新与产品的持续改进型创新完全不同。这种创新要么影响产品本身的核心组件，如燃油机车取代蒸汽机车；要么影响产品的底层结构，决定产品组件之间不同的连接方式，如智能手机的应用程序由第三方厂商生产，而功能机时代的应用程序直接由硬件厂商提供。技术间断点包括两种类型的创新：一种是能力破坏型创新，这种创新会使之前技术的专业知识过时；另一种是能力提升型创新，这种创新建立在之前技术的专业知识之上。这两种不同类型的创新使得主导设计的形成难度变得不同。

技术间断点一旦出现，就会进入剧烈动荡期。在剧烈动荡期，存在两种竞争：一种是新技术与旧技术的竞争；另一种是新技术内部的竞争。胜出的技术会出现行业标准，形成产品的主导设计。需要注意的是，并非所有的技术间断点都会通过剧烈动荡期形成新的主导设计。

主导设计受商业可行性、技术可能性、个人和组织的心理因素等共同影响。一旦一项设计成为主导设计，这项设计就很难推翻。主导设计一旦产生，就会减少产品的变化和不确定性。主导设计使公司可以设计标准化的可互换部件，并优化组织流程以满足规模和效率需求。主导设计允许企业与供应商、供应商和客户建立更稳定、可靠的关系。从客户的角度看，主导设计不仅减少了产品混乱，还大幅降低了产品成本。

主导设计一旦形成，就会持续占有市场。企业之间的竞争开始转为成本和产品性能上的渐进式改进竞争。渐进改革期的创新是细化和优化主导设计，而不是用新的竞争性架构挑战主导设计。渐进改革期会一直持续到下一个技术间断点出现。

3. 主导设计的改变给组织带来的挑战

随着技术的发展，组织一次又一次地面临一系列反复出现的挑战：被具有替代性的新技术威胁；识别、塑造或采用新兴标准；在技术不断进步与组织惯性和组织惰性的矛盾环境中生存。主导设计与技术间断点给组织带来了重要的竞争挑战：如何在技术变化的复杂动态中生存和发展？

因此，组织必须发展多样化的能力以塑造和应对技术的发展。虽然技术间断点可能是不可预测的，但组织必须发展能力，要么发起这些创新，要么迅速响应。由于行业标准不是预先知道的，而且受组织间动态关系的影响，因此组织必须能够将技术能力与形成组织间网络和联盟的能力相结合，以影响行业标准的制定。忽视技术的不连续性或在行业标准之战中失利的后果是十分严重的，这与本书讨论的价值网络和制度环境也密切相关。

此外，在渐进改革期，组织需要发展产生渐进创新的能力。由于技术在一定程度上是一种社会驱动的现象，因此随着技术周期的断裂式发展，组织需要发展完全不同的组织形式和组织间能力，以满足不同的技术需求、组织需求和组织间需求。

5.5.2 商业模式转型

商业模式描述了组织如何在经济、社会、文化或其他环境中创造、生产和占有价值。通过利用商业模式，组织可以塑造和设计一系列活动，并将这些活动编织成相互联系的活动系统。作为相互依赖的活动系统，商业模式系统跨越了组织的边界，使得组织能够与其合作伙伴共同创造价值并从中分得一部分价值。因此，商业模式转型源自对活动系统的创新。

商业模式系统包括产品价值主张、盈利模式、关键业务流程和关键资源四大模块。商业模式转型就是这四大模块本身的创新以及模块之间关系的激烈变化。

1. 产品价值主张的创新与挑战

了解顾客的需求或潜在需求并尝试解决问题是商业模式创新的原动力。在产品服务系统发生改变后，直接的思路就是分析这种全新的产品服务系统能够给顾客带来哪些新的价值，并且新的产品服务系统要能够满足顾客的真实需求。提出一种新的产品价值主张是商业模式创新的第一步。例如，从功能机到智能机的一个重大变化就是提供了一种全新的价值——个性化的娱乐功能。但真正的难点在于如何识别顾客或潜在顾客的真正需求，也就是挖掘顾客的痛点。

2. 关键业务流程的创新与挑战

同样，将关键资源整合协作的业务流程也需要改变。而关键业务流程的改变面临着组织惰性和组织刚性的制约，无论是个体、团队还是整个组织都更愿意遵循原有的做事方式与惯例。数字化技术为流程创新提供了新的方向和机会。

3. 关键资源的创新与挑战

为了生产新的产品和提供新的价值，企业需要获得新的关键资源。原有的关键资源可能是新的关键资源的助力，但也有可能是新的关键资源的阻力。例如，诺基亚一开始就陷入塞班系统，而没有从零开始，开发出适合于智能手机的操作系统。对原有关键资源的过度投入，导致诺基亚错过了建立新的关键资源的最佳窗口期。

4. 盈利模式的创新与挑战

直接来看，盈利模式创新就是采用新的定价方式（例如，用支付年费的订阅方式取代一次性买断的方式，用"羊毛出在猪身上"的免费方式取代直接收费的方式等等）或者降低成本以增加利润。

但实际上，组织面临的更大挑战是，创新者不一定能够获得新产品或新服务的利润，新的产品服务系统要求组织建立新的创新获利机制。根据机构 Teece 提出的经典"创新获利理论"，创新者要想获得创新的收益，就必须建立起两方面的获利机制：一方面是创新的独占性机制，这指的是创新技术本身的知识属性是显性的还是隐性的；另一方面，创新者需要采取专利、商标、著作权、商业秘密等外在的法律保护机制。此外，创新者还需要获得互补资产，从而使创新技术能够变成创新产品，实现商业化落地，而这与价值网络转型密切相关。

5. 模块匹配：实现商业模式的可持续发展

我们不仅要考虑系统的要素创新，还要考虑要素之间的连接是否合适。商业模式系统的四大模块之间必须相互匹配，设计好商业模式后，我们需要自问：

- 企业的产品价值主张能够缓解目标顾客的痛点吗？
- 企业的关键资源和关键业务流程是否支持企业生产和传递这些价值？
- 企业的关键业务流程和关键资源是否匹配？
- 企业的收入能够覆盖成本吗？

如果上述问题都能得到肯定的答复，我们就可以认为商业模式系统中的要素是相互匹配的。如果商业模式系统中的要素相互匹配，商业模式系统就会形成良性循环并自我强化和持续改善，从而形成组织的核心能力。这种核心能力是组织独有的，竞争对手难以模仿，这也是组织竞争优势的源泉。

5.5.3 价值网络转型

当行业面临新的主导设计的挑战时，除出现技术间断点和商业模式创新之外，传统价值网络的角色地位及其之间的关系也将发生改变，这种价值网络转型是以组织的价值创新为逻辑的转型。

价值网络转型涉及 3 个方面的变化——价值的变化、参与者角色和地位的变化以及参与者之间关系的变化。

1. 价值的变化

组织需要发现客户真正看重的是什么，并进行相应的价值构建。数字化技术使得新产品的设计、开发和生产变得更加个性化和规模化，从而使传统的产品服务所能传递的价值，从传统的功能价值提升到情感价值，最后升华到社会价值。

　　一般来说，提供的价值要素越多，客户的忠诚度越高，公司的收入持续增长能力就越强。因此，组织可以通过提供更多的价值要素提高客户的忠诚度，从而改善组织现有的市场绩效（见图5-29）。

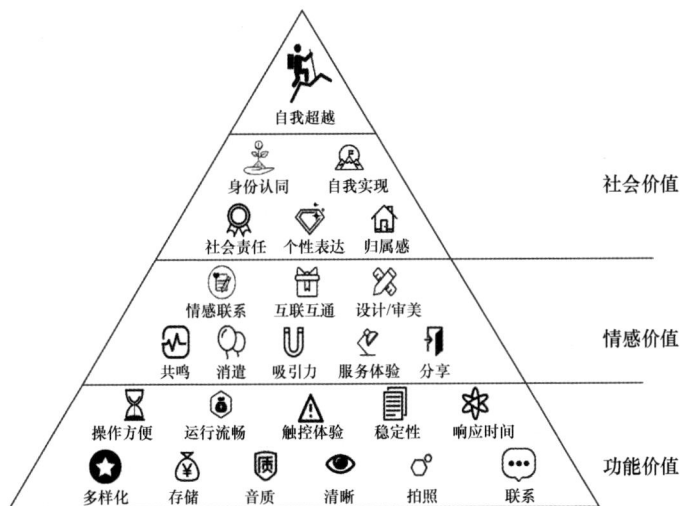

图5-29　价值要素

2. 参与者角色和地位的变化

　　随着价值网络提供的价值发生变化，价值网络中的角色也会发生变化，包括新增或加强某些角色以及减少或消除某些角色。新增或加强的角色对新提供的价值要素具有重要的贡献意义；而减少或消除的角色虽然对原有价值有贡献，但对新价值提供的贡献较少。

　　另外，参与者角色的地位也会发生变化。原来的支配主宰型企业可能变成缝隙型企业，而原来的缝隙型企业则可能变成网络中心型企业。也就是说，企业的这3种类型的地位在新的价值网络中有可能发生相互转换。

3. 参与者之间关系的变化

基于价值网络中参与者角色的变化，组织可以从两个方面出发，对参与者之间的（交互）关系进行修改。一方面，组织可以从降低成本的角度出发，弱化或消除与原有低价值功能的角色的（交互）关系；另一方面，组织可以从增强差异化的角度出发，加强或新增与那些新的高价值功能的角色的（交互）关系。

- 关系消除：对于那些在市场竞争中被过度设计的价值功能，组织可以消除与这类参与者的（交互）关系，退出原有的竞争并创造全新的市场。
- 关系弱化：对于标准被大幅提高而迫使顾客做出妥协的那些价值功能，组织可以在不完全消除它们的情况下弱化与这类参与者的（交互）关系。
- 关系新增：对于那些行业内从未提供过的有利于增强差异化的价值要素，通过新增与全新的互补者的（交互）关系，组织可以打破行业的既定边界，为顾客发现全新的价值来源。
- 关系加强：对于那些只要大幅提升标准就可以提高顾客满意度的价值要素，组织应该加强与互补者的（交互）关系。

相应地，组织可以将自身与最重要的价值要素拥有者的关系转换为专用互补关系或联合互补关系以增强差异化，而与次要的价值要素拥有者维持一般交易关系。

4. 案例：苹果公司对手机行业价值网络的转型

以 iPhone 为例，苹果公司对诺基亚的颠覆就构建于价值网络转型的逻辑之上。

从提供的价值看，同为移动电话，iPhone 与诺基亚手机为顾客提供的价值分属价值要素金字塔的不同层次。诺基亚手机在质量和性价比上满足了顾客的需求，提供的是功能价值。但是，除通话、拍照等设备本身提供的硬件功能价值之外，iPhone 还在愉悦感和服务体验上满足了顾客。用户使用自己唯一的 ID，可以进行多设备互联以及使用丰富的应用程序，从而为顾客带来全新的体验。不论是消遣、分享还是产生共鸣，iPhone 的软件功能瞄准的是比功能需求层次更高的情感价值，甚至是社会价值（见图5-30）。

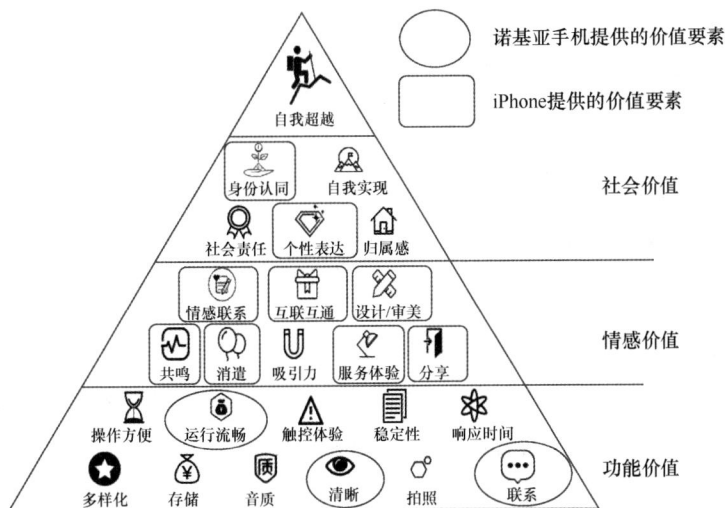

图 5-30 诺基亚手机和 iPhone 提供的价值要素

我们回到了两个经典的老问题：谁是顾客？什么是顾客价值？

苹果公司改变了传统价值网络中角色的地位和（交互）关系。在功能机时代，**诺基亚在价值网络中的地位属于主宰支配型**，其主要的业务是构建自己的生产体系、与世界各地的渠道商建立销售代理关系、向开放市场的移动运营商提供定制设备，诺基亚是价值网络中的主宰者，主宰着价值链上的每个环节。然而，苹果公司的重点不是硬件，而是软件，它对传统价值网络的重构围绕着iOS生态系统进行。在iOS生态系统中，**苹果公司的地位属于网络中心型**。苹果公司可以不断吸纳产业中的各种缝隙型企业加入，形成互补合作关系。相比诺基亚，苹果公司显著改变了价值网络中的3种（交互）关系：与第三方开发者互补关系的新建、与顾客连接关系的加强，以及不掌握制造环节，而是与代工厂加强合作。

与第三方开发者互补关系的新建：为了让开发者能够专注于开发优秀的应用程

序，苹果公司通过 App Store 统一管理 iPhone 应用程序的销售，全面负责 iPhone 应用程序的发送、收费和宣传等，并与开发者分成。虽然这些小程序的开发不需要很高的编程水平，但新颖性让它们可以很快传播开来。

反观诺基亚，在应用程序方面，诺基亚却依靠不断收购地图、音乐、游戏等领域的软件公司，将应用程序搭载在手机上与设备一同销售。在手机操作系统方面，虽然塞班系统允许其他手机厂商使用，但是需要缴纳加盟费；塞班系统拥有 4 种不同的界面，这导致应用程序无法兼容，开发者的工作量极大。此外，塞班系统的授权认证较为烦琐，向开发者按次计费，更新一次收费一次。

于是，iPhone 面世仅一年，就产生了 20 万个小程序，苹果公司通过与第三方开发者建立起的互补关系，突破了诺基亚和安卓时代移动平台四分五裂的局面，很快就拉开了与其他手机厂商的差距。

与顾客连接关系的加强：在功能机时代，手机厂商与消费者的关系无非是买卖或复购，但是在有了数量巨大的 iPhone 应用程序之后，苹果公司不再止步于一次性的设备销售，App Store 成为苹果公司与顾客之间永不间断的交互桥梁。

反观诺基亚，对开发者的不友好导致塞班系统的应用程序太少，顾客甚至找不到想要的塞班程序。更糟糕的是，尽管对于塞班系统而言 C、C++ 在技术上很适合程序员使用，但使用塞班系统开发出来的应用程序在用户体验上很差。因此，尽管塞班系统占用的内存极小，操作非常流畅，但是开发者和消费者仍然义无反顾地倒向手机操作系统的其他阵营。

由此可见，生态系统的建设除与开发者互补之外，也少不了与消费者交互。如果消费者不买账，价值网络就无法形成闭环。

不掌握制造环节，而是与代工厂加强合作：作为全球最大的手机制造商，诺基亚的价值网络是由强大的生产能力定义的。对全球范围内供应链的控制能力是诺基亚能够获取丰厚利润的关键。

但是对于苹果公司来说，源自硬件设备的功能并不是提高顾客忠诚度的价值要素，设备生产可以外包、零配件可以采购。在全球范围内，苹果公司的组装代工厂一共有 18 家，其中 14 家位于中国、2 家位于美国、1 家位于南美洲、1 家位于欧洲。图 5-31 对诺基亚手机的管道模式和 iPhone 的平台模式做了对比。

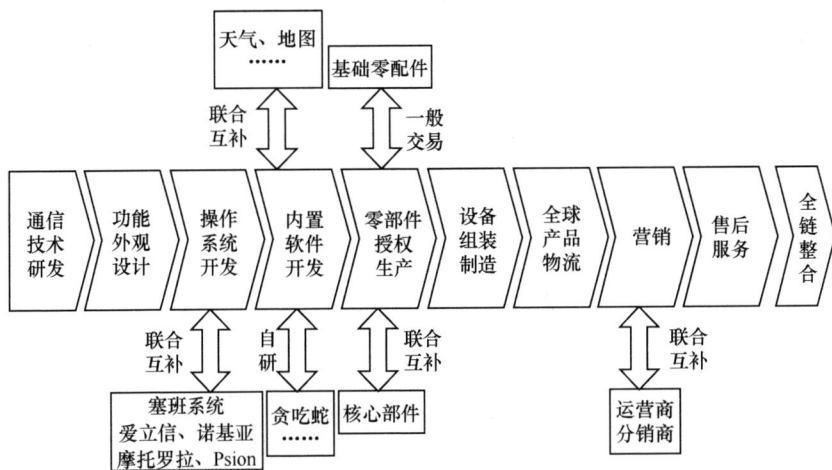

（a）诺基亚手机的管道模式

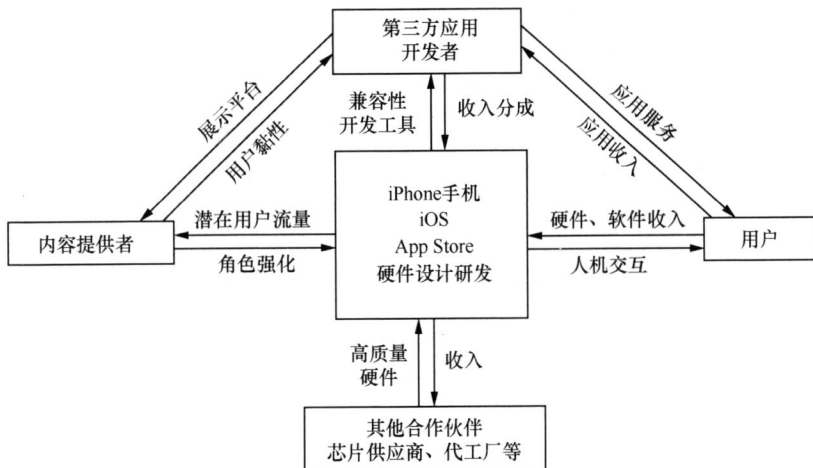

（b）iPhone 的平台模式

图 5-31　对比诺基亚手机的管道模式和 iPhone 的平台模式

5.5.4 制度环境转型

制度环境会约束组织；反过来，组织也会发挥能动性来塑造制度环境，这个过程称为制度变革。制度变革有 3 种情形：一是行业的外生变化，包括社会动乱、突破性技术、监管变化、竞争引起的破坏等；二是个体和组织无意识地"即兴创作"导致制度环境的改变，例如，Smets 等人研究了组织内部不引人注目的新实践如何上升到行业层面，最终刺激制度发生变革；三是个体和组织对制度环境的主动塑造。本节重点探讨第三种情形。

假设个体或组织创新性地提出了一种实践，为了让这种实践成为行业内新的主导制度，制度变革需要获得三重合法性——规制合法性、认知合法性和实用合法性。规制合法性是指新事物能够在多大程度上符合国家政策法规的要求，认知合法性是指新事物能够在多大程度上满足利益相关者在惯例习俗方面的需求，实用合法性是指新事物能够在多大程度上满足利益相关者在经济利益方面的需求（见图 5-32）。

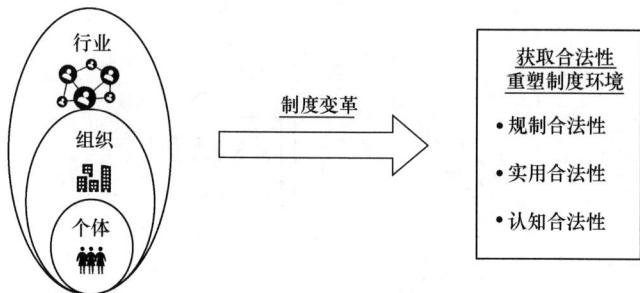

图 5-32 制度变革需要获得三重合法性

对于成熟行业和新兴行业，制度变革面临的挑战是不同的。因为成熟行业内已经形成主导的制度，新的制度有可能与原来的制度发生激烈的冲突，这时新的制度要么打败旧的制度，要么与旧的制度并存，要么与旧的制度融合产生另一种制度。新兴行业由于没有形成新的制度，因此新的制度需要从零开始构建。

下面我们通过两个案例分别探讨成熟行业和新兴行业中的制度变革。

1. 成熟行业中的制度变革

20世纪后期，美国五大会计师事务所展开了一场制度变革，他们原来的业务只有会计审计，于是他们提出了一种多学科的新实践，也就是把业务拓展到法律和管理咨询领域。这五大会计师事务所面临的挑战有3个。

一是如何才能意识到需要进行制度变革呢？因为成熟行业内的制度约束力量是很强大的，他们一直都被嵌入原有的制度环境。

二是即使意识到了需要进行变革，新的制度又应该是什么样呢？换言之，新的制度是怎么提出来的呢？被嵌入原有制度环境的企业要如何才能想到并提出新的制度呢？

三是即使提出了新的制度，如何让新的制度获得合法性，从而实现制度变革呢？这五大会计师事务所虽然知道新的制度应该是什么样的，但是对于会计师事务所行业来说，其他参与者能够接受这种新的制度吗？例如，顾客能接受新的产品服务吗？政府许可吗？互补者支持吗？

2. 新兴行业中的制度变革

在第一次世界大战之前，并没有管理咨询这个行业，当时很少有人相信管理技能是可以学习的，更不用说有人能为公司的高管提供咨询服务了。从20世纪30年代开始，有3家管理咨询公司开始推动这个行业，它们分别是博思艾伦咨询有限公司、理特咨询公司和麦肯锡咨询公司。对于这3家咨询公司来说，咨询行业的一切都是新的，要靠他们自己建立制度。因此，他们面临的最主要挑战就是如何让新的制度取得合法性 [26]。具体来说，他们面临以下3个挑战。

一是如何向他人清晰地阐述这样一种新的制度是什么，以及为什么需要这样的新制度。因为这个行业之前是不存在的，所以缺乏可以对照参考的标准。此外，他们还需要告诉别人这个行业存在的必要性。例如，是提高解决问题的效率还是降低成本，抑或创造出一种全新的价值？这个过程又称为理论化。

二是如何证明新制度的可靠性并建立声誉。在成熟行业中，可通过行业大咖或学术权威等为新制度背书；而在新兴行业中一切都是新的，如何找到合适的方式证明新制度的可靠性并形成声誉呢？

三是如何发起集体行动以定义新的行业和赛道。在成熟行业中，已有行业协会等各种组织；但在新兴行业中，如何聚集人才共同定义新的赛道呢？

5.6 案例："金刚""猩猩""猴子"的转型

在任何行业中，通常存在 3 种类型的企业：一是行业的领导者，我们将其比喻为"金刚"；二是行业的跟随者，我们将其比喻为"猩猩"；三是行业的新进入者，我们将其比喻为"猴子"。

无论是行业的领导者"金刚"、追随者"猩猩"，还是新进入者"猴子"，都时刻面临着组织转型的挑战和考验。下面我们通过 3 个典型的组织转型案例分别探讨这 3 种类型的组织是如何转型的。

- 作为"金刚"的诺基亚，如何从曾经的手机霸主，再次走向行业巅峰？
- 作为"猩猩"的礼来，如何突破行业第二，创造由自己引领的时代？
- 作为"猴子"的外科医生，如何打破认知，将非主流塑造成主流？

5.6.1 "金刚"如何咬紧牙关做平台——诺基亚风云再起

1. 三张大牌，何去何从

回到 2013 年，剥离了手机业务的诺基亚需要开启新的未来。当时，诺基亚集团的手中还剩三张大牌，分别是 Here 地图业务、高端技术部门和诺西通信[3]（见表5-1）。

表5-1　2013年诺基亚集团手中的三张大牌

业务 / 部门	业务描述
Here 地图业务	基于"云计算"提供数字化地图，行业内唯一能提供高品质数字化地图的独立供应商，占车载导航系统 90% 的市场份额
高端技术部门	研究、孵化和授权平台，拥有约 3 万个手机核心技术专利，2012 年的专利授权收入约 5 亿欧元，贡献诺基亚约三分之一的利润
诺西通信	通信网络基础设施供应商，提供移动宽带技术和相关服务，长期处于亏损状态，行业内充满激烈的价格竞争

- Here 地图业务具有独特优势和发展前景，但与其他业务之间暂时没有形成协同效应。

- 高端技术部门研发实力雄厚，与诺基亚的创新文化相符，并且几乎是纯利润，但剥离手机业务的诺基亚需要寻求其他的途径来激励研发人员。

- 诺西通信是彼时诺基亚体量最大的业务部门，但长期亏损，不属于成长型行业，增长缓慢。

手握这三张大牌，"金刚"诺基亚该何去何从？

2. 以高阶能力破局

当然，如今我们已经知道诺基亚选择了诺西通信。回到 2013 年，诺基亚的掌舵者做出这一决定虽然不是一帆风顺，但却不得不说是一项以长远为重的决策。

Here 地图处在智能设备的应用层。设想一下，如果诺基亚专注于 Here 地图的发展，就必然面临谷歌地图、高德地图、百度地图的冲击。地图应用业务失去先发优势，成为跟随者，陷入同质化竞争，同时无法与其他业务形成协同效应——无法迁移。在以"云计算"见长的谷歌、阿里等公司的夹击下，Here 地图还能保住竞争优势吗？地图业务在网络中所处的位置如图 5-33 所示。

放弃高端技术部门的原因如下：首先，诺基亚的绝大多数核心专利依托手机平台来承载和实现，换句话说，专利仍属于手机赛道；其次，专利终会到期，需要持续进行研发，但诺基亚面向消费者的手机业务已不复存在，因而也就无法持续激励研发人员。专利业务在网络中所处的位置如图 5-34 所示。

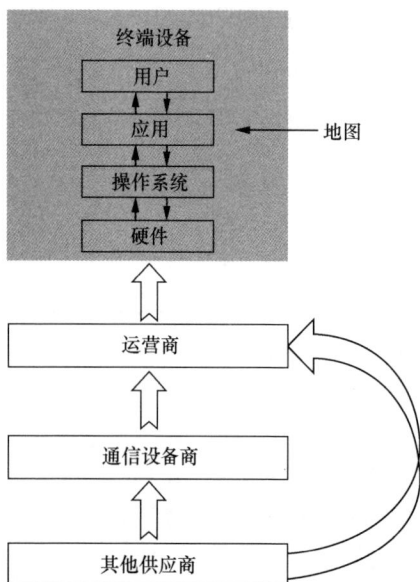

图 5-33 地图业务在网络中所处的位置   图 5-34 专利业务在网络中所处的位置

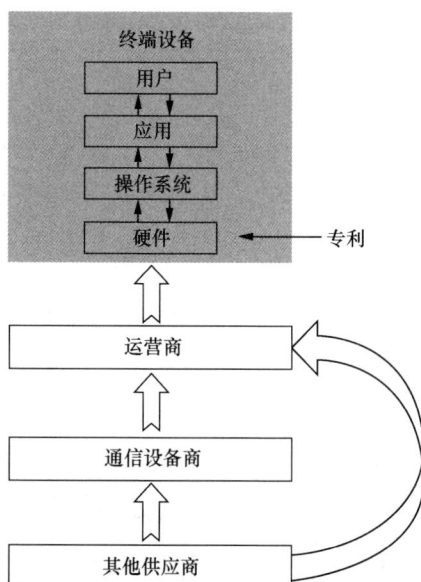

诺西通信就不一样了。一方面，虽然在诺基亚的王国里，诺西通信一直都是不太耀眼的星星，但和其他竞争对手相比，通信网络业务一直根植于诺基亚的手机业务，诺基亚和通信运营商保持着长期、密切、深度信任和了解的合作关系，从而也就可以把这种能力迁移到通信赛道上。另一方面，人类现在已经进入数字世界，而数字世界依赖于强大、灵活的通信网络作为基础设施。诺西通信可以重新占据关键位置，成为连接一切的数字神经系统，并迁移到消费级产业链、企业级产业链、硬件、软件、基础设施、云服务等场景（见图 5-35）。

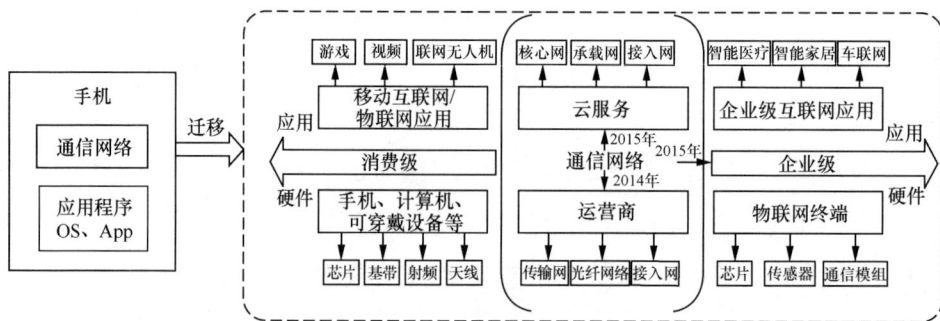

图 5-35 诺西通信的可迁移场景

2014 年，诺基亚在给运营商提供网络硬件组件之外，还给运营商提供软件解决方案和服务。

2015 年，诺基亚开始投资新的市场机会，如小型蜂窝、云数据分析等，将业务扩展到应用级。同时，诺基亚越来越关注公共部门和大型企业，如公共安全、物联网、智能家居等，将通信能力进一步迁移到企业级的应用和硬件层面。此外，通信能力也可以迁移到消费级的应用和硬件层面。新冠疫情的冲击以及 5G 技术的发展，使在企业级拥有雄厚积累的诺基亚未来不排除向消费级产业链扩张的可能。

我们可以发现，诺基亚在转型过程中，找到了自身拥有的可以迁移到不同场景的通信能力。这种基于多个场景的共同能力就是高阶能力。

高阶能力是指组织对自身具有基础竞争优势的能力进行整合、构建或重构，从而形成的新的基于能力的能力（Teece et al, 1997），如学习能力、风险感知能力、创新能力等。

与高阶能力对应的是一阶能力，这种能力指的是组织在特定的市场机会开发中以及业务领域形成的职能能力，如营销能力、生产能力、设计能力、技术能力等。

高阶能力的获取方式有 3 种（见图 5-36）：一是整合，这指的是对组织内外的资源和能力进行协调和组合；二是建立，这指的是通过联盟、并购、合作，创造内部知识、建立新的思维以及获取外部资源；三是重构，具体包括能力的演化、转型、转移，资源重新分配，企业各部分网络的重新连接，业务的增加、合并或拆分等。

与一阶能力不同，高阶能力可以帮助组织超越时间周期的变化，并超越具体的产品和场景，以应对不确定性环境并获取竞争优势。

3. 以高阶能力打造平台模式

诺基亚在通信领域的能力虽然大成于手机赛道，但不止于手机（见图 5-37）。高阶能力可在不同场景间迁移的本质属性，使其天然就与平台模式的多主体互利循环相契合。

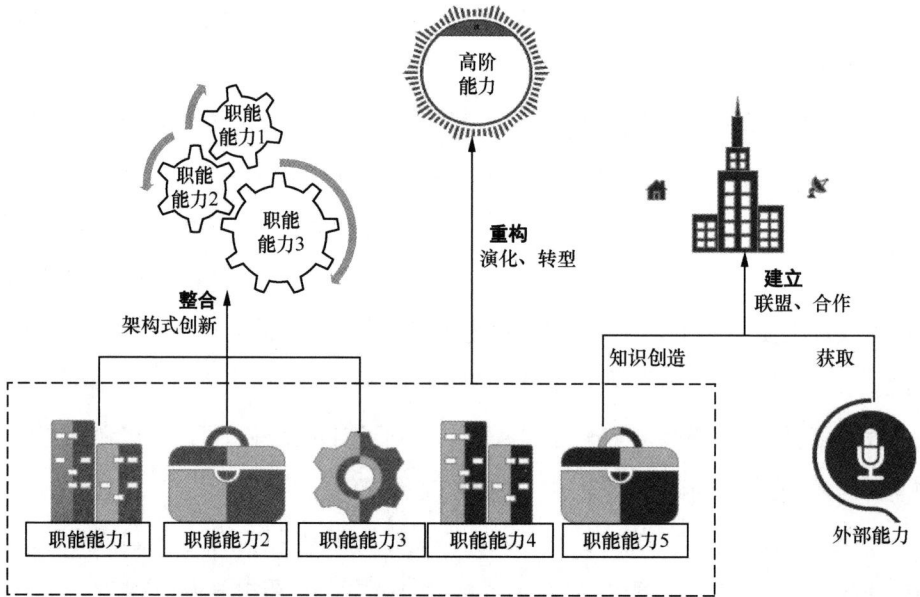

图 5-36　高阶能力的获取方式

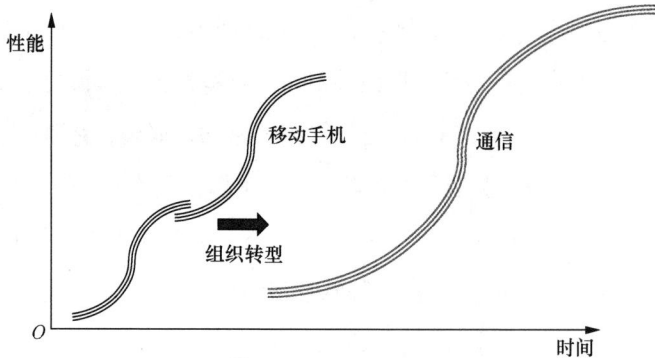

图 5-37　赛道的根本变化

因此，诺基亚从高阶能力出发，选择通信作为新赛道。总结起来，诺基亚在这一赛道的发力过程就是"技术 + 平台"。

2013 年，诺基亚以 17 亿欧元收购了西门子手中持有的诺西网络的 50% 股权，重构后的诺基亚增强了其在通信市场上的话语权。

2014 年，诺基亚成立合作伙伴部门，专注于与合作伙伴建立一个强大的生态系统。

2015 年，诺基亚以 156 亿欧元股权置换收购阿尔卡特 – 朗讯。为此，诺基亚出售了 Here 地图业务以筹集资金。

2017 年，诺基亚超越爱立信，成为世界第二大通信服务商。

2018 年，诺基亚的 5G 必要专利在全球占 13%，仅次于华为的 17%。

2021 年，诺基亚签署的 5G 商用合同有 153 份，居世界第一。

图 5-38 展示了诺基亚通信业务的构成。

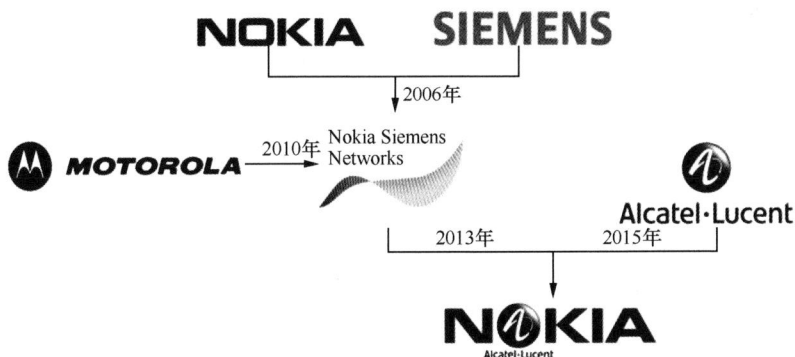

图 5-38　诺基亚通信业务的构成

4. 诺基亚何以华丽转身

回顾诺基亚波澜壮阔的转型过程，我们发现，诺基亚转型成功的秘密如下。

■ 诺基亚洞悉未来、高瞻远瞩，在既有业务中找到了不会随环境变化而过时的高阶能力。

■ 诺基亚对组织的内外资源进行了整合、重构和获取等，将处于雏形的高阶能力打造成了具有行业话语权的雄鹰。

■ 诺基亚利用高阶能力在多个场景之间迁移腾挪，联系多方合作业务伙伴，形成了平台化的商业模式。

■ 诺基亚在通信领域深耕细作，成为 5G 通信标准的参与者和制定者。

由此可见，在快速变化的数字化时代，诺基亚等行业"金刚"转型的路径就是从既有业务中寻找高阶能力，以打造新的平台化的商业生态系统，实现华丽转身（见图 5-39）。

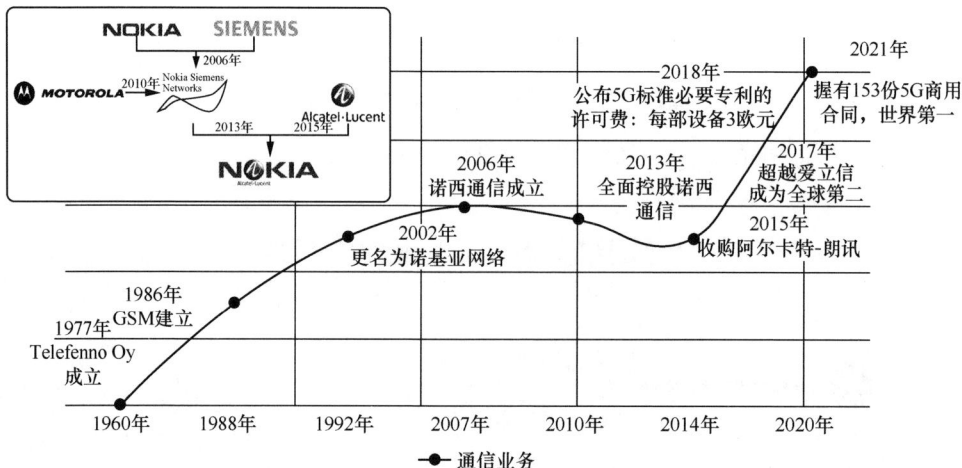

图 5-39　诺基亚通信业务的发展态势

5.6.2 "猩猩"如何紧跟"金刚"，另辟蹊径——诺和诺德公司的逆袭

1. 糖尿病治疗简介

糖尿病主要分为症状相似但实质不同的两类——1型糖尿病和 2 型糖尿病。1 型糖尿病患者自身不分泌胰岛素，又称青年人糖尿病，好发于少年期或青春期，占糖尿病患病的 10%。2 型糖尿病患者不能有效利用体内的胰岛素，又称成年人糖尿病，一般发病于成年后，占糖尿病患病的 90% 左右（见图 5-40）。

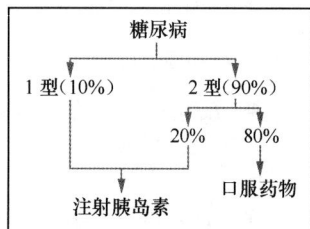

图 5-40　糖尿病的分型及治疗

对于 1 型糖尿病患者而言，由于自身无法分泌胰岛素，他们往往需要注射适量的胰岛素以分解体内产生的葡萄糖，注射量过多或过少有可能引发生命危险；2 型糖尿病患者则大多需要通过口服药物促进胰岛素的分泌，其中约 20% 的患者仍须注射胰岛素。

传统的胰岛素注射方法是，患者使用具有一定危险性的注射器和瓶装胰岛素，进行一天多次的注射治疗，有感染、损伤血管等安全性问题。

2. 胰岛素开发历史

1921 年前，人类对于糖尿病一直束手无策。

1922 年，来自多伦多大学的研究人员将从狗的身体内摄取的胰岛素注入人体，取得巨大的成功。**礼来公司**拥有当时全美国唯一的合法胰岛素生产与销售执照，对研究人员的这一成果进行了连续、大规模的生产。

1923 年，研究人员与礼来公司开始从牛和猪的身体内摄取胰岛素。世界上其他地区的许多公司也开始生产胰岛素，包括来自斯堪的纳维亚半岛的**诺和诺德公司**。

在随后的 60 年里，**礼来公司及其他竞争者在两个方面改善了胰岛素：首先，纯度要与健康人体分泌的胰岛素一致，不纯会引起治疗副反应；其次，使用时的搭配要使血液对所注射胰岛素的吸收速度与吸收葡萄糖的速度相同。**

谁是胰岛素生产领域的"金刚"和"猩猩"？

1980 年，礼来公司抢占了北美市场，在全球市场份额中占到 72%，是胰岛素生产领域毫无疑问的"金刚"；诺和诺德公司在当时的欧洲市场占 50% 的份额，处在第二梯队，好比"猩猩"（见表 5-2）。

表 5-2　1980 年礼来公司和诺和诺德公司的市场份额情况

公司	年份	欧洲	北美	日本	其他地区	全球市场
礼来公司	1980	0	89%	0	28%	72%
诺和诺德公司	1980	50%	0	0	48%	20%

胰岛素不纯是导致治疗副作用的主要因素。在改善胰岛素的方向上，**礼来公司选择了提炼胰岛素的纯度这一主赛道**。纯度一般用 10^{-6} 来计量。1921 年，研究人员从狗的身体内提取的胰岛素的纯度是 $50\ 000 \times 10^{-6}$。到了 1970 年，礼来公司在做了诸多技术改进后，将胰岛素的纯度降至 $10\ 000 \times 10^{-6}$，到了 1980 年又降至 10×10^{-6}，但仍然无法完全等同于人体所需的胰岛素纯度。

随后，礼来公司与一家生物技术公司合作，合成了与健康人体所分泌的胰岛素纯度完全相同的新产品，并于 1980 年注册了商标优泌林（Humulin）。礼来公司斥巨资建立了大规模生产优泌林的生物技术基地，生产成本很高，定价自然也不菲。但市场给出的反应却相对平淡，人们不愿意花高价购买这种产品，零售商也不愿意在陈列柜中塞满同类型产品（见图 5-41）。

4 年后的 1984 年，诺和诺德公司合成了生物工程人体胰岛素，人们开始将这种胰岛素看作一种普遍商品，而无论是哪家公司生产的。不管是礼来公司、诺和诺德公司还是其他公司，人们认为他们的产品在纯度和效用上几乎完全相同。

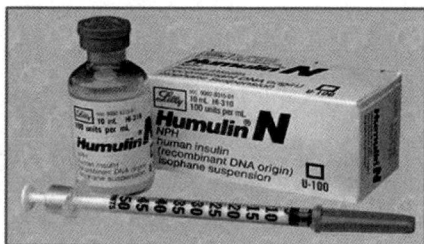

图 5-41　1980 年礼来公司生产的优泌林

3. "猩猩"如何另辟蹊径

1985 年，诺和诺德公司掀起了糖尿病护理史上的第二轮革新浪潮。诺和诺德公司**洞察到新的顾客需求**（见图 5-42），**建立了新的核心价值网络**。

与礼来公司聚焦于临床医生不同，诺和诺德公司直接从**患者的便利**角度入手，开始推出胰岛素笔（即诺和笔）——装入笔管的胰岛素。利用传统的注射器和瓶装胰岛素笔，一天只能注射一次，而诺和笔的优势主要表现在两个方面：首先，能够保证胰岛素的纯度及质量，确保每一次的注射剂量，减轻患者焦虑；其次，让患者的自我护理更加方便，易保存、易携带，可随时随地进行胰岛素治疗，提高患者依从性。自 1985 年推出后，诺和诺德公司又对诺和笔进行了多次更新迭代，诺和笔逐渐被行业认可并采用（见图5-43）。

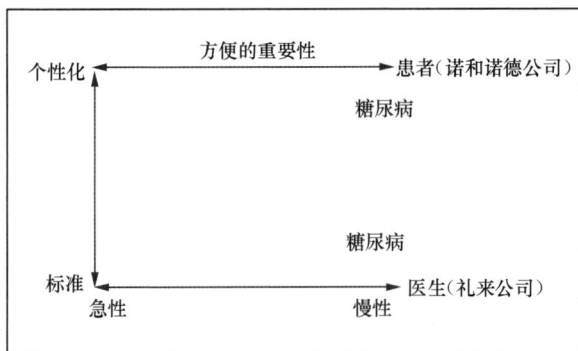

图 5-42　诺和诺德公司洞察到新的顾客需求

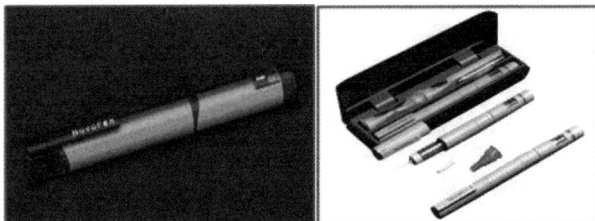

图 5-43　诺和诺德公司推出的诺和笔

在诺和诺德公司发现患者便利性这一新赛道后，医疗行业出现了一系列创新反应：便携式血糖测量仪诞生，信息技术让医生和患者更加方便地相互沟通，胰岛素笔不断迭代更新，糖尿病知识培训中心建立——礼来公司则因此建立了糖尿病控制服务中心（Controlled Diabetes Service，CDS）。**诺和诺德公司以"患者便利性"为价值主张，打造出这一新赛道的系列产品，形成了新的价值网络**（见图5-44）。

在竞争的一开始，诺和诺德公司就避开了礼来公司称霸的北美市场。当洞察到新的顾客需求后，诺和诺德公司的创新产品为其带来庞大的市场份额。到了1995年，诺和笔的销售额已经占诺和诺德公司总销售额的三分之一。诺和诺德公司接下来进军和发力欧洲及日本市场，逐步抢占了显著的市场份额（分别占64%和72%）。

不仅如此，礼来公司称霸的北美市场也显得岌岌可危。诺和诺德公司在全球市场上占据的份额已经能够与礼来公司抗衡（见表5-3）。

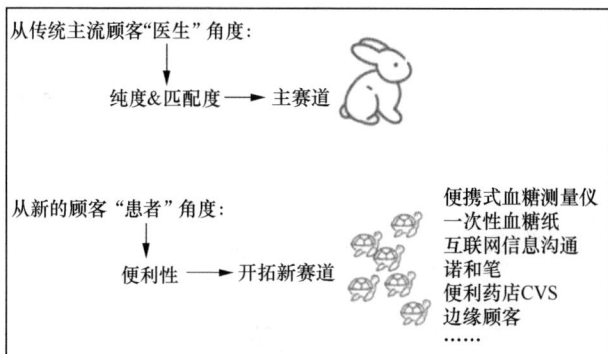

图5-44　诺和诺德公司如何开辟新赛道

表5-3　1980年和1995年礼来公司与诺和诺德公司的全球市场份额对比

公司	年份	欧洲	北美	日本	其他地区	全球市场
礼来公司	1980	0	89%	0	28%	72%
	1995	17%	80%	28%	31%	46%
诺和诺德公司	1980	50%	0	0	48%	20%
	1995	64%	20%	72%	65%	45%

4.“猩猩”为何能够真正逆袭

诺和诺德公司另辟蹊径，能够在胰岛素市场上实现真正逆袭，主要归因于以下几个关键方面。

- 从一开始就紧跟礼来公司的主赛道不掉队，在胰岛素提纯上做到了市场标准。
- 能够从患者角度出发，准确洞察到新的顾客需求，建立新的关系。
- 针对追求便利的非主流消费者，找到新的市场，形成新的商业模式。
- 联合行业内的其他创新小伙伴，为顾客、药店、医生等创造新的价值，形成自身的核心价值网络。

■ 开发诺和笔，使以诺和笔为主导范式的行业新标准被广泛认可并采用。

就这样，诺和诺德公司一步一步成为新赛道的领导者，真正成长为"金刚"。

5.6.3 "猴子"如何转型成功——ERAS 的故事

从前面的两个案例可以看出，行业"老大"（"金刚"）和"老二"（"猩猩"）的组织转型是完全不同的。那么对于新进入者来说，又该如何转型呢？下面我们从 ERAS（Enhanced Recovery After Surgery，加速康复外科）的故事展开讨论[21]。

1. 硬核创新 ERAS 与传统手术方式

ERAS 的提出者是江医生①，他发现对于手术患者来说，住院时间长、做手术痛苦、手术费用高等问题是患者的痛点。如何缓解这些痛点？这成了一个非常有价值的创新点。

江医生在东部战区总医院的普外科工作。东部战区总医院是著名的三甲医院，尤其是普外科，在复旦大学医院管理研究所发布的"中国医院排行榜"上，一直位列前十名，具有开展创新的优势条件。

ERAS 是一种新的手术方式，旨在通过术前、术中及术后的各种有效方法，减少手术并发症，减轻病人痛苦，加快病人术后康复，缩短住院时间，降低医疗费用。以胃癌手术为例，使用传统的手术方式，常规胃癌患者平均住院 9 天或 10天；采用 ERAS 手术方式后，此类患者平均住院缩短至 4 天。ERAS 足够硬核，与传统的外科手术方式相比，ERAS 能够给患者、医院和政府等带来切实的新价值（见图 5-45）。

为了创造这些新的价值，ERAS 在技术、流程和管理上有很多创新：在技术上采用多模式镇痛的方式，少用阿片类止痛药，同时创新性地使用全身麻醉联合硬膜外阻滞麻醉方法，采用微创手术方式，如腹腔镜、机器人手术等；在流程上增加住

---

① 相关内容经许可转载。

院前的预康复、术前不必做肠道准备、术中的保温措施、术后的早期下床活动以及出院后的随访；在管理上采用跨学科团队合作的方式。

- 减少手术并发症
- 减轻病人痛苦
- 降低医疗费用
- 缩短住院时间

对患者的价值

- 提高病床流转率
- 提高患者满意度

对医院的价值

- 节约医保资金
- 提高人民满意度

对政府的价值

图 5-45　ERAS 创造的新价值

2. 建立兄弟连，获得内部支持

ERAS 的提出者江医生在 2005 年开始 ERAS 创新时还是东部战区总医院一名年轻的普外科医生。尽管 ERAS 具有巨大的潜力，但是 ERAS 与传统外科手术完全不同，需要整合多学科的力量共同展开。具体来说，需要麻醉科、护理科、营养科、药剂科等多方力量的支持。

年轻的江医生如何才能获得支持呢？他向自己的导师黎院士汇报了这一新想法，得到了黎院士的大力支持。然后，他进一步利用朋友关系，用共同的价值观和愿景吸引他人加入，最终建立起 ERAS 的多学科创新团队。在这支跨学科的创新团队中，麻醉医师寻找能够促进患者快速康复的最佳麻醉方案；护士科负责术前、术中、术后、出院后所有环节的沟通以及创新举措的实施；营养师负责为 ERAS 患者定制营养方案；药剂科则快速响应，与外科医生共同创新止痛方案。有了兄弟连的加入，ERAS 的创新如虎添翼，迅速进入实施环节。

3. 洞察患者需求，获得关键患者的支持

要想让 ERAS 成为外科手术的主流方式，就必须得到接受手术的患者的认可和支持。ERAS 作为新兴事物，一开始患者及家属并不认可，比较常见的问题是认为

"手术前不能喝水""手术后还没通气，不能喝水，不能运动"……这些传统的观念不仅是一些医生的桎梏，还限制了患者的思维。

为了解决这些问题，江医生的团队首先对身体条件相对好的患者（除胃肠疾病外没有其他病症的年轻患者）实施 ERAS，这可以确保 ERAS 的成功率。然后请这些经历过 ERAS 的患者结合自身感受，展示 ERAS 相比传统手术方式的优势。最后通过耐心的患者教育，医生促使患者接受 ERAS，比如，对患者展开疼痛教育，告知他们手术疼痛是可以缓解的。此外，通过让患者参与讨论，江医生的团队还根据患者提出的意见，设置了 ERAS 专职护士和临床药师角色，以更好地服务患者。

4. 近距离向外推广，获得外部医生的支持

尽管东部战区总医院的胃肠外科用 ERAS 实施手术，但是其他科室、其他医院还没有采用 ERAS，如何让更多的医生采用 ERAS 呢？

首先，江医生的导师黎院士"桃李满天下"。通过导师，江医生找到了几个愿意尝试的师兄弟，这几位外科医生愿意带领自己的团队在他们所在的科室采用 ERAS。其次，来江医生这里进行规培的其他医院的医生在每天与江医生的团队合作学习的过程中，亲身感受到了 ERAS 的好处，于是将 ERAS 带回自己所在的医院。最后，还有一些医生是通过参与免费的培训班了解到 ERAS 并决定采用的，江医生的团队从 2009 年开始，持续举办了 7 届"胃肠肿瘤加速康复外科新理念学习班"。

5. 远距离向外推广，获得更广泛的支持

除直接推广外，江医生的团队还采取了其他手段。

- 申请并获得国家和江苏省的科研基金项目，在国内外顶级期刊上发表论文，从学术上提供 ERAS 的有利证据。
- 利用大大小小的各种论坛，宣讲 ERAS 的好处。
- 拜访各地的医院，手把手地指导 ERAS 的实施。

- 接待来自全国各地的参观学习团队，毫不保留地展示 ERAS 的实施过程与效果。
- 借助媒体的力量，向更广泛的社会群众展示 ERAS 的优势。

6. 向上推广，获得政策支持

除在医疗组织内部传播 ERAS 的优势之外，江医生的团队还向政府部门申请，得到政协委员的支持。在 2015 年的中国人民政治协商会议第十二届全国委员会第三次会议上，冯丹龙政协委员提出《实施加速康复外科，提升医疗服务质量》提案，建议以行政管理方式全面推广 ERAS。

7. 联合新伙伴，形成新赛道

江医生的团队还联合了一些重要的合作伙伴，如制药巨头和新的制药公司，前者与江医生的团队共同创新，负责提供符合 ERAS 需求的止痛药物，后者专门为 ERAS 研发能加速患者康复的营养制品等。如此一来，汇聚在 ERAS 新赛道上的伙伴越来越多，队伍不断壮大。

2015 年，江医生牵头成立了中国第一个 ERAS 协作组，并召开了全国第一次 ERAS 大会，在会上发布了在多个外科领域应用 ERAS 的专家共识。

2016 年 1 月，原国家卫生和计划生育委员会在南京总医院召开了 ERAS 专家调研会，目的是选择实施 ERAS 的试点医院并在国家层面制定 ERAS 的实施指南。

2017 年，首届南方国际加速康复外科大会举行，江苏省胃肠外科多中心研究开启。

2018 年，广东省医师协会加速康复外科分会成立。截至 2021 年，全国已有十几个与 ERAS 有关的医师协会。

2018 年，中华医学会外科学分会和麻醉学分会共同发布了《加速康复外科中国专家共识及路径管理指南（2018 版）》。

2021 年，中华医学会外科学分会发布权威的《中国加速康复外科临床实践指南（2021 版）》，涉及肝胆、胰腺、胃、结直肠手术等。

至此，ERAS 成为一种新的外科手术方式，它定义了一条新的赛道。

8. 从新进入者到定义新赛道的过程总结

综上所述，从新进入者到定义新赛道，ERAS经历了图5-46所示的发展过程。

图 5-46 ERAS 的发展过程

下面对"猴子"如何成长为"金刚"做了总结。

■ 新进入者需要首先找到足够硬核的产品，以解决患者的痛点问题。

■ 新进入者还需要一群小伙伴共同创新，快速迭代，推出新品。

■ 分步骤获得新赛道上关键人物的支持。

■ 快速迭代推广，不断汇集不同伙伴加入，共同定义新赛道。

■ 不断强化新赛道的合法身份，建立新的制度逻辑。

本章要点

■ 当前进的赛道发生变化时，在原有赛道上所做的一切努力和创新都将变得毫无意义。

■ 在价值网络中，角色的地位有3种——网络核心型、支配主宰型和缝隙型。角色间的关系也有三种——一般交易关系、专用互补关系、联合互补关系。

■ 产品服务系统转型就是产品主导设计的改变，过程如下：技术间断点引发剧烈动荡期的出现，经过剧烈动荡期之后形成主导设计，接下来进入渐进改革期，直到另一个技术间断点出现。

■ 商业模式系统包括产品价值主张、盈利模式、关键业务流程和关键资源四大模块。商业模式转型就是这四大模块本身的创新以及模块之间关系的激烈变化。

- 价值网络转型涉及 3 个方面的变化——价值的变化、参与者角色和地位的变化以及参与者之间关系的变化。

- 制度环境会约束组织；反过来，组织也会发挥能动性来塑造制度环境，这个过程称为制度变革。对于成熟行业和新兴行业，制度变革面临的挑战是不同的。因为成熟行业内已经形成主导的制度，新的制度有可能与原来的制度发生激烈的冲突，这时新的制度要么打败旧的制度，要么与旧的制度并存，要么与旧的制度融合产生另一种制度。新兴行业由于没有形成新的制度，因此新的制度需要从零开始构建。

- 组织提出的新的实践要成为行业内新的主导制度，就需要获得三重合法性——规制合法性、认知合法性和实用合法性。

参考文献

[1] 刘帅，吴银平. 百年兴衰诺基亚：揭秘手机帝国为何轰然倒下 [M]. 北京：中国经济出版社，2015.

[2] SIILASMAA R，FREDMAN C. 偏执乐观：诺基亚转型的创业式领导力 [M]. 高大众，汪宏强，译. 北京：机械工业出版社，2019.

[3] WEBER M . The Theory of Social and Economic Organization[J]. Oxford: Oxford University Press, 1947.

[4] BLAU P M, SCOTT W R. Formal Organizations: A Comparative Approach[J]. American Journal of Sociology, 1962, 7(1):636–638.

[5] SCOTT W R. Organizations and Organizing: Rational, Natural, and Open System Perspectives[M]. New Jersey: Prentice Hall, 2003.

[6] ELKINGTON J. Partnerships Fromcaennibals with Forks: The Triple Bottom Line of 21st-Century Business[J]. Environmental Quality

Management. 1998, 8(1):37–51.

[7] MOORE J F. Predators and Prey: A New Ecology of Competition[J]. Harvard Business Review. 1993, 71(3):75–86.

[8] CHRISTENSEN M C, GROSSMAN H J, 黄捷升 . 创新者的处方：颠覆式创新如何改变医疗 [M]. 朱恒鹏，张琦，译 . 北京：中国人民大学出版社，2015.

[9] IANSITI M, LEVIEN R. The Keystone Advantage: What the New Dynamics of Business Ecosystems Mean for Strategy, Innovation, and Sustainability[M]. Boston: Harvard Business Press, 2004.

[10] TEECE D J. Profiting from Technological Innovation: Implications for Integration, Collaboration, Licensing and Public Policy[J]. Research Policy, 1986, 15(6): 285–305.

[11] PORTER M. What is Strategy[J]. Harvard Business Review, 1996, 74(6):61–78.

[12] PORTER M. 国家竞争优势 [M]. 李明轩，邱如美，译 . 北京：华夏出版社，2002.

[13] WR S. Institutions and Organizations: Ideas and Interests[M]. New York: SAGE Publications, 2008.

[14] OSTERWALDER A, PIGNEUR Y. 商业模式新生代（经典重译版）[M]. 北京：机械工业出版社，2016.

[15] MEYER J W, ROWAN B. Institutionalized Organizations: Formal Structure as Myth and Ceremony[J]. American Journal of Sociology, 1977, 83(2): 340–363.

[16] DIMAGGIO P J, POWELL W W. The Iron Cage Revisited: Institutional Isomorphism and Collective Rationality in Organizational Fields[J]. American Sociological Review, 1983, 147–160.

[17] ABERNATHY W J, UTTERBACK J M. Patterns of Industrial Innovation[J]. Technology Review, 1978, 80(7): 40-47.

[18] ANDERSON P, TUSHMAN M. Technological Discontinuities and Dominant Designs: A Cyclical Model of Technological Change[J]. Administrative Science Quarterly. 1990, 35(4):604-33.

第 6 章

开始踏上数字化转型的征程

· — ·

在深刻洞察组织转型的本质后，在本章中，我们开始踏上组织的数字化转型征程。相信此刻大家已经对数字化和组织转型有了如刀锋般锐利的深刻洞察，从而充满信心地讨论数字化转型。

数字化转型 = 数字化 + 组织转型

在本章中,我们需要解决如下关键问题。

■ 什么是组织的数字化转型?

■ 从学习者到领导者,数字化转型的征程要经历哪几个阶段?

■ 组织在数字化转型中面临的最大挑战是什么?

■ 如何通过 4 层架构式创新实现数字化转型?

本章涉及的元概念如下。

■ 数字化转型(digital transformation)。利用数字化技术,使组织在产品服务系统、商业模式系统、价值网络和制度环境 4 个层面发生不连续的颠覆性变革,从而产生新的商业价值,具体包括 5 个发展阶段:启动——数字化学习者、连接——数字化探索者、整合——数字化提升者、协作——数字化转型者、引领——数字化领导者。

■ 架构式创新。改变核心组件连接方式的创新,不涉及组件核心知识的根本改变。

■ 分层模块化架构。模块化架构和分层式架构的混合体,其中的每一层都由一组模块化的组件组成,而每一个功能层都为其他模块提供一个接口来访问其功能,层和组件之间的边界(或接口)控制信息的移动,单一层内一个模块的输出将成为另一个模块的输入。

6.1 什么是组织的数字化

作为组织转型的一种,数字化转型是一种彻底的、不连续的颠覆性变革。与普通的转型不同,组织在实施数字化转型之前必须具备数字化能力。数字化是组织进行数字化转型的主要赋能者和推动者。

对于组织的数字化来说,最重要的是对真实的业务场景进行数字化,从而建立起虚拟的数字孪生世界;然后通过虚拟的数字孪生世界中的机器学习,建立模型以描述、预测和指导真实世界中的行动,从而创造出新的商业智能。这个过程不是一蹴而就的，具体可分为 6 个阶段。

（1）**确定业务场景（scene）**。为了从数据中挖掘到金子，组织首先要做的是找到正合适的、有价值的数据，也就是找到基于场景的数据。强调场景的概念是因为场景是企业与用户连接互动以及创造、传递和获得价值的核心。同一用户在不同场景中的同一行为会产生不同的价值，所以针对不同的场景，组织所需的数据也不尽相同。明确数据的业务应用场景是组织数字化的第一步，只有清楚了要解决什么场景的什么问题，才能确定要搜集哪些数据以及如何获取这些数据。

（2）**场景数据化，产生场景数据（scene-data）**。在此过程中，我们需要遵循全量、全要素、实时的采集原则，用语音数据、图像数据、数字数据和文字数据全面刻画真实的业务场景。

（3）**场景数据数字化**，也就是对搜集的语音、图像、数字、文字等场景数据进行数字化，从而得到数字化的数据。过程如下：对场景中的数据进行清洗，在剔除各种噪声后，将清洗后的数据按照一定的规则存放在计算机存储器中，建立基于场景的数据库。在此过程中，基于场景的数据得以汇聚并形成数据流，场景从情景到互动形成实时的数字对应物，这种从物理场景的对象和过程映射到数字场景的镜像就是**数字孪生体**。

（4）**产品原型数字化**。在明确场景并建立基于场景数据的数字化数据库之后，就从数据中得到有用的信息。组织可以利用机器学习的方法建立训练模型，并输入测试数据来进行测试，优化和调整关键特征及参数，找到解决问题的最优模型，也就是我们常说的产品原型。

在数字孪生体中，设计人员通过调整变量或参数，在理论上可以快速得到无数具有创新意义的产品原型。例如，NASA（National Aeronautics and Space Administration，美国国家航空航天局）自发射阿波罗 13 号载人登月飞船起，就利用数字孪生进行航天器的创新（见图 6-1）——将管理、维护和使用超高保真或仿真数字技术与产品的历史数据集成在一起，以提高设备寿命预测的可靠性和安全性，并且这种设计范式已经从航天器衍生到美国空军的设备制造中。

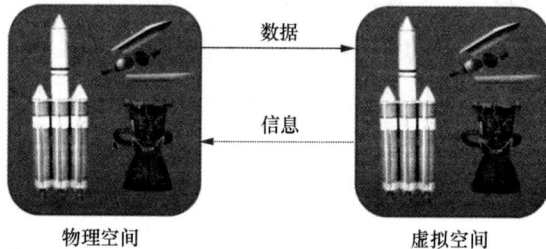

图 6-1　航天器的数字孪生

（5）**业务流程数字化。**产品原型的数字化可以帮助组织改进产品设计、加快研发速度，以及创造出全新的产品原型。但是，产品的数字化转型是一个多维度、深层次的过程，显然无法单独应对数字技术引发的颠覆性变革。组织的能力存在于流程和价值之中，在当前业务模式下，构成组织核心能力的流程和价值成了组织面临技术不连续时的缺陷。

克里斯坦森在《创新者的窘境》中提出，当颠覆性变革出现时，管理者需要在变革影响到主流业务之前集合能力来应对变革[1]。因此，数字化转型进一步体现在业务流程的数字化过程中。不同于 ERP 系统、客户管理系统等将业务流程信息化的过程，业务流程数字化的过程是业务流程的重构再造，它不仅能够极大地提高效率、节约运营成本，还可以为顾客创造新的巨大价值。

（6）**形成商业数据智能。**数字化的目的是形成商业数据智能，这指的是商业决策会越来越多地依赖机器学习和人工智能。机器将在更大范围内和更多维度上产生智能化的自动精准决策，同时在越来越多的商业决策上扮演重要角色，机器取得的效果远远超过如今人工运作所能产生的效果。

商业数据智能是基于活数据和算法完成机器学习的反馈闭环。活数据一定是始终在线的且不断更新，可以随时使用。活数据在不断地使用、处理，在产生增值服务的同时产生更多的数据，形成数据回流。传统 BI（Business Intelligence，商务智能）的核心工作是分析和研究数据，但这里提到的数据其实是离线的历史数据，用于辅助企业高管做出某些商业决策。如果数据仅仅用来支持人的决策，就无法形成真正的闭环。只有活数据才能让整个反馈闭环顺畅运作。业务发生的时候自然会产生数据，这些数据会自动地记录下来，然后经过算法处理直接形成决策，用于指导业务并通过客户反馈不断地优化决策。如此一来，整个企业的业务发展就进入了学习效应和网络效应的反馈闭环的正向循环，从而能够做出更精准的商业运营决策。换言之，企业走上了商业数据智能的发展道路[2]。

综上所述，组织的数字化不是一种技术、一个软件系统、一种能力或一个时刻，而是一个持续迭代的过程（见图6-2）。

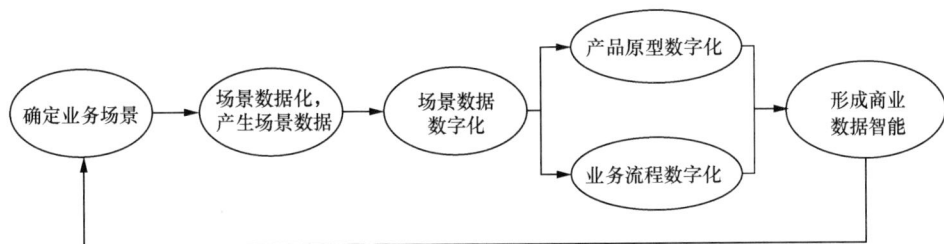

图6-2 组织的数字化过程

6.2 从学习者到领导者：组织数字化转型的漫漫征程

在深刻洞察数字化和组织转型后，我们给出数字化转型的核心定义：**利用数字化技术和过程，在产品服务系统、商业模式系统、价值网络和制度环境4个层面发生不连续的颠覆性变革，从而产生新的商业价值。**

既然数字化转型是一种**不连续的颠覆性变革**，这必定是一条艰难的充满风险、挑战、挫败和未知的旅程。不论是对于曾经傲视群雄的行业王者，还是意气风发的创业者，都没有任何捷径可走。

在出发前，请您安静下来，认真地问一下自己："我做好准备了吗？我愿意一切从头开始，重回小学生的状态吗？我知道数字化转型是自己的长期目标，因而要建立分阶段实现的任务吗？"

组织的数字化转型包括 5 个发展阶段（见图 6-3），分别是启动——成为数字化学习者，连接——成为数字化探索者，整合——成为数字化提升者，协作——成为数字化转型者，引领——成为数字化领导者。

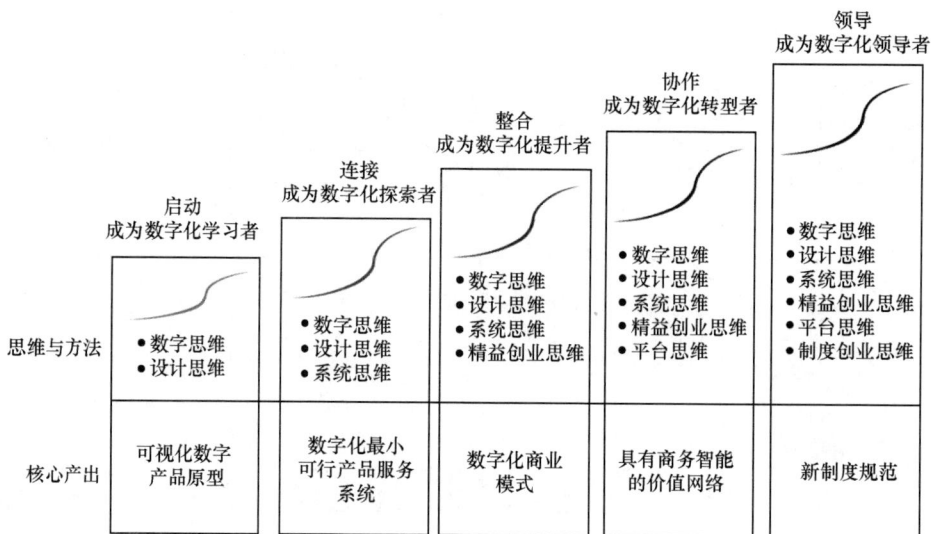

图 6-3　组织数字化转型的发展阶段

6.2.1　阶段 1：成为数字化学习者

要点提示

■ 核心产出：可视化的数字产品原型。

- 关键任务：重新认识您的顾客。
- 思维与方法：数字化设计思维。

数字化转型的核心企业有两类——在位者和新进入者。新进入者的主要任务是找到新的产品并开拓新的市场，组成新的组织形式。在位者的主要任务则有两个：一是对已有的核心业务进行重新定位；二是与新进入者一样，找到新的产品并开拓新的市场。

在位者一定会有对已有核心业务进行再转型的需求。因为已有业务一般比较成熟，可以产生大量的现金流，它们是一般意义上的奶牛型业务单元。比如，腾讯在开发微信时并没有放弃和剥离 QQ，还同时进行 QQ 游戏、QQ 空间等功能的进一步探索。在位者一般会采取同时保障现金奶牛和开发新产品的方式，两条腿同时走路。

需要强调的是，数字化的本质特征是为顾客产生新的价值，提升用户体验。因此，无论是新产品的开发还是已有业务的重新定位，它们的本质——为顾客创造价值都是一致的。

只有能为顾客创造价值的产品才有真正的市场价值，才能为商业模式创新、价值网络构建、新制度建立提供稳定的根基支持。

顾客价值从何而来？从新顾客的需求中来，从已有顾客的新需求中来。在位者和新进入者在启动数字化转型时，首要任务就是重新认识顾客、洞察顾客并爱上顾客。

爱上每一位顾客的成本极大，但是如今的数字化技术可以让我们有能力真正把顾客看作鲜活的个体对待，同时追求零成本的有效控制。顾客真正需要我们的产品满足什么价值？我们如何通过产品为顾问创造价值？设计思维＋数字化思维形成的数字化设计思维可以帮助我们回答这两个问题。

1. 设计思维

布赖恩·劳森（Bryan Lawson）提出的设计思维（design thinking）是一套以

人为本进行创新探索的方法论系统，关注的是通过挖掘个性化的服务体验和情感需求进行产品设计，而不是千篇一律地标准化产品设计 [3]。从深度挖掘客户需求到构建解决方案，再到原型的测试交付，设计思维始终强调从用户最根本的需求出发，将问题和挑战转换为创新的机遇 [4]，过程如图 6-4 所示。

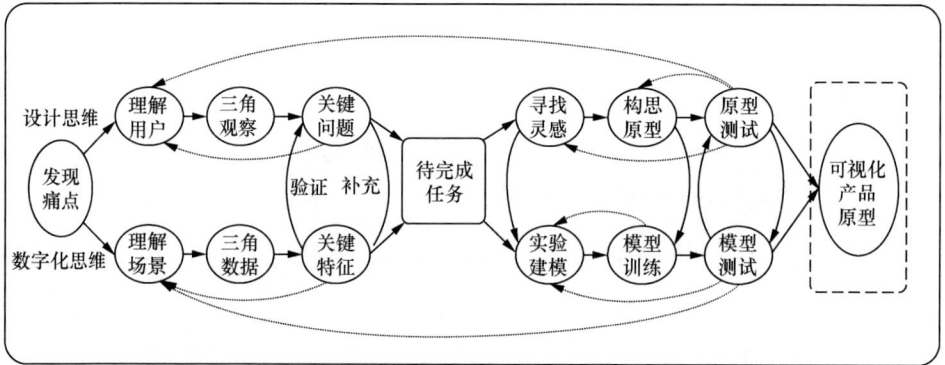

图 6-4　设计思维过程

具体步骤如下。

（1）在实践中发现用户潜在的痛点。

（2）通过同理心、移情、换位思考等深刻理解用户的痛点，理解用户的认知并构建初步的问题假设。

（3）进一步通过三角测量法，获取关于用户和场景的多种类型的数据，比如：搜集已有历史数据；搜集二手文献资料；实地观察潜在用户，与用户互动、交谈；进行角色扮演以亲身经历等。多种数据来源能够帮助我们产生对用户多维、立体的观察，从而让我们更深刻地洞察现象并真正理解用户的痛点。三角测量法能帮助我们验证、筛选、补充先前提出的问题假设，获取对用户需求更准确的判断，并据此形成典型用户画像，从而为每一类典型用户编写用户旅程图。值得注意的是，在学习阶段，我们不针对全类别用户，而从中挑选一类需求最迫切、市场上最常见的典型目标用户。针对典型目标用户，我们可以深入地寻找这类用户的关键问题到底是什么。

（4）围绕真实、准确的关键问题寻找灵感。我们可以对关键问题进行分解，开展头脑风暴，从时间、行业、人物跨界角度，通过发散思维或聚焦思维获取灵感。

（5）构思产品原型。产品原型只表达产品最核心、最具特色的基本架构和功能。如果说您的想法是开发一个 App，那么产品原型在构思时就要考虑 App 界面上提供的核心功能、端的数量、端与端之间的连接方式、是否采集数据等。这里并不是真的要开发出 App，而是使用文稿、PPT 甚至便利贴描述产品的基本功能（见图 6-5）。

图 6-5　某 App 的可视化产品原型

（6）我们构思的产品原型此时只是初步的、不完善的。设计思维强调客户体验和情感需求，所以产品原型的测试需要目标客户的参与，共同寻找产品原型的待改进之处。在测试的过程中，我们有可能产生新的灵感或对用户有新的理解，这是一个反馈循环的过程。

综上所述，设计思维要求我们深刻地理解和洞察现象，找到关键问题，通过灵感创造形成产品原型，然后进行快速的测试、迭代和反馈，最终产生可视化的产品原型。设计思维可以产生对用户需求的因果洞察，即什么样的人在什么样的场景下会触发何种体验和行为。

2. 数字化设计思维

仅设计思维就足以让我们重新认识顾客了吗？设计思维虽然能让我们深刻洞察

现实世界中每一位顾客的个性化需求，但我们为此需要付出极高的时间成本。如今，顾客不仅生活在真实世界里，还生活在数据世界里，数字化技术可以帮助我们更有效率和效果地洞察更大规模的顾客需求。因此，本书强调数字化思维与设计思维的协同和交互。

如果说设计思维从人的角度认识用户，那么数字化思维从数据的角度认识用户。将二者结合起来，就可以形成对顾客 360° 需求的数字化设计思维。具体分为 3 个阶段。

（1）理解场景。数据是灵魂，但在获取数据之前，我们必须理解场景。前面提到过，只有基于场景的数据才是有价值的，才能避免发生"巴别图书馆"式的悲剧。

（2）获取三角数据与关键特征。我们必须与设计思维一致，从多个来源获取数据，实现三角验证的效果。针对已经获取的大量、驳杂的数据，我们可以通过已有数据资料、与业内人士访谈、查找文献和行业报告等确定其中比较关键的特征，建立数据库。更重要的是，数据会说话。比如，便利店要如何摆放货品才能实现最大的销售额？我们可以通过传感器获取便利店每天货品摆放和销售的实时数据，通过进行机器学习建模，数据会告诉我们哪些指标是重要的，而哪些指标是不相关的。以设计思维明确的关键问题也可以作为这一阶段的输入，与数字化思维的结果互相补充与验证，从而全方位、立体、精准地获取用户对于主要特征和关键问题的洞察。

（3）建模、训练与测试。建立数据库后，我们以获取的关键特征作为维度，依据一定的算法规则建模。然后使用搜集的数据对模型进行训练，以不断完善初始模型。在此过程中，我们在设计思维过程中得到的灵感可以作为建模的维度，我们构思的产品原型可以作为训练数据集。初始模型的效度可能不足以满足需求，因此我们需要不断调整参数并进行训练和测试等，形成迭代循环。

测试的过程需要用户的参与，通过用户反馈的真实感受，切身地验证模型的有效性，甚至对场景产生新的理解。

3. 可视化产品原型

设计思维的颗粒度极其精细和个性化，已经明确了因果关系；而数字化思维的颗粒度已经类别化，能够揭示现象之间的相关性。只有将设计思维和数字化思维叠加，我们才能得到"因果＋相关性"，也才能够从人和数据的双重角度产生对用户的深刻洞察。我们在这一阶段的核心产出——可视化的产品原型才能够为顾客创造价值。

可视化的产品原型旨在通过可视化方式表达产品的设计方案和功能，方式从手绘草图、低保真原型（如思维导图、HTML文件、流程图等）到高保真原型（产品demo、使用示范性视频），制作复杂度依次递增，具体使用何种方式则由使用场景而定。

值得注意的是，即便高保真原型也只是产品原型而不是最终样品。为了得到成熟的可推向市场的产品，我们需要进入数字化转型的下一阶段——成为数字化探索者。

6.2.2 阶段2：成为数字化探索者

要点提示

- 核心产出：数字化最小可行产品（Minimum Viable Product，MVP）服务系统。
- 关键任务：缩小产品功能与用户需求之间的差距。
- 思维与方法：数字化系统思维。

组织通过学习用户的新需求得到了可视化的产品原型，但可视化的产品原型是否切实贴合用户的痛点仍是一个问题，需要我们进行验证。系统思维旨在解决这个问题并极力缩小产品功能与用户需求之间的差距。

1. 系统思维

系统是由核心组件及其交互关系构成的有边界的单元，用于实现某种特定的功能或目标。系统思维就是在特定场景中抓住其主要特征（核心组件），并通过优化产品或服务的功能（交互关系），使产品服务系统提供的功能或目标可以最大化满足用户的需求，为顾客创造价值，如图6-6所示。

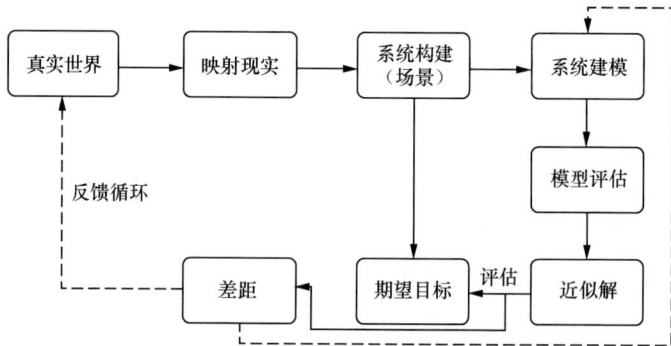

图6-6　系统思维过程

具体步骤如下。

（1）从真实世界到映射现实。针对真实世界或真实场景，抓住其主要特征，对其进行抽象和简化，得到映射现实。映射现实虽然不是完全的真实世界，但是反映了真实世界中的关键要素及其相互关系。以柯布－道格拉斯生产函数 $Y=A(t)L^{\alpha}K^{\beta}\mu$ 为例。该函数反映了产出（Y）与技术水平 [$A(t)$]、投入的资本量（L）和劳动力（K）的关系。也就是说，用技术水平、投入的资本和劳动力3个主要特征就可以计算得到产出，这就是抓住了生产过程中的主要特征。

（2）从映射现实到系统构建。抓住了真实世界主要特征的映射现实包含系统的主要维度和要素，这就是一个完整的系统吗？显然不是。所谓系统构建其实就是对真实场景进行模拟。系统是由核心组件及其交互关系共同构成的有边界的单元。经过映射建模后，我们已经构建起核心组件及其交互关系，但是还缺少对系统边界的设定。系统边界反映在系统思维中，系统思维就是我们通常所说的场景，包括期望目标和约束条件，如时间、资本或人力资源的约束。

（3）系统建模。有了目标函数（核心组件及其交互关系）和约束条件（系统边界）后，我们就可以使用一些工具对系统场景进行概念化、分解和设计，并通过图形、文字、表格等模型化语言表达系统的数据流、架构、功能、行为等。

（4）模型评估。我们需要对模型的效度进行评估，这需要多方参与，包括设计团队、销售团队、用户等。评估的内容包括但不限于模型能否对系统进行无歧义的表达，模型是否能够得到预期的结果，模型所能达到的目标是否与用户的真实需求相关等。

（5）修正与反馈。将模型输出的结果与构建系统时设定的期望目标做比较，就可以得到产品功能和用户需求之间的差距。我们期望尽量提高模型准确率，但是当模型所能达到的目标与期望有差距时，模型调整的空间和方向也就明确了。

差距的产生可能有多方面的原因，比如，对真实世界映射不足、抓取的关键特征有缺漏、场景构建不够清晰、系统建模不准确等。组织需要逐一检查可能的意外并进行修正，直到模型达到期望的准确率，以便足以为真实世界产生建设性的反馈。

因此，系统思维旨在通过不断地反馈、修正与迭代循环，缩小产品功能与用户需求之间的差距。

2. 数字化系统思维

数字化思维又如何赋能系统思维呢？如图 6-7 所示，我们可以在系统思维过程中引入数字孪生系统和数字模型。

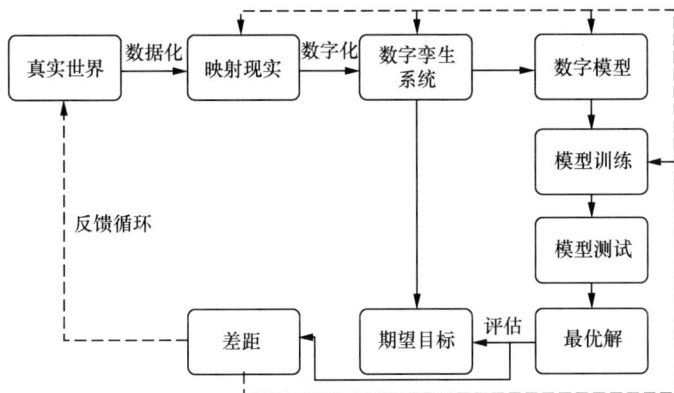

图 6-7　数字化系统思维过程

1）数字孪生系统

系统思维的传统做法是抓住场景的主要特征，比如前面提到的建筑信息模型（Building Information Modeling，BIM）。于是我们将不可避免地面临如下问题：从映射到建模，每一步都存在信息的耗损并且面临计算的取舍，这会导致很大的误差，从而只能成为辅助决策的工具。

在数字化时代，我们对真实世界的数据采集能力越来越强，我们的计算能力也越来越强，我们对现实的映射做得越来越逼真，我们对场景的构建越来越接近真实世界，这样的系统称为数字孪生系统。

数字孪生系统意味着从真实世界到映射现实，再从映射现实到场景构建，我们不再只抓住场景的主要特征，而可以"孪生"真实世界，从而实时、全方位地洞察场景，甚至创建"元宇宙"，对真实场景进行复刻，这意味着数据采集与模型构建的误差将极大地缩小。

2）数字模型

从系统建模到数字模型是质的飞跃。为什么这么说呢？这源于数字模型的机器学习。

传统的系统建模的底层逻辑是"输入→处理→输出"这一线性模式。我们依据输出结果与期望目标之间的差距不断调整和优化模型，最终得到与实际结果相差最小的**"近似解"**。

数字模型则不同。机器学习算法可以让机器在监督学习、半监督学习和无监督学习的情形下训练模型。模型求解结果与期望目标之间的差距可以作为训练数据集，这意味着数字模型的测试、训练、调整次数与系统建模不在同一个量级。换言之，利用数字模型的智能化迭代，我们更有可能得到100%准确的**"最优解"**。

3. 数字化最小可行产品服务系统

在数字化转型的这一阶段，输入是可视化的产品原型，经过数字化系统思维，输出成熟的、可交付的数字化最小可行产品服务系统，如图 6-8 所示。

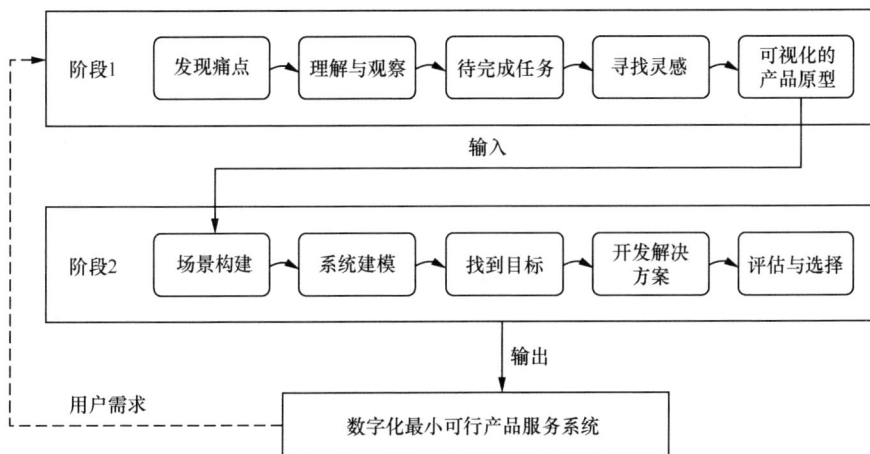

图 6-8 相关的输入、处理过程和输出

为了验证产品原型的有效性和可行性，我们需要构建真实的业务场景，比如建立试点，寻找真实顾客和供应商，将可视化的产品原型置于真实场景中。接下来，我们需要建立模型和开发解决方案，以测试顾客的反应，获取顾客的购买意愿和反馈意见。最后根据顾客的真实需求进行迭代，不断缩小与用户需求之间的差距，形成 MVP。

MVP 已经是可以推向市场的产品（见图 6-9）。虽然可能还没有叠加许多功能，但 MVP 一定具备核心的功能。比如，微信在刚推出时只具备基本的即时通信功能，这就是我们所说的数字化最小可行产品服务系统。在后来的版本升级中，微信才陆续推出朋友圈、支付、公众号、小程序等功能。

当然，用户测试结果很可能是令人沮丧的，如产品不可行、存在致命的功能缺陷、用户有抱怨等，甚至根本就不存在所谓的产品需求，一切都只是我们的想象。但是，即使

图 6-9 机器狗的可视化产品原型

只能获得用户关于某项功能的需求或热情，也是有价值的。

因此，在这一阶段，我们仍很有可能需要回到数字化设计思维，重新认识顾客。

6.2.3　阶段 3：成为数字化提升者

要点提示

■ 核心产出：可持续盈利的数字化商业模式。

■ 关键任务：以最低的成本、最快的速度验证产品的价值假设和增长假设。

■ 思维与方法：精益创业思维。

在经过对数字化转型的学习与探索后，我们已经能够提供可交付的产品服务系统，这个循环看起来十分强大。但是，只有一款好的产品并不足以取得商业成功。

您的产品所针对的用户需求是不是真实的用户需求？您的产品所提供的解决方案是不是实际有效的解决方案？您的产品能不能卖出去？您能不能生产出自己的产品？您能不能从销售的产品中获利？您能不能可持续地从创新的产品中获利？

以上这些就是数字化提升者所要考虑的问题，即商业模式。

1. 精益创业思维

从来就没有一蹴而就的商业模式。我们需要通过不断地尝试无限逼近用户的精准需求。对于组织来说，每条路都走一遍、每个解决方案都尝试一次显然是不现实的，因为组织没有那么多的时间和精力，投资人也没有这样的耐心。

有没有办法快速验证解决方案呢？有，这正是精益创业思维可以告诉我们的。

精益创业（Lean Startup）核心的思想在于以最低的成本、最快的速度验证产品价值的价值假设和增长假设，形成商业模式[5]。

因此，精益创业思维的基本路径仍然是"开发 - 测量 - 认知"这一迭代循环（见

图 6-10），以达成低成本快速试错的目的 [5]。精益创业从我们对市场和用户的认知（洞察）开始，强调将精力集中于已被证实的认知上，避免资源的浪费。针对用户需求，我们必须找出最需要验证的假设、根本的痛点以及刚性的需求，这也是我们开发产品时风险最大的部分。

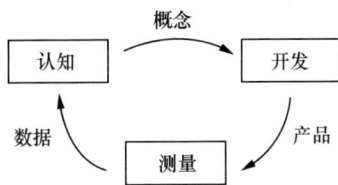

图 6-10　精益创业思维 [5]

在明确假设和痛点的概念后，我们需要开发和构建不浪费时间或资源的 MVP，并以最快速度、最低成本经历一次开发 – 测量 – 认知的迭代循环。用快速反馈迭代取代漫长的市场调研和产品规划周期，MVP 不是成品，而是为了生成最多的数据，以最小代价获得有效的知识。

在测量产品时，我们要做的是建立合适的衡量指标，以客观、准确评估产品的市场化进展情况，同时验证、补充甚至重塑我们对用户价值的认知。

2. 数字化精益创业思维

数字化技术让精益创业的开发 – 测量 – 认知这一迭代循环变得更容易、更快速，需要的成本更低。

首先，数字化设计思维让我们对潜在用户真的需要什么有了更精准的认知。如果我们能够不仅从顾客的角度认识顾客，还能从数据的角度分析顾客时，我们获得的用户认知必然更精准和全面。

其次，传统商品的价值假设和增长假设可能难以验证与测试。但在数字化时代，一旦预期产品可以形成积极的网络效应，对设计和开发的浪费就将不复存在，从而使我们能够避开新产品开发中风险最大的点。

最后，数字化技术的数据同质性、可重复编程性、可供性等特征共同决定了数字化 MVP 可以同时实现极低的边际成本和极度的个性化。如果我们可以使用精准的方式向每一个用户提供独特的产品或服务，而个性化的成本几乎可以忽略不计，我们就能获取更加真实的用户反馈，从而更加准确地知道用户喜欢什么和不喜欢什么。

经过大数据的智能筛选后，我们可以持续优化提供给顾客的内容和服务。用户的每一次（不）点击、浏览时长等数据都将成为机器学习的训练数据集，使我们的数字模型更加逼近用户的真实需求。用户需求帮助我们优化智能算法，数据智能则帮助我们精准定位用户认知。二者循环加强，促使开发－测量－认知这一迭代循环更容易、更快速，所需的成本更低。

3. 数字化商业模式

精益创业的核心在于低成本快速试错，形成商业模式。叠加数字化思维的数字化精益创业思维能让价值验证的过程更加快速、更加低成本，形成智能的、可持续盈利的数字化商业模式（见图 6-11）。

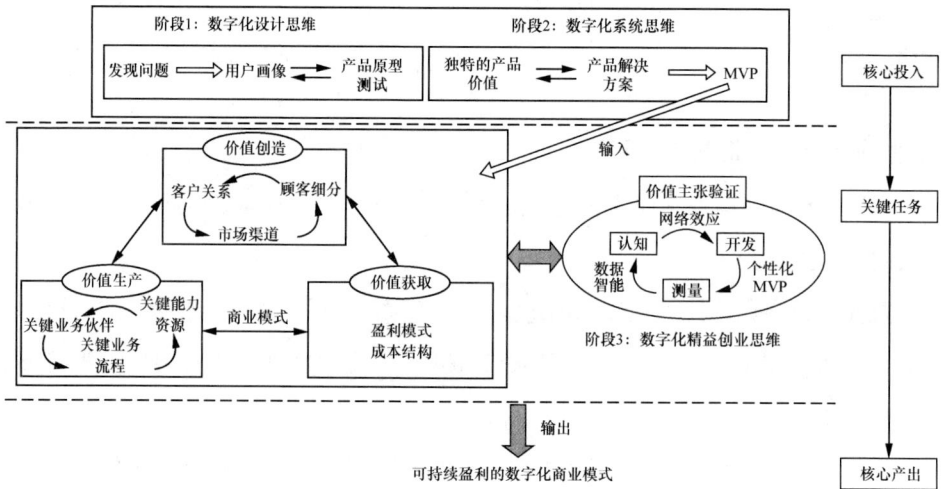

图 6-11　相关的输入、处理过程和输出

数字化设计思维和数字化系统思维给我们带来了可交付的数字化产品服务系统。但只有将产品价值主张扩散到市场中，组织才能实现盈利。这就涉及商业模式的 3 个方面——价值创造、价值传递和价值获取。

扩散产品价值主张的前提是产品价值值得扩散，这就是价值主张的验证过程。数字化精益创业思维能带给我们的更加快速、更加低成本、更加个性化的价值主张验证。

首先，验证价值的创造过程。您的产品或解决方案和目标顾客是否匹配？您通过什么渠道推广和销售产品？您与客户已经建立或者即将建立怎样的关系？您要创造什么价值主张？您所解决的是否是真正的刚需和痛点？价值的创造过程不仅是数字化精益创业思维所要验证的第一个方面，还是最重要的一点。

其次，验证价值的生产过程。在 MVP 流转的过程中，我们可以对产品能否顺利生产、组织是否拥有与创造价值主张相匹配的能力与资源、组织如何创造价值主张等进行测试。开发新产品的陷阱就是在核心需求得到验证不久就大规模投入生产并扩张，以及专注于完善附加功能和提升质量性能，这很有可能导致资源的浪费。

最后，验证价值的占有过程。按照目前的生产模式、定价方式和销售渠道，收入是否可以覆盖成本？是否可持续？您的价值主张与收入成本结构是否匹配？这些都需要我们小步快跑、测试迭代。

总之，在设计出产品后，我们需要快速找到市场和顾客，并迅速锻炼业务能力与收支模式。合适的商业模式并非一开始就能找到，我们最初提出的产品价值主张也有可能不是真正的价值。产品从开发到可交付，再到可以大规模生产，中间有一个验证迭代的过程。验证的结果决定了我们是继续修正产品还是推倒重来。

重要的是，在数字化技术的赋能下，借助数字化思维，我们的快速迭代过程可以变得更加智能。数据会告诉我们新的知识，让我们对顾客产生新的认知。同时，数字化思维还让验证过程的形式更加个性化、成本更低、结果更精准。

综上所述，数字化精益创业思维能够帮助我们以最小的代价获取可持续盈利的数字化商业模式，形成商业数据智能。

6.2.4　阶段 4：成为数字化转型者

要点提示

- 核心产出：具有商务智能的价值网络。
- 关键任务：构建多重效应的开放性商业模式。

■ 思维与方法：数字化平台思维。

1. 平台模式思维

杰奥夫雷 G. 帕克（Geoffrey G. Parker）等人的经典著作《平台革命》解读了平台模式思维的逻辑和运作，其中的核心观点就是用平台取代管道[6]。

大多数企业采取的传统商业模式是一步一步依靠紧密的控制机制保证价值的创造和传递，供应商和顾客分属线性价值链的两端，这称为管道。

从管道到平台的颠覆有两个主要阶段。

第一个主要阶段是用在线化的高效管道淘汰效率低下的管道。高效管道的高效率来源于在线化，也就是将原有的服务内容搬到线上，实现信息化。例如，电子书和数字音乐对传统的纸质媒体与 CD 唱片产生了极强的冲击。

第二个主要阶段是用平台蚕食传统管道。平台依托网络效应、需求规模经济等，创造出高效的用户反馈回路，消除了守门人，重构了价值创造的过程和消费行为。相对于传统管道，平台模式还提供了基础设施和协调机制，从而将供应商和消费者直接联系起来。

平台模式是一种基于外部供应商与顾客之间的价值创造互动的商业模式，平台思维产生网络效应，使企业关注的重点从企业内部转移到企业外部，从追求供应规模经济转为追求需求规模经济（见图 6-12）。

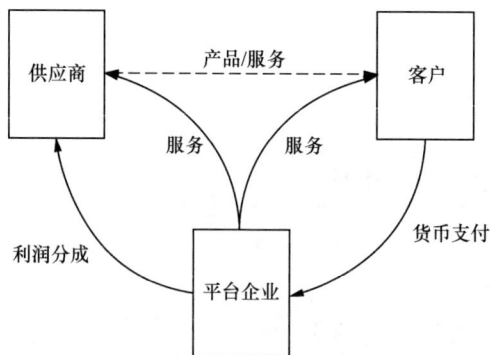

图 6-12　平台模式

平台模式思维到底有多大力量呢？我们看杰奥夫雷 G. 帕克等人举的例子[6]。

2014 年，来自纽约大学的金融学教授阿斯沃思·达莫达兰（Aswath Damodaran）和来自硅谷的风险投资合伙人比尔·格利（Bill Gurley）就 Uber 的估值展开了辩论。彼时，达莫达兰教授基于传统金融工具的测算得出 Uber 的估值为 59 亿美元左右，远低于当时 Uber 融资交易前的估值 170 亿美元。

风险投资合伙人格利则引用 PayPal 的前首席运营官大卫·萨克斯（David Sacks）在餐巾纸上画的草图，阐释了 Uber 所打造的平台形成的良性循环（见图 6-13）。

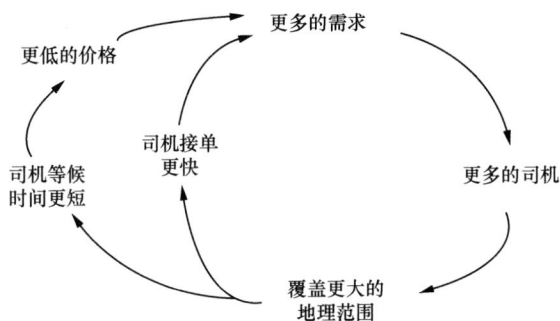

图 6-13　Uber 所打造的平台形成的良性循环

具体来说，Uber 作为平台为司机和乘客提供了匹配服务，有更多的司机加入，覆盖更大的地理范围，司机接单更快，空载时间更少，分摊到每个乘客身上的成本也更低；更少的等待时间和更低的价格则进一步刺激乘客的消费需求，同时吸引更多司机加入，形成良性循环。

就这样，司机吸引乘客，乘客吸引司机，形成双边网络效应。顾客数量增加和服务价值提升互相增强。最终，平台效应帮助 Uber 突破了传统金融工具估值的约束。

这就是平台模式的力量。

2. 数字化平台模式

数字化技术大幅扩展了平台的深度和广度。数字化技术的可重复编程性和数据同质化特性使其向用户提供的行动潜力或可能性是多样化的，这就是数字化技术的可供性[7]。数字化技术的可供性决定了同一数字化产品可以为不同用户提供不同的价值，甚至在不同时间提供不同的价值。数字化技术还能够以多种方式促进开放，包括谁可以参与、他们可以贡献什么、他们如何做出贡献以及可以达到什么目的等（见图 6-14）。

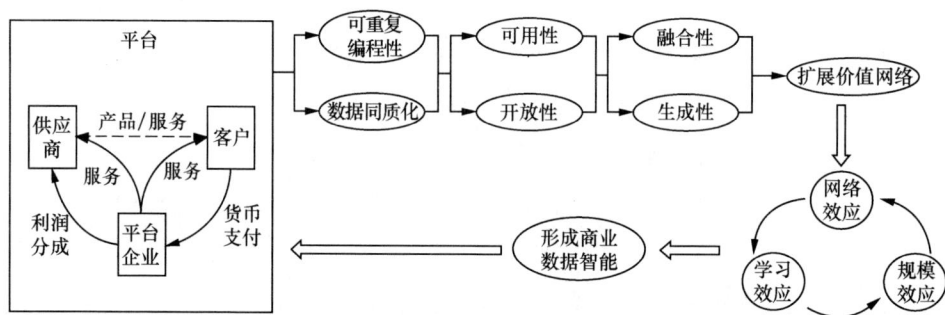

图 6-14　数字化平台模式

也就是说，数字化技术能够更多地嵌入非物理载体，从而使得单一的智能产品可以创建和支持多个功能。换句话说，我们可以采集来自不同角色的不同维度的数据，并融合各个业务场景中对象的多模态数据。

基于数字化技术的可重复编程性和数据同质化特性，不同对象基于不同的目的利用数字化技术的形式和功能也不是同步的。换言之，新功能可以在完成产品设计后添加，数字痕迹也将产生新的创新，从而进行价值的再生。

多模态数据的融合与价值的可生成实际上扩大了传统价值网络的边界和对象。原本平台模式下的价值网络中主要就是平台企业、供应商和顾客。多模态数据的融合与价值的可再生使更多以前不能融合到价值网络中的对象可以融合到价值网络中，从而进一步增强了网络效应。

价值网络的边界和对象的扩大，网络效应的进一步发展，更多数据的产生，带来了更大的规模效应。更大的规模效应导致多模态的数据源越来越多，促使机器学习的精准度越来越高。

网络效应、规模效应和学习效应三重效应的叠加，使基于价值网络的商业智能变得越来越精准。这就是数字化平台模式的核心。

因此，基于数字化平台，我们可以拓展新的价值网络，将每个对象更方便地纳入场景中，成为真正的商业实践，产生真正的商业智能。

3. 具有商业智能的价值网络

数字化平台模式使产品、组织和行业的边界变得模糊甚至消失，并且使新的价值创造、价值生产和价值的范围及深度得到极大的拓展，价值网络中成员的角色和关系得以重构（见图 6-15）。

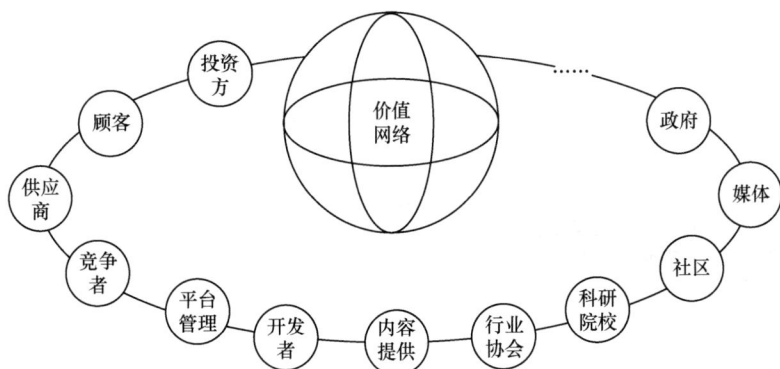

图 6-15 价值网络的重构

重构的价值网络让价值创造得以开发新的供应源。数字技术不仅使新供应者的门槛急速降低，还使突破传统的跨界供应者的进入成为可能。抖音就是典型的例子。抖音拉低了内容创作的门槛。不需要是媒体从业者，也不需要熟练的打字技巧，只需要有发布内容的意愿，任何人都可以发出自己的声音。

淘宝网让卖东西变成一件简单的事。不需要租赁人流量虽大但租金高昂的门面，只需要注册一个账号，就可以在淘宝网上卖东西。

重构的价值网络提供了新的消费行为和产品服务。数字技术使新消费者的进入门槛急速降低，增加了新的突破传统的顾客源。例如，当预算不太充足时，以前我们可能会去二手市场碰碰运气、捡捡漏。但闲鱼不仅让我们多了一种选择，还培养了我们有事搜闲鱼、没事也可以逛逛闲鱼的习惯。闲鱼上的大部分卖家会将闲置的东西挂到网上，性价比非常高，比如餐厅的优惠券、退不了的电影票、景区门票、图书资料等。

重构的价值网络还增加了许多新的互补者，如应用程序、小程序等服务的第三方开发者，协调、控制与监督平台经营内容、服务等行为的平台管理者，促进社区发展与优化社区秩序的社区治理者，决定数据收集、处理、保留、披露方式和目的的数据管控者，以及提供软件或网站开发的源代码控制、界面设计、项目管理、问题跟踪、集成和性能提升等工具的工具开发者等。

将所有角色纳入的扩展的价值网络使数据采集更加符合真实世界的"孪生构建"，使商务智能越来越迭代优化，使创新的价值网络通过"网络效应""规模效应""学习效应"的三重驱动得以自主性成长。

6.2.5　阶段 5：成为数字化领导者

要点提示

- 核心产出：针对新赛道的新制度逻辑。
- 核心任务：在新赛道上形成新的利益分配机制、法律规范和共同认知，建立新的标准。
- 思维与方法：数字化制度创业思维。

如果组织建立起广泛的价值网络，成为数字化的转型者并开始建立新的赛道，就会遇到两种制度上的阻碍：一种是新赛道的做法与已有制度的要求严重冲突，此时需要努力去改变已有制度；另一种是新赛道没有任何制度上的指引或要求，此时需要建立新的主导制度。为新赛道建立新的主导制度是组织成为新赛道的领导者的必然任务。在这一阶段，我们需要开启制度创业思维。

1. 制度创业

制度创业指的是个体或组织为了追求自身利益和发展，调动资源改变已有制度或建立新制度的行为过程。制度是稳定和有序的源泉，制度创业旨在破旧立新。

制度创业与一般意义上的组织创业虽有部分重合，但是存在如下明显的区别。

- 制度创业一定涉及改变制度的努力；组织创业不需要改变现有制度，是现有制度下的创业活动。

- 制度创业不一定需要建立新的组织，而组织创业必然需要建立新的组织。

- 制度创业的成功标志是新的制度得到多方认可，换言之，新的制度有了合法性，而不管新建立的组织是否取得成功；组织创业成功的标志是新建立的组织取得商业上或社会上的成功，组织创业的失败并不意味着制度创业的失败。

- 组织创业成功的获利者必然是组织创业者，而制度创业成功的获利者并不一定是制度创业者 [8][9][10]。

制度创业与组织创业的关系如图6-16所示。第5章的ERAS案例就属于图6-16的A区，这种创业是制度创业而不是组织创业，其典型的特征就是江医生并没有建立新的组织；图6-16的C区最常见，如新建一所医院、新开一个超市等，这种创业不需要挑战现有的制度；如今，属于B区的创业越来越多，例如，优步公司并没有发明新的汽车、手机、支付软件和全球定位系统等组件，而将租车服务中原来的司机和乘客之间的直接临时雇用关系变成了通过第三方平台间接连接的服务关系。

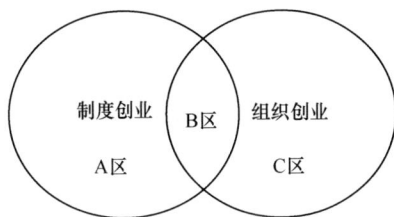

图6-16 制度创业与组织创业的关系

制度创业是一个漫长的过程，学者们研究了制度创业的各个阶段以及不同阶段的行为策略和活动方法。根据Battilana等 [8] 以及尤树洋等 [9] 的文献总结，制度创业者实行制度变革的过程涉及四大类活动方法（见图6-17）。

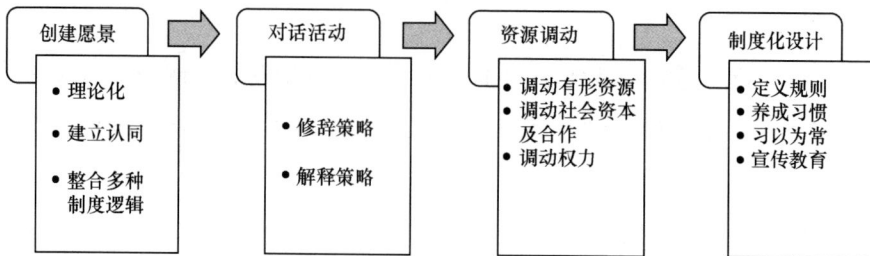

图 6-17　制度创业的过程

　　创建愿景指的是在制度创业的发起阶段制度创业者为了创新制度或改变已有制度而创建变革愿景并阐明其重要性的行为，包括理论化、建立认同以及整合多种制度逻辑这 3 项活动。

　　对话活动指的是在制度变革过程中制度创业者的游说性行为，包括修辞策略和解释策略两项活动。

　　资源调动指的是在制度创业过程中调动各类资源并形成集体行动的行为，包括调动有形资源、调动社会资本及合作、调动权力这 3 项活动。

　　制度化设计指的是在制度创业后期制度创业者为了实现新实践制度化而付诸的行为，包括定义规则、养成习惯、习以为常、宣传教育 4 项活动。

　　但是，对于新兴行业和成熟行业，制度创业的过程和方法是不同的，后面我们对此将详细讨论。

2. 数字化给制度创业带来的新机会和新挑战

　　《中共中央国务院关于构建更加完善的要素市场化配置体制机制的意见》指出，要将数据作为与土地、劳动力、资本、技术并列的生产要素。与过去任何一种生产资料不同的是，数据既是生产要素，也映射了某种社会关系，这使对于数据的利用有可能产生相关的外部问题。

　　因此，数据本身就需要新的规则，包括数据的权属、数据跨境流动、数字版权、数字货币、数字签名、数据安全、隐私保护、算法监管等方面。我们需要适时建立新的规则，而这种新规则的建立就可以成为制度创业的内容之一。

同时，数字技术对传统行业的惯常实践提出了挑战。传统的行业监管、经济统计、税收制度、劳动制度等都面临着新需求、新挑战。因此，在行业从工业经济时代向数字经济时代转型时，会产生大量的制度创业机会，新的利益分配机制、法律规范和共同认知等都亟须建立。

另外，数字技术的产业化意味着大量新兴行业即将诞生，而每一个新的行业也都面临着建立起新的利益分配机制、法律规范以及共同认知的机会。

在带来机遇的同时，数字化也为制度创业带来了挑战。

首先，数据安全给制度创业的过程和方法带来了新的挑战。由于数据这种生产要素的特殊性，我们在使用数据时尤其需要考虑数据安全问题。2021年9月1日，《中华人民共和国数据安全法》正式施行，提出不仅要推进数据开发利用技术和数据安全标准体系建设，还要健全数据交易管理制度，规范数据交易行为，培育数据交易市场。

在制度创业中，如何实现数据安全、个人隐私和商业价值的平衡？第一，要有有力的法律和法治保障。当前，《中华人民共和国数据安全法》已经为数字经济和数据产业的发展提供了有力保障，但是在很多具体的应用领域，数据安全还处于制度空白状态，这使一些在其他行业的制度创业中可以使用的方法可能并不适用于需要进行数字化转型的领域。第二，要有可靠的技术支撑，这些技术可以在保证数据安全和个人隐私的同时，实现数据的商业价值。但是，如何获取和使用这些技术对制度创业者提出了挑战。

其次，数据的产权归属难题给制度创业的利益分配带来了新的挑战。数据具有使用非损耗的属性，表面看起来不具有稀缺性，但因为数据蕴藏着经济利益，这让数据资源变得稀缺起来，导致企业之间的数据争夺战愈发激烈。例如，顺丰与菜鸟的物流数据之争、华为与腾讯的微信数据之争、新浪微博与脉脉的微博数据之争等，都在较大程度上凸显了商业领域数据产权归属的难题，商业数据产权归属难题则进一步引发了利益分配规则的难题。

最后，数字技术为制度创业者建立新的认知带来了挑战。数字技术是科技发展的前沿，由数字技术带来的新应用的可靠性难以获得普遍认同。例如，IBM 沃森医疗人工智能的失败的一个重要原因就是人们不相信人工智能做出的医疗决策。在本章后面即将提到的 S 产品案例中，我们也会遭遇相同的困境。

【例 6-1】数据交易所试图解决产权归属、利益分配等制度难题。

作为一种产品，与传统的商品不同，数据具有难以确定质量、难以确定价格、难以确定产权、易于复制的特点，因此数据交易非常困难。但是，数据交易是数据通过流通产生价值的必然需求。数据交易所是一种新兴的组织，旨在联合各方为数据交易的前期、中期和后期提供服务，帮助解决数据产品的质量鉴定、合规判断、资产评估、建模技术、纠纷仲裁等难题。

2015 年 4 月 15 日，我国首家数据交易所——贵阳大数据交易所正式挂牌运营并完成首批大数据交易。2021 年 11 月 25 日，上海数据交易所揭牌成立，重点聚焦确权难、定价难、互信难、入场难、监管难等关键共性难题，形成系列创新安排：一是在全国首发数商体系，涵盖数据交易主体、数据合规咨询、质量评估、资产评估、交付等多领域；二是在全国首发数据交易配套制度，确立"不合规不挂牌，无场景不交易"的基本原则；三是在全国首发全数字化数据交易系统，保障数据交易全时挂牌、全域交易、全程可溯；四是在全国首发数据产品登记凭证，实现一数一码，可登记、可统计、可普查；五是在全国首发数据产品说明书，使数据可阅读，将抽象数据变为具象产品。

数据交易所能够部分解决数字化制度创业中数据产品的产权归属、利益分配等制度难题，为我们在数字化制度创业中面临的挑战带来一种可能的解决方案。

3. 在新赛道上形成新的制度，建立新的标准

数字化转型中的制度创业者主要在两种行业——成熟行业和新兴行业进行创业活动。制度创业者在这两种行业中面临的制度环境挑战和压力是截然不同的（见表 6-1），采取的方法路径也不尽相同。因此，制度创业者面临的限制和挑战也存在差异，从而需要不同的合法性获取方式。

表6-1 对比成熟行业与新兴行业的制度环境和压力

对比项	成熟行业	新兴行业
制度压力	已形成主导制度，制度压力强	没有形成主导制度，制度压力弱
价值观	存在根深蒂固的结构、规范、共识以及共同的价值观	存在多种多样的结构、规范，没有共识，也不存在共同的价值观
行业状况	行业内的权利结构、地位次序已经形成	行业内的权利结构、地位次序尚未形成
集体身份	有集体身份（如行业协会），可以采取集体行动	没有集体身份，难以采取集体行动

与新兴行业不同，成熟行业已经形成主导制度，存在根深蒂固的结构、规范和共识，制度创业者需要对新的组织形式与既有的组织形式进行整合，或者用新的组织形式替代原有的组织形式，因此必然面临更大的挑战。不过，成熟行业中的制度创业者可以利用自己已经建立的社会地位和形成的集体力量来获取合法性；尽管新兴行业中的制度创业者不会遭遇已有主导制度的强力抵抗，但是制度创业的手段有限，难以利用行业内的集体力量和地位来获取合法性。

2021年12月12日，国务院正式发布《"十四五"数字经济发展规划》，其中提到两个任务——数字产业化和产业数字化。数字产业化更多地涉及新兴行业，旨在培育新业态、新模式；而产业数字化更多地涉及成熟行业。

1）成熟行业数字化转型中新制度逻辑的建立

对于成熟行业，新制度逻辑的建立过程主要包括4个阶段[10]，如图6-18所示。

行业突然震荡，去制度化 ⇨ 前制度化，提出新的实践 ⇨ 理论化，论证新实践的优越性 ⇨ 制度化，建立新的标准

图6-18 成熟行业数字化转型中新制度逻辑的建立

① **行业突然震荡，去制度化。** 因为受到外部事件的影响，主要是技术变化、社会变革或规章制度变革的冲击，行业可能会发生突然震荡。例如，当我国发布分级诊疗的医疗改革政策时，基层医疗机构（如社区医院）必须及时响应国家政策，做出变革。当前，数字化技术飞速发展，几乎导致所有行业出现突然震荡，这使已有的成熟

企业也必须进行制度创业。这一阶段的特征是，行业内已有的制度会发生松动，有人开始反思原有制度的合法性，考虑建立新的制度逻辑。此时，行业内可能会有新的创业主体出现，行业内原有的在位者也可能主动发起制度创业，这称为"去制度化"。

② **前制度化，提出新的实践**。去制度化催生了新的理念，扰乱了行业现有的利益分配机制、法律规范和共同认知，带来了变革机会。在这种情境下，制度创业者开始利用各种资源、独特的可行技术，提出新的实践，这便是前制度化阶段。例如，在分级诊疗政策下，社区医院以数字化技术为连接手段，提出了以护士为主导的慢性病管理的新实践。

③ **理论化，论证新实践的优越性**。理论化是指对新的实践进行阐述说明，目的有两个：一是论证原有做法是有缺陷的；二是解释新实践的因果关系，并简洁地表达新实践的特征及结果。经过理论化，新实践就会变得形式简单、易于推广。例如，社区医院建立起慢性病管理中心，护士担任该中心的主任，同时建立起管理规范与流程，以易于其他医院复制。

④ **制度化，建立新的标准**。理论化的成功意味着新的实践模式得到扩散。新的制度逻辑会随着创新实践的扩散而得到多方认可，最终获得三重合法性——规制合法性、认知合法性和实用合法性。具体来说，在利益分配方面得到社会的认同；在进一步扩散后形成具体的各级规章制度，在政策上得到明确支持；内化为行业内各类群体的习惯，成为行业新的制度。

通过上述 4 个阶段，新的制度便成为新赛道上的新标准，从而在新赛道上形成新的利益分配机制、法律规范和共同认知。当然，上述过程适用于一般情形，对于不同类型的制度创业主体而言，具体的过程和方法可能会有一些区别。

2）新兴行业数字化转型中制度逻辑的建立

在新兴行业，新制度逻辑的建立过程也主要包括 4 个阶段 [11][12]（见图 6-19）。

制造矛盾，前制度化 ⇒ 创建愿景，动员同盟 ⇒ 理论化，建立稳固关系 ⇒ 制度化，建立新的标准

图 6-19 新兴行业数字化转型中新制度逻辑的建立

① **制造矛盾，前制度化**。新兴行业没有现存的主导制度，制度创业者首先要做的就是在目标顾客中制造矛盾，让他们意识到需要有一个新的行业，这个行业的实践能够提供更好的解决方案。回顾第 5 章提到的管理咨询行业的案例，咨询行业的先驱者告诉他们的潜在客户，公司规模越来越大，管理效率越来越低，这不符合进步的价值观。而我们的新服务——管理咨询能够为你们的问题提供解决方案。

② **创建愿景，动员同盟**。新兴行业缺乏明确的主导成员，这有利于制度创业者动员多种组织参与合作，为新实践争取合法性。制度创业者需要创建明确的愿景，号召和动员建立同盟，并在同盟中占据主导地位，聚集更广泛的资源。在第 5 章提到的管理咨询行业的案例中，咨询行业的先驱者与其他领域的权威机构（包括大学、专业协会和专业期刊）建立了联系，以此证明自己的可靠性和声誉，从而宣称管理咨询具有实用价值和规范性。

③ **理论化，建立稳固关系**。制度创业者需要对新兴行业的问题进行抽象分类，以明确具体的问题，然后探究每个问题的成因并提出具体的解决方案。解决方案涉及两种策略：一是聚集不同群体的利益诉求，令人信服地说明新实践是最合适的方案；二是通过讨价还价、谈判、妥协等方式团结不同的利益群体，建立稳固的联盟关系。例如，有几家先驱咨询公司在 1929 年联合成立了咨询管理工程师协会（Association of Consulting Management Engineers，ACME），旨在定义管理咨询的内核与流程，使专业的管理咨询成为解决问题的独特手段。ACME 不仅保证了成员公司的规范性，而且提供了允许所有咨询公司使用的咨询模型，促进了管理咨询的历史连续性和沉淀。

④ **制度化，建立新的标准**。制度化是新实践被大家广泛接受并成为他们行为习惯的过程，具体包括 3 个重要方面：一是与不同利益群体的惯常行为和经济目标相结合，以巩固不同利益群体之间的关系，获得实用合法性；二是得到政策上的持续支持，以保证新制度逻辑的持续性，获得规制合法性；三是与行业中不同利益群体的价值观和认知保持一致，获得认知合法性。

6.3 案例：组织在数字化转型中面临的挑战

下面我们通过一个真实的案例讨论组织在数字化转型中可能面临的挑战。

6.3.1 这是一种颠覆性的新产品吗

A 公司是一家医疗技术公司，主要业务是结合深度学习、计算机视觉和医学图像分析等方面的数字技术，开发数字医疗产品。A 公司推出了一款基于机器学习的新产品——S 软件，S 软件能够替代传统的有创手术的诊断方式。具体来说，医生原来为了判断确诊患者是否放心脏支架，需要开展侵入性冠状动脉造影（Invasive Coronary Angiography，ICA）微创手术，但是现在医生只需要将患者的 CT 血管成像（CT Angiography，CTA）输入 S 软件，不到 8 分钟就可以出诊断结果。A 公司的公开资料显示，如果用 S 产品替代传统的 ICA 方法，每一位患者就可以节约 6000 元的成本，并且 S 产品的准确性达到 92% 以上。S 产品已经获得国家药监局颁发的医疗器械生产许可证。

从上面的分析可以看出，S 产品用无创诊断代替了有创诊断，并且极具成本优势，这是一种颠覆性的数字医疗技术产品。一般来说，像 S 产品这样具有显著优点的创新产品应该大受市场欢迎才对，而 S 产品在现实推广中困难重重。到底是哪里出了问题呢？

6.3.2 产品转型需要新的商业模式吗

下面我们从患者老李的角度看一下 S 产品的商业模式。

在 S 产品出现以前，老李出现冠状动脉疾病的症状后，治疗流程如图 6-20 所示。

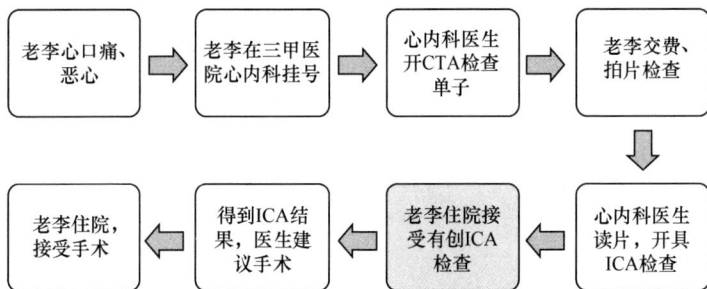

图 6-20　在 S 产品出现以前，冠状动脉疾病患者老李接受治疗的流程

在 S 产品出现以后，假设老李的邻居老王也出现了冠状动脉疾病的症状。与老李不同，老王可以选择不做有创的 ICA 手术，而使用 S 产品。但使用完 S 产品后，结果可能会有两种：一是需要做手术，这时医生会给老王做有创的 ICA 手术，以再次确认是否有必要放心脏支架，然后实施手术；二是不做手术，医生让老王回家，保守治疗即可（见图 6-21）。

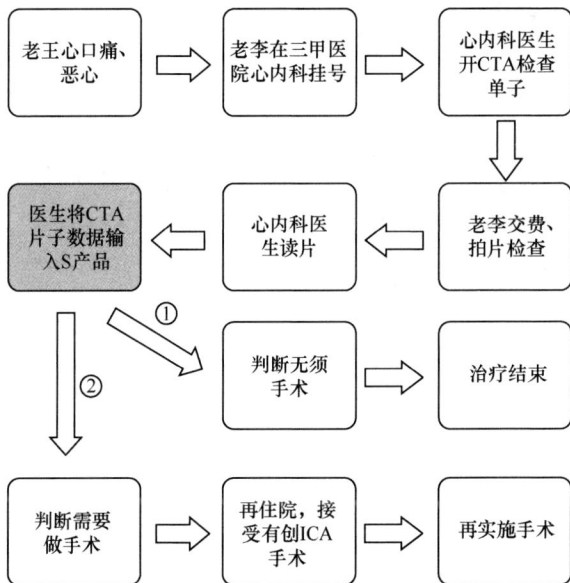

图 6-21　在 S 产品出现以后，冠状动脉疾病患者老王接受治疗的流程

从患者治疗的整个过程看，作为一种颠覆性的产品，S产品并没有给患者的治疗过程带来根本性的变化，反而带来麻烦。对于需要手术的患者，S产品并没有减少有创ICA的环节，因为医生或患者可能不非常相信S产品给出的结论，对于像是否做心脏支架手术这样的重大决策，他们更相信传统的有创方法；而对于不需要手术的患者，在治疗过程中则增加了使用S产品的环节。

下面我们再从商业模式系统的四大模块的角度看一下S产品的商业模式是否具有创新性（见图6-22）。

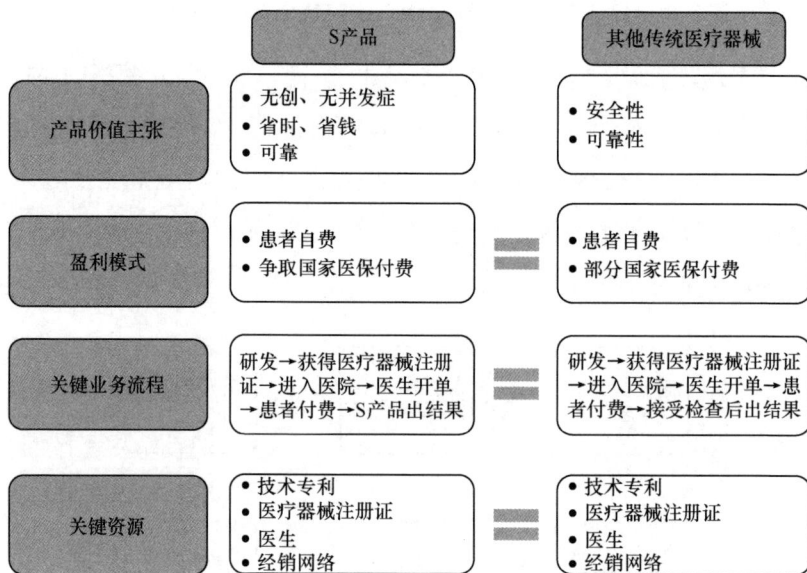

图6-22　对比S产品与其他传统医疗器械产品的商业模式

- 产品价值主张：S产品强调的是为患者提供无创的诊断方式，不会带来并发症，在节约时间和费用的同时拥有与有创的医疗器械相同的可靠性，这与其他传统医疗器械产品提供的价值是不同的。

- 盈利模式：S产品的成本在于研发与销售投入等，收入是患者自费、医保（即社会医疗保险）或商保（即商业保险）付费。向谁收费？如何定价？谁是付费方？这些都与其他传统医疗器械产品是一样的。

- 关键业务流程：S产品的关键业务流程是"研发→获得医疗器械注册证→进入医院→医生开单→患者付费"，这与其他传统医疗企业的关键业务流程是一样的。
- 关键资源：S产品的关键资源是技术专利、国家药监局批准的医疗器械注册证、有资格使用S产品的医生以及遍布全国的经销网络，这与传统医疗企业的关键资源是一样的。

因此，A公司只研发出这样一款具有创新性的S产品，而没有为其设计一套适合的商业模式，"旧鞋走新路"，S产品很难走好。

6.3.3 S产品需要建立新的价值网络吗

医疗行业的一种典型的价值网络如图6-23所示。其中，医保是主要的支付方，在价值网络中处于支配主宰型地位；医院是主要的渠道方，在价值网络中处于网络核心型地位，医院连接着医生、患者、医药、器械、医保、商保等各方；医生是提供价值的关键方；政府部门是监管方；药企、器械、商保、数据公司等在价值网络中处于缝隙型地位。在角色关系方面，医院与医生、医院与医保、医生与医保是联合互补关系，患者与医院、患者与医生是专用互补关系；剩下的则是一般交易关系。

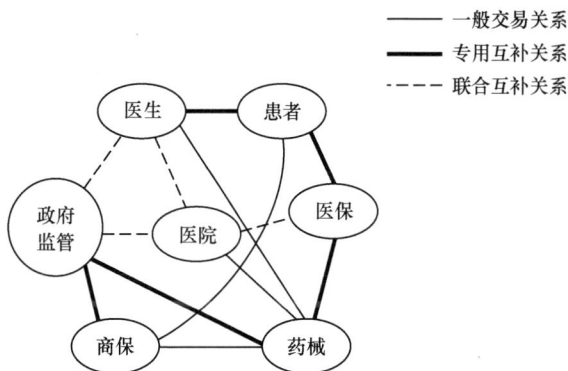

图6-23 医疗行业的一种典型的价值网络

下面我们来看看在 S 产品的价值网络中是否存在角色的变化、角色地位的变化以及角色之间关系的变化。

首先，角色有没有发生变化？

我们可以从 S 产品和传统医疗器械产品进入市场的流程和使用场景观察是否有角色发生变化。传统医疗器械产品从基础研发到最终使用的整个流程如图 6-24 所示：在完成基础研发后，对产品进行临床试验，而后向国家药监局申请医疗器械注册证，通过后便可以向各省市推广，从各省物价局获得物价编码，进入医院的收费项目，由医生为患者开具处方，通过患者自费、医保或商保付费获得收益。

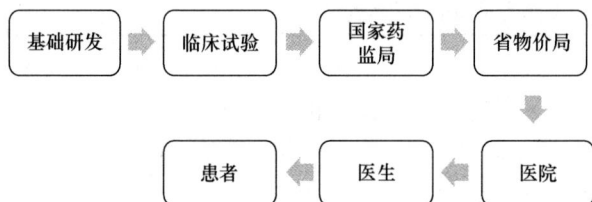

图 6-24 传统医疗器械从获批到患者使用的流程

S 产品遵循同样的流程，涉及的价值网络中的角色完全一致，包括医院、医生、患者、政府部门等。6.3.1 节描述了 S 产品的使用场景，其间角色也没有发生变化。

其次，角色的地位有没有发生变化？

从 A 公司对价值网络中各参与者的重视情况可以看出，A 公司对其关键伙伴的描述与其他传统医疗企业基本上一样。例如，我们邀请了知名医院的什么人？我们邀请了什么组委会的委员？我们在多少所三甲医院进行了临床研究？我们在国际期刊上发表了什么成果？我们建立了全国性的经销网络，我们具有丰富的医疗行业营销经验，我们争取进入医保目录等。

从中我们可以发现，S 产品和其他传统医疗器械产品一样，也将自己看作缝隙型参与者，并努力参与现有的以支配主宰者（医保）和网络核心者（医院）为主体的价值网络。

最后，角色之间的关系有没有发生变化？

对于医院、医保、医生、患者等价值网络中的角色来说，S产品是一般交易类型的，A公司并没有让自己成为价值网络中不可替代的角色，也没有与哪个关键角色建立起专用互补关系或联合互补关系。

总之，A公司并没有改变价值网络中的角色、角色地位或角色之间的关系。因此，A公司的S产品仍在努力嵌入已有的、成熟的价值网络。**没有新的价值网络，新进入者在进入已有的价值网络后，常常孤掌难鸣。**

6.3.4　**S产品在当前的制度压力下可以生存吗**

正如A公司的公开资料中所显示的，我们是中国人工智能医疗器械行业的开创者和领军者，这让S产品虽有先发优势，但有制度上的劣势。医疗器械领域的数字医疗产品目前还是新鲜事物，未经市场检验，缺乏广泛的市场认可，因此A公司还需要改变人们对数字医疗产品的认知。"S产品可靠吗？""我可不敢相信计算机做出的诊断结果！"此类评价就是典型的制度环境中的认知难题。

我国目前还没有发布专门针对数字医疗产品的法律规范。S产品主要遵循的是一般医疗器械的规定，同时遵循大数据安全法、网络安全法的规定。但是，数字医疗产品本身有其特殊性，如何推动制度规范适合S产品的发展也是A公司面临的一项重大挑战。**没有适合新进入者的制度保障，小小幼苗难以长大。**

综上所述，S产品虽然是一种颠覆性的创新产品，但是A公司在商业模式、价值网络和制度环境层面都没有实现转型。这就解释了为什么优势明显的S产品并没有受到市场的欢迎，而在转型的道路上困难重重。

6.3.5　**数字化转型的"四级火箭"挑战**

A公司在数字化转型中遭遇的困境也正是大多数公司疑惑的地方：这明明开发出一款非常有优势的数字化产品，为什么用户不买账？究其原因，数字化转型不仅是产品的事。

数字化转型是利用数字化技术进行的一种组织转型。既然是一种组织转型，就必然涉及产品、商业模式、价值网络和制度的多层次变革。因此，数字化转型面临的"四级火箭"挑战——产品、商业模式、价值网络和制度环境都需要转型（见图6-25）。

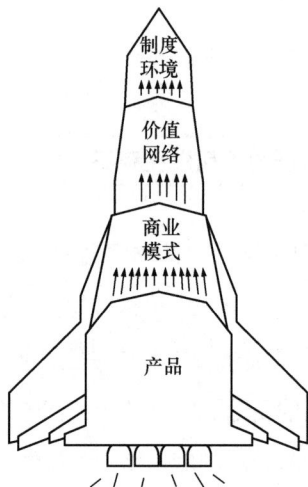

图 6-25　数字化转型的"四级火箭"挑战

6.4　如何成功实现数字化转型：多层次架构创新

6.4.1　什么是架构

金刚石和石墨都是由碳原子构成的，金刚石无色透明、硬度处于摩氏硬度表的最高级，石墨却深灰不透明、质软有滑腻感。为何会如此呢？根本原因在于碳原子的连接方式不同（见图 6-26），这就是架构的魅力。架构指的是核心组件的相互连接关系。

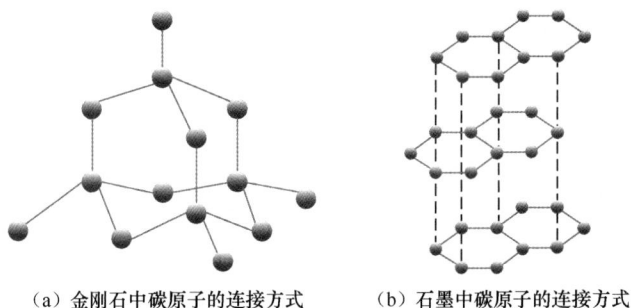

（a）金刚石中碳原子的连接方式　　　（b）石墨中碳原子的连接方式

图 6-26　对比金刚石和石墨的碳原子连接方式

核心组件在客体中占据最大价值，对性能具有决定性影响；从组件之间的关系来看，核心组件与其他组件是紧密耦合的。核心组件的这两个特点共同决定了其在产品服务系统中的核心位置。

对核心组件进行创新是十分常见的，核心组件的变化也推动了其他边缘组件的发展，甚至驱动着系统级别的创新 [13]。例如，汽车的核心组件是发动机，计算机的核心组件是 CPU，充电宝的核心组件是电芯（即电量储存器）等。

进行组件之间关系的连接需要用到架构性知识。架构性知识就是关于组件如何集成为整体的知识，包括组件是如何整合的、组件之间是如何连接的等 [14]。

6.4.2　什么是创新

根据创新的程度是颠覆性的还是改进性的，以及创新是改变核心组件还是改变连接方式，创新可以分为渐进式创新、突破式创新、模块式创新和架构式创新 4 种类型 [14]，如图 6-27 所示。

从图 6-27 可以看出，针对核心组件和组件关系的持续改善是渐进式创新。顾名思义，**渐进式创新**是渐进的、连续的，沿着主导设计的技术曲线持续改善、强化现有产品性能，不涉及架构的颠覆性变化，其主要目的是迎合当前主流客户需求。比如，在燃油汽车的升级迭代中，对发动机的燃油经济性、环保性、动力性等性能所做的持续改善就是一种渐进式创新。渐进式创新在组织中最常发生。

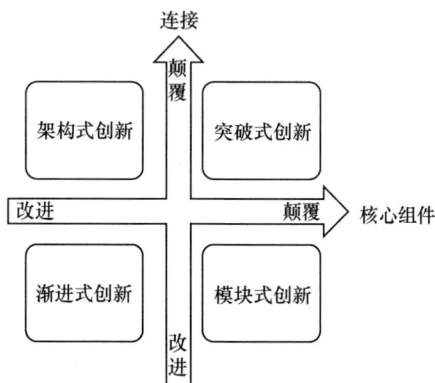

图 6-27　创新的 4 种类型

与渐进式创新相反的是**突破式创新**。突破式创新是指将一套颠覆性的核心组件设计用一种新的颠覆性结构连接起来。突破式创新破坏了现有的技术发展轨迹，因而很容易识别，一般可以理解为从无到有、从 0 到 1，比如，从蒸汽动力汽车到汽油动力汽车、从人工驾驶到无人驾驶等。

通常来说，突破式创新的风险较高、不确定性较大，但是一旦成功，就极有可能获得持续的竞争优势，因此很多企业（尤其是那些领先企业）非常重视这种激烈的、破坏性的变化。

模块式创新旨在改变核心组件的设计理念，但不改变系统整体的结构。与渐进式创新一致，模块式创新通常出现在主导设计确定下来之后，在不改变组件连接规则的前提下，针对特定组件或模块的设计进行颠覆性改变，以期提高特定组件或模块的性能。

特斯拉的首席执行官埃隆·马斯克（Elon Musk）认为，特斯拉将汽车从燃油车变成纯电动汽车是一种颠覆性创新，但首创颠覆性创新的克里斯坦森不这么认为。

我们的观点是，电动汽车中除动力系统从燃油发动机变成电动机之外，汽车的动力系统与其他诸如变速箱、离合器等传动系统，车轮、车身等行驶系统，以及制动系统等的关系并未发生颠覆性变化。因此，从燃油汽车到电动汽车实际上是一种模块式创新，而模块式创新并不属于颠覆性创新。

架构式创新的本质在于对已有系统进行结构重组，以及对现有的核心组件进行性能改进，但最主要的是将核心组件按照一种新的方式连接起来。换句话说，架构式创新不涉及对核心组件的设计理念的颠覆性改变，各组件背后的基本知识不变。例如，优步公司并没有改变原有的角色，而将租车服务中原来的司机和乘客之间的直接临时雇用关系变成了通过第三方平台间接连接的服务关系。

架构式创新使原有组件背后的相互连接关系的知识变得过时。如果组织不能克服惯性，仍沉迷于现有流程和模式曾给组织带来的成功，则很有可能创新失败。

6.4.3 数字化转型与创新

我们花了这么大篇幅介绍这些不同类型的创新，那么这些创新与数字化转型有什么关系呢？

前面我们曾强调，数字化转型既是一种激烈的、不连续的、彻底的变革，也是一种典型的组织转型。在这样的转型需求下，渐进式创新的力度和幅度就显得过于温和了，起不到效果；而模块式创新只改变组件性能，不改变关系连接和原来的赛道，因此**二者都不涉及组织的转型**。此时，要想实现数字化转型，只有两种创新模式——**突破式创新和架构式创新**可以选择。

既然有两种创新模式可以实现数字化转型，那么是不是选哪种模式都可以呢？突破式创新也可以实现数字化转型，但是突破式创新的门槛更高，不仅要颠覆对关系连接的认知，还要颠覆核心组件的技术知识。虽然这种改变一旦成功，就可能具有划时代的意义，但是需要组织有足够的研发能力、创新水平、资源、禀赋以及长期投入的魄力。

由此可见，对于组织尤其是初创企业来说，这不是一条人人都能走的康庄大道。相比之下，架构式创新就显得没有那么荆棘丛生了。组织可以通过调整内部流程、组织能力等，匹配架构关系的创新改变，以达到组织转型的效果。这不仅风险小，而且收益同样显著。

利用架构式创新实现数字化转型的首要任务是进行**产品层的架构式创新**。这是一种利用数字化技术再造产品组件之间连接方式的创新，涉及对场景的深刻洞察以及对用户的重新思考，进而为用户带来全新的价值。

通过进行产品层的架构式创新打造出过硬的、颠覆性的产品价值只是第一步。全新的价值主张需要全新的**商业模式**的支持，重塑价值的创造、生产和获取过程，这与"脚变大了，鞋子的尺码也要跟着变"是一个道理。在产品层的架构式创新的基础上，进行商业模式层的架构式创新。举一个例子，当手机的价值从通信转向人机交互体验时，手机厂商就需要将获利模式从"一锤子买卖"转变成提供持续服务并收费，同时改变与顾客的连接关系，由交易型变为伙伴型，提供多方互动平台。

颠覆性产品的价值扩散和商业模式的扩张应当是在全新的价值网络中实现的。在快速发展的数字化时代，致力于转型的组织需要**重构价值网络中的角色以及角色之间的连接关系，在价值网络层进行架构式创新**，从而利用创新的网络，更好地实现网络效应、规模效应和学习效应，实现真正的商业数据智能，达到价值主张的自我更新和自我转型以及组织角色的不断去中心化和平台化。

最关键的是，新产品和新价值要想成为新的认知和规范并获得合法性，就必须处理好与既有制度的关系。新旧制度之间可能存在多元或冲突关系，组织应发挥主观能动性，尽力推动新旧制度的融合或并存，这是应对组织转型的一种有效方法。组织可以**在制度层进行架构式创新，通过对新旧制度模块进行重新组合或者让它们同时并存等方法，应对组织转型中的挑战。**

由此可见，为避免新的数字化价值主张昙花一现，价值主张的持续盈利、增值扩散、自我强化和获取认同等环节缺一不可。架构式创新也面临着"四级火箭"挑战（见图6-28），对任何环节的忽视都将导致数字化转型无法取得预期效果，甚至失败。

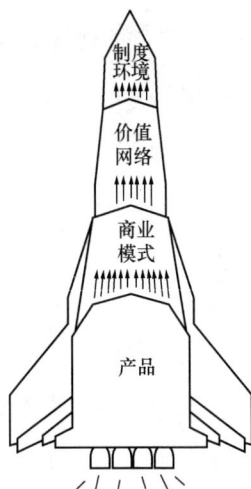

图6-28 架构式创新的"四级火箭"挑战

6.4.4 数字化技术的多层模块化架构式创新

1. 分层模块的数字化技术

需要强调的是，为了成功实现数字化转型，组织需要进行"四级火箭"般的分层式飞跃，这不仅因为组织转型的多层次变革要求，还因为这是数字化技术的本质要求。

1）数字化技术的分层式架构

可重复编程性和数据同质化特性催生了数字化技术的分层式架构（layered architecture）[15]。当把这种架构嵌入物理产品时，我们可以通过基于软件的功能增强产品性能。软件体系结构的栈分层视图就是这种架构的体现（见图 6-29）。

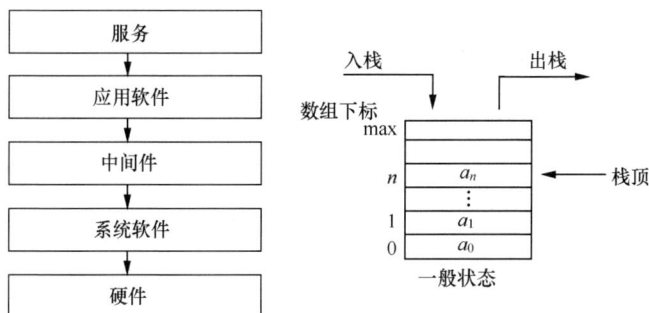

图 6-29 软件体系结构的栈分层视图

栈指将软件划分为不同的层或单元（通常称为虚拟机），每个单元提供一组内聚的服务，其他软件可以利用这些服务，而不需要知道它们的实现方式。这些单元或层之间相互作用的严格顺序关系通常可以表示为栈。

分层系统指底层通常使用计算机、通信通道、分发机制、进程调度程序等构建而成，并且独立于可能运行在其上的应用程序。较高的层只能使用较低层的设施，并且更加独立于在较低层工作的硬件。因此，当计算平台或环境发生变化时，我们不必更改更高的层。较低层发生的更改不需要在较高层进行相应的更改，而较高层发生的更改同样不会影响较低层。

由于数字技术的可重复编程性和数据同质化特性，软件开发人员可以仅仅关注栈的一层或几层，并依赖其他开发人员在其他层提供必要的功能。相应地，我们可以从这种软件开发体系结构中总结出数字技术的分层式架构。

以互联网这一典型产品（或服务）为例：可重复编程性促使指令获取和数据操作的可分离，因此互联网的产品设备与服务也可分离；数据同质化特性促使内容和媒体的可分离，因此互联网的产品网络与内容也可分离。

数字化技术的分层式架构由 4 层组成（见图 6-30）[7]。

■ 设备层：可以进一步划分为物理机械层（如计算机硬件）和逻辑能力层（如操作系统）。逻辑能力层提供对物理机械的控制和维护并将物理机械连接到其他层。

■ 网络层：可以进一步划分为物理传输介质层（包括电缆、无线电频谱、发射机等）和逻辑传输层（包括 TCP/IP 和点对点协议等网络标准）。

■ 服务层：直接为用户创建、操作、存储和使用内容提供服务的应用程序功能。

■ 内容层：包括存储和共享的文本、声音、图像与视频等数据。内容层还提供关于内容来源、所有权、版权、编码方法、内容标记、地理时间戳的元数据和目录信息等。

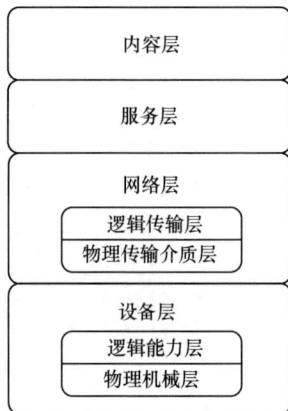

图 6-30　数字化技术的分层式架构

上述 4 层代表不同的设计层次，在每一层，组件的单独设计决策可以在最少考虑其他层的情况下做出。这给数字化产品的创造提供了无限可能：改变层间组件的连接方式便是一种全新的数字化产品——产品层的架构式创新。例如，边缘计算改变了计算的范式，通过将计算、分析和存储下沉到最近端，极大减轻了云端负荷，提高了应用程序的响应速度。

2）数字化技术的模块化架构

在智能互联时代，结合了物理工件的模块化架构（modular architecture）以及数字工件的分层式架构已经成为近年来数字产品的通用主导范式。

模块化主要用于降低复杂性和增强灵活性，具体指的是将系统分解为不同程度的相互依赖和独立的部分，并将每一部分的复杂性隐藏在它们各自的表象和接口之下 [16]。当产品系统可以分解成许多组件时，它们就是模块化的，这些组件可以在各种配置中混合或匹配 [17]，以提供大量潜在的产品变体、特殊功能或性能 [18]。例如，个人计算机最初是作为一体式产品包推向市场的（如英特尔的 MCS-4 以及 Kenback-1、Apple II 或 Commodore PET），但很快就演变成模块化系统，以便混合或匹配来自不同供应商的组件。

通过遵循标准化接口，组件能够以某种方式连接或交换资源（如能源或数据）。因此，许多系统开始向增加模块化的方向发展，最初紧密集成的系统被分解为松散耦合的组件。这些组件可以独立设计，但需要专门与系统中的其他特定组件作为整体一起工作。

这种产品的模块化设计是通过按照功能设计层次结构将产品分解为组件来启动的 [19]，因而产品与其组件的关系是固定的，考虑到关系的嵌套性质和固定的产品边界，聚合所有组件即可得到产品。

模块化的产品是松散耦合的组件系统，产品的模块化指的是系统组件可以分离和重组的程度。因为产品的变化可以通过将不同的模块化组件替换到产品架构中来实现，而不必重新设计其他组件，所以组件的混合、匹配能力越强，产品的模块化程度越高，从而使产品的最终配置具有更大的灵活性和多样性。

3）数字化技术的分层模块化架构

随着企业越来越多地将数字组件嵌入物理产品，分层模块化架构（layered modular architecture）应运而生（见图 6-31）。分层模块化架构是模块化架构和分层式架构的混合体。其中，每一层都由一组模块化的组件组成，并且每一个功能层都为其他模块提供一个接口来访问功能，层和组件之间的边界（或接口）控制信息的移动，单一层内一个模块的输出将成为另一个模块的输入[21]。

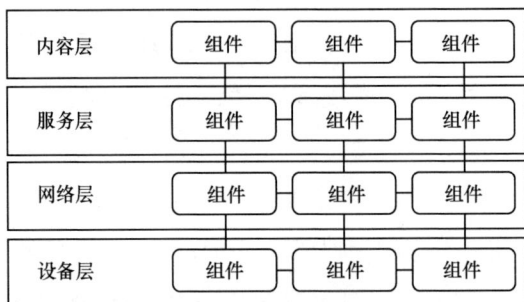

图 6-31　数字化技术的分层模块式架构

　　虽然采用了基于固定产品边界的传统模块化架构，但由于分层模块化架构基于分层式架构的多层次设计结构，因此它在产品层面没有固定的边界。因此，这种架构下的组件设计几乎不需要特定于产品的知识，组件与产品没有直接相关性。相反，产品是通过编排来自一组异构层的组件的集合归纳而成的。例如，谷歌地图由内容（即地图）层和服务（如搜索、浏览与导航）层捆绑组成，内容层和服务层之间具有不同的接口——应用编程接口（Application Programming Interface，API）。谷歌地图既可作为一个独立的产品使用，也可以各种不同的方式使用，并与许多不同的设备（如台式计算机、移动电话、电视、汽车、导航系统）捆绑在一起。

　　因此，模块化架构使产品在灵活程度上产生差异，分层模块化产品的异构层次设计会使产品在种类上产生差异，最终这种差异使组织针对每一个顾客的定制化产品或服务得以实现。

2. 数字化技术的分层模块化架构式创新

　　基于分层模块化架构的主导范式，数字产品的开发方向主要有两个——针对模块组件的改进或替换，以及针对连接关系的跨模块或跨层次架构的创新。这里主要关注其中的分层模块化架构式创新。

1）同一层次，通过跨模块耦合融合新功能

跨模块的架构式创新有 3 种逻辑。

■ 把以前不兼容的其他主流架构中的模块引入现有架构层。

■ 主动创造新的模块，并引入现有架构层。

■ 对以前架构层中关联度低的模块之间的连接进行重新设计，形成新的架构层。

2）不同层次，通过跨层次耦合生成新功能

在分层模块化架构中，每一层都依赖下面的层，并与之互补。因为架构的每一层都在不同组织之间发生竞争，所以低层的供应商试图向更广泛的上层供应商提供服务。较低层的供应商需要与较高层的供应商集成。跨层次的架构式创新也有 3 种逻辑。

■ 把以前不兼容的其他主流架构中的层次引入现有架构。

■ 主动创造新的架构层，并引入现有架构。

■ 对以前没有相互捆绑的架构层进行更高水平的耦合或集成。

我们发现，基于分层模块化架构的 6 种数字化产品的开发方式都是对组件之间联系方式的改变，要么改变整体架构系统中架构层之间的分层联系，要么改变单一架构层的系统中模块之间的联系。因此，当采用分层模块化架构进行数字产品的开发时，基于跨层次和跨模块的任务协调活动，我们可以使组织的管理逻辑向架构式创新的内涵发展，同时进一步将范围扩大到组织的商业模式和价值网络的设计中。

3. 数字化转型下的 4 层架构式创新

数字化技术的分层模块化架构式创新与数字化转型的 4 层架构式创新在设计逻辑、路径方法、组织能力和文化上可以互相匹配、相互促进发展（见图 6-32）。数字化技术的分层模块化设计特点模糊了产品的边界：对产品的控制分布在多个层次、多个模块、多个组织，产品提供的知识和服务也分布在多个学科和多个组织。

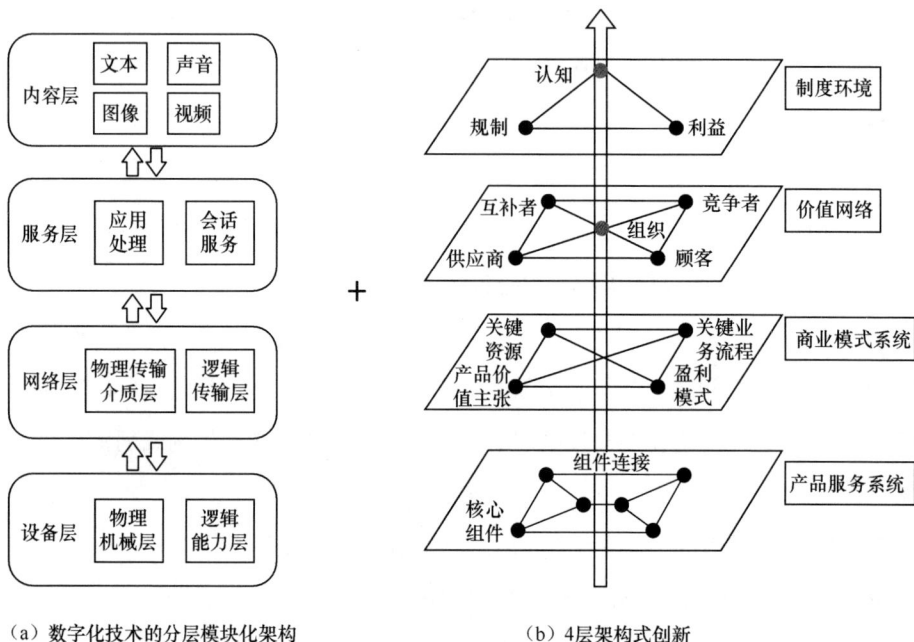

（a）数字化技术的分层模块化架构　　　　（b）4层架构式创新

图 6-32　数字化技术的分层模块化架构与 4 层架构式创新

数字化技术的分层模块化架构导致一种全新的组织间关系——组织相互之间存在着既竞争又合作的关系。组织推出的数字化产品既是可以独立运行的系统，也是其他组织数字化产品的组件；它们可能在某一层是竞争关系，但是当分属不同的层时又是合作关系。比如，Kindle 电子阅读器与苹果公司的 iPad 在某种程度上是竞争关系，但 Kindle 应用程序又是 iPad 的组件提供商，这便于新的价值网络的架构重组。

数字化技术和数字化转型都要求组织在利益分配机制、法律规范和共同认知上进行全新的构建。数字化技术的本质特点有效推动了组织的数字化转型，而推动数字化转型的"四级架构式创新"也使组织有能力进一步加快其数字化技术的发展。

6.4.5　案例：苹果公司的获胜秘诀——"四层架构式创新"

要实现数字化转型，组织就必须有"四级火箭"的推动，从而跨越 4 个层次的挑战。为此，组织需要进行多层次的架构式创新。我们看一个典型的例子：iPhone 是如何应用多层架构式创新实现颠覆性转型的？

1. 产品架构创新

在以诺基亚为代表的功能机的产品架构（见图 6-33）中，手机将通信、软件、系统等集成在一起。这种软 / 硬件一体、封装定型的架构能够存在的根本原因在于彼时尚处于"硬件为王"的年代，软件只是硬件的附属品，产品的价值来源于产品的质量。

这就导致诺基亚如同一棵枝丫横生的大树，产品系列很多，可以为不同市场的不同用户提供相应的机型（见图 6-34）。由于诺基亚手机都是封装定型的，因此产品标准不一、界面不一。对于出厂后的诺基亚手机而言，若想扩展功能，则需要应用程序开发者为每一个机型重新设计界面和操作方式。

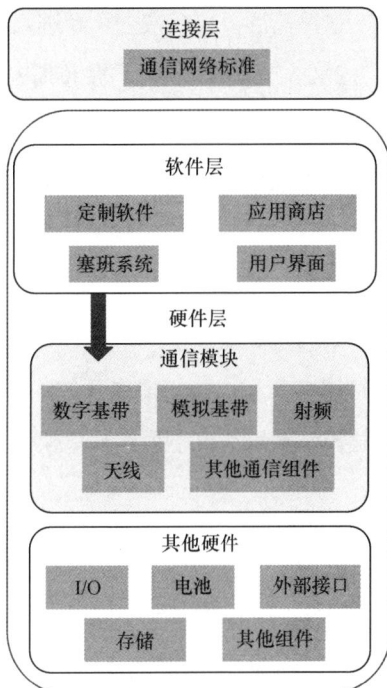

图 6-33　诺基亚手机的产品架构

图 6-34　诺基亚如同一棵枝丫横生的大树，产品系列很多

247

这种情形很快就被一个新进入者打破。

2007 年 6 月 29 日，乔布斯在美国旧金山的 MacWorld 大会上发布了 iPhone。在诺基亚等传统手机厂商的眼中，iPhone 在技术上实在是乏善可陈：信号不佳，通话时常掉线，运行速度卡慢，操作不稳定，没有复制 / 粘贴功能，不支持彩信、蓝牙、GPS，甚至还停留在网速较慢的 2G 网络时期（而当时诺基亚的 N95 和 Lumia系列机型已经支持 3G 网络）。但是，iPhone 提出了**人机交互体验的新价值主张**。

不同于诺基亚手机，iPhone 的样式单一。iPhone 也不像诺基亚那样将软件和硬件封装在一起，而将操作系统和软件开发与硬件设计分离，不再为特定的机型设计底层操作系统，也不再定制化软件（见图 6-35）。

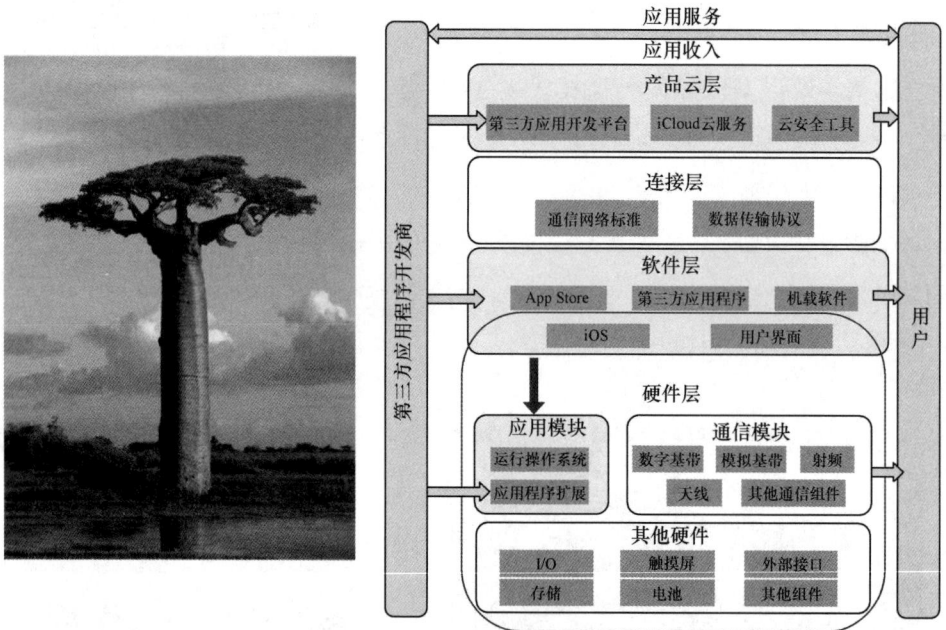

图 6-35 iPhone 的产品架构

iPhone 的这种产品架构表现出极强的兼容性和可供性。如果用一棵树来形容iPhone 的产品架构创新，则它一定是一棵主干强壮且没有分叉的大树。

也就是说，iPhone 对原本用硬件层和软件层封闭的手机产品架构进行了重新组合：将硬件和操作系统封装，而开放软件层的应用程序。通过改变软件层和硬件层的连接方式，虽然 iPhone 只是一款手机，但是它可以通过多样的 App 实现体验功能的多样性（见图 6-36）。

图 6-36　iPhone 丰富的应用程序

2. 基于平台的商业模式和价值网络的架构式创新

一直以来，功能机采取的都是传统的管道模式。以诺基亚手机为代表，手机产品最重要的价值主张是通话质量，主要依靠高质量、低成本的性价比获取收入。为了保证这一点，诺基亚的一系列关键资源都是围绕质量上乘、价格合理的价值主张打造的，其中包括领先的技术优势、丰厚的知识产权、全球化的物流和分销网络、合作紧密的供应商以及强大的品牌效应和规模经济效应等。在业务流程上，则进行从设计研发到生产制造以及从物流到销售的全链整合。

由此可见，诺基亚的价值网络是以管道模式为核心的典型的线性价值链。其中，诺基亚处于中心位置，诺基亚与其他角色的关系是一般交易关系（见图 6-37）。

苹果公司则从管道模式发展为平台模式，重新定义了供应者、互补者和顾客的新价值网络。2008 年，苹果公司推出了移动互联时代的里程碑产品——App Store。App Store 为第三方应用程序开发者提供了丰富的应用程序开发工具包，给应用程序的验证、发布甚至收费提供了便利的流程和平台。第三方应用程序开发者不必再苦苦辗转于多个互不兼容的系统，而可以把精力集中于应用程序的开发上。由此，App

Store 吸引了无数的应用程序开发商，引发应用程序的爆炸性增长，iPhone 成为可以提供各种知识和服务的平台。

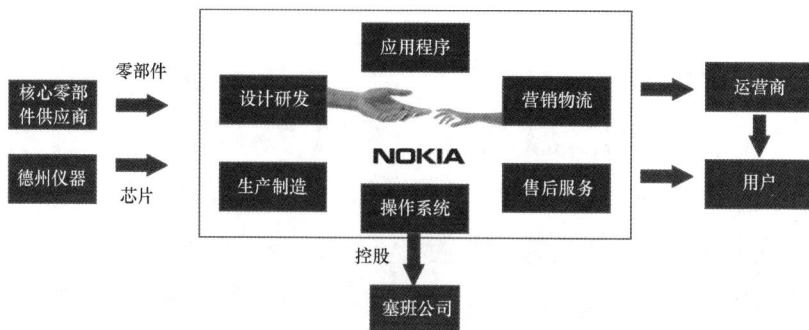

图 6-37　诺基亚的线性价值链

对于用户而言，App Store 提供了一个简单方便的渠道。App Store 简化了用户搜索、购买和安装软件的流程，并鼓励用户为他们的智能设备扩展更多功能。iPhone 则作为平台从用户付费中分成。

在产品的设计上，iPhone 抛弃了键盘和触控笔，而以 3.5 英寸①的多点触控屏幕代替。事实上，iPhone 不是第一部应用触摸屏的手机，全屏设计也非 iPhone 专属。iPhone 只通过架构式创新重新定义了软件、系统和硬件之间的关系，并依靠多点触控屏幕连接方式，让屏幕可以流畅地缩放，用户只需要拖动程序，就可以在不同的界面之间自由切换，连小孩子都能轻易上手，从而给用户带来人机交互的极佳体验。

第三方应用程序也可以作为搭载于手机上的平台，连接内容提供者和用户。内容创作者通过 App 提供服务、展示内容；而优质、丰富的内容又帮助 App 吸引新的用户，增强用户黏性。这可以帮助苹果公司强化 iPhone 作为平台者的角色。

因此，iPhone 所打造的"平台价值网络"的强大之处在于重构了价值网络的关系，增加了多重角色，形成了消费者和生产者的双边网络效应：用户吸引应用程序

① 1 英寸约等于 2.54 厘米。

开发者，应用程序开发者吸引用户。在此基础上，又衍生出内容和服务提供者等角色，扩大移动互联的范围，再次强化 iPhone 作为平台者的中心角色，从而脱离了如诺基亚一般"卖硬件"的窠臼（见图 6-38）。

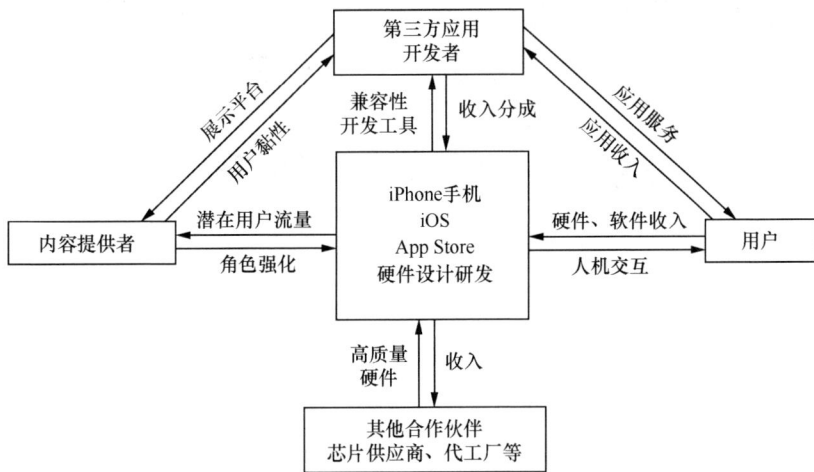

图 6-38 iPhone 的平台价值网络

iPhone 的商业模式与诺基亚手机的商业模式迥然不同。iPhone 提供的价值主张是极致的人机交互体验；iPhone 的收入来源多种多样，而非局限于出售硬件；iPhone 依托的关键资源是数字技术的网络效应和规模效应，关键业务是 iOS、App Store 和核心组件的设计研发。

3. iPhone 定义新标准的制度创业

在乔布斯推出 iPhone 之前的功能机时代，功能机的样式纷繁多样，有滑盖的、翻盖的，也有 9 键的、26 键的，还有带天线的、电容屏的；但如今的智能手机大同小异，一整块全面屏，外壳边缘有少量的关机键、音量键、接口等（见图 6-39）。在家里，如果每个人的手机都放在桌子上，大多数人在找自己手机的时候可能会习惯性地翻过来看看，确认这是自己惯用的手机壳后，才拿起自己的手机。

全面屏的主导设计，将硬件设计和软件运行分离的产品架构，兼容性强、界面统一的操作系统，依靠应用程序实现个性化、定制化的人机交互需求，这便是iPhone 对智能手机标准和认知规范的重新定义。

图 6-39　iPhone 对手机做了重定义

综上所述，在功能机如日中天的时代，iPhone 可以从偏离主流设计的新进入者成长为行业的"金刚"，主要归因于以下 3 个方面。

■ 基于分层模块化架构设计，iPhone 通过产品架构创新打造了新的人机交互价值主张。

■ 改变了硬件产品的管道模式，建立了新的基于平台的商业模式和价值网络。

■ 开创了移动互联的新时代，iPhone 所推崇的人机交互和全屏设计成为行业的主导设计，彻底改变了人们对于手机的使用和认知。

于是，iPhone 在产品、商业模式、价值网络和制度环境 4 个层面战胜了架构式创新的"四级火箭"挑战，最大程度实现并扩散了产品的价值主张，打造出多主体循环互利的平台生态系统，成为智能机赛道的缔造者。

本章要点

■ 数字化转型是利用数字化技术进行的转型，是指组织在产品、商业模式、价值网络和制度环境 4 个层面发生的、不连续的颠覆性变革，这会产生新的商业价值。

■ 组织在进行数字化转型的过程中需要经历 5 个阶段：①利用数字化设计思维

成为数字化学习者，核心产出是可视化的产品原型；②利用数字化系统思维成为数字化探索者，核心产出是数字化的产品系统；③利用数字化精益创业思维成为数字化提升者，核心产出是可持续盈利的数字化商业模式；④利用数字化平台思维成为数字化转型者，核心产出是具有商业智能的价值网络；⑤利用制度创业思维成为数字化领导者，核心产出是在新赛道上形成的新的制度逻辑。

■ 组织在数字化转型中面临着"四级火箭"挑战，组织在产品、商业模式、价值网络和制度环境 4 个层面都需要转型。

■ 组织可以通过多层模块化架构式创新实现数字化转型。

参考文献

[1] CHRISTENSEN C M. 创新者的窘境 [M]. 胡建桥，译 . 北京：中信出版社，2020.

[2] 曾鸣 . 智能商业 [M]. 北京：中信出版社，2018.

[3] BRIAN L. 设计思维：建筑设计过程解析 [M]. 3 版 . 范文兵，范文莉，译 . 北京：中国水利水电出版社，2007.

[4] LEWRICK M，LINK P，LEIFER L. 设计思维手册：斯坦福创新方法论 [M]. 高馨颖，译 . 北京：机械工业出版社，2020.

[5] RIES E. 精益创业：新创企业的成长思维 [M]. 吴彤，译 . 北京：中信出版社，2012.

[6] PARKER G G，VAN ALSTYNE W M，CHOUDARY P S. 平台革命：改变世界的商业模式 [M]. 志鹏，译 . 北京：机械工业出版社，2017.

[7] YOO Y, HENFRIDSSON O, LYYTINEN K. Research Commentary——The New Organizing Logic of Digital Innovation：An Agenda for Information Systems Research[J]. Information Systems Research, 2010,

21(4): 724-735.

[8] BATTILANA J, LECA B, BOXENBAUM E. 2 How Actors Change Institutions: Towards a Theory of Institutional Entrepreneurship[J]. Academy of Management Annals, 2009, 3(1): 65-107.

[9] 尤树洋，杜运周，张祎. 制度创业的概念述评、量化分析与研究展望 [J]. 管理学报, 2015, 12(11): 1718-1728.

[10] GREENWOOD R, SUDDABY R, HININGS C R. Theorizing Change: The Role of Professional Associations in the Transformation of Institutionalized Fields[J]. Academy Management Journal, 2002, 45(1): 58-80.

[11] MAGUIRE S, HARDY C, LAWRENCE T B. Institutional Entrepreneurship in Emerging Fields: HIV/AIDA Treatment Advocacy in Canada[J]. Academy Management Journal, 2004, 47(5): 657-679.

[12] DAVID R J, SINE W D, HAVEMAN H A. Seizing Opportunity in Emerging Fields: How Institutional Entrepreneurs Legitimated the Professional Form of Management Consulting[J]. Organization Science, 2012, 24(2): 356-377.

[13] ANDERSON P, TUSHMAN M L. Technological Discontinuities and Dominant Designs: A Cyclical Model of Technological Change[J]. Administrative Science Quarterly, 1990, 35(4): 604-633.

[14] HENDERSON R M, CLARK K B. Architectural Innovation: The Reconfiguration of Existing Product Technologies and the Failure of Established Firms[J]. Administrative Science Quarterly, 1990, 35(1): 9-30.

[15] GAO L S, IYER B. Analyzing Complementarities Using Software Stacks for Software Industry Acquisitions[J]. Journal of Management

Information Systems, 2006, 23(2): 119–147.

[16] BALDWIN C Y, CLARK K B. Design Rules: The Power of Modularity[M]. Design Rules: The Power of Modularity, 2000.

[17] SCHILLING M A. Toward a General Modular Systems Theory and Its Application to Interfirm Product Modularity[J]. Academy of Management Review, 2000, 25(2): 312–334.

[18] ANCHEZ R, MAHONEY J T. Modularity, Flexibility, and Knowledge Management in Product and Organization Design[J]. Strategy Management Journal, 1996, 17(S2): 63–76.

[19] CLARK K B. The Interaction of Design Hierarchies and Market Concepts in Technological Evolution[J]. Res Policy, 1985, 14(5): 235–251.

第**7**章

回到原点，如何精准找到新顾客

∙—∙

【例7-1】无人银行陷入窘境。

某日，一位老者风尘仆仆地赶到一个银行网点，计划办理一张银行卡。当他走进这个银行网点时，他愣住了，里面空无一人，只有一排崭新的自助终端机兀自闪闪发亮（见图7-1）。

图 7-1 无人银行

他皱起眉头，在银行大厅里走来走去，试图寻找能够办理柜台业务的柜员。他找了 10 分钟，却连一名银行员工都没有找到。那里既没有柜员，也没有大堂经理和保安，甚至连办公室都没有。他感到十分疑惑。

他看着摆放在银行大厅中央的几台自助终端机，决定不再寻找，而到机器上尝试自行办理。可是，屏幕上花花绿绿的按钮让他眼花缭乱："现金业务""非现金业务""其他业务"……到底应该选哪一项来办理银行卡呢？"不管了，先选'其他业务'试试"，他心想。

他从口袋里掏出身份证，塞进了终端机的读卡槽。"嘀嘀嘀"，终端机开始报错，屏幕上不停地闪烁一行红色的警告大字"非本接口可识别卡片，请收好您的证件！"仍在愣神的他被终端机的警报声吓了一跳。他急忙收好被机器退回的身份证，也不敢再做什么操作，连走两步离开了终端机。

"这是什么无人银行啊，我看分明就是没有人去的银行！"他在心里抱怨道。他决定去找一家"有人银行"，重新办理银行卡。

【例 7-2】催单失败的小 A。

某日，小 A 想起自己从网上买的商品迟迟未到，她决定联系客服问问。在从快递官网上查到客服的电话后，她立刻拨了过去。

听到电话里充满磁性的声音，小 A 意识到这是智能客服（见图 7-2），于是决定省去寒暄，

图 7-2 智能客服

直击主题——催单。

　　智能客服："……（停顿）此语音不能识别，请按照格式输入。格式为：我要催单。"

　　小 A："这有什么区别呢？我要催单。"

　　智能客服："……（停顿）此语音不能识别，请返回上一级菜单。"

　　小 A："上一级菜单怎么返回啊？"

　　智能客服："……（停顿）此语音不能识别，请返回上一级菜单。"

　　小 A："我要转人工！"

　　智能客服："……（停顿）此语音不能识别，请按照格式输入。"

　　在完成 100 天的学习旅程后，当看到这些问题时，相信大家已经能够清晰地洞察这些业务都不是真正的数字化，而是信息化。信息化的目的是让组织提高效率、降低成本；而数字化的本质是为用户创造新的价值，同时让组织提高效率、降低成本。

7.1　回顾在过去的 100 天里，我们洞察了哪些问题

　　在过去的 100 天里，面对全新的知识，我们曾陷入"巴别图书馆"的焦虑，也曾遇到知识的"牛鞭效应"。好在通过元学习法，我们一路披荆斩棘，获得刀锋般锐利的洞察力。我们希望您也可以刀锋般锐利地找到新顾客。

　　在前面我们用 6 章的篇幅探讨了组织在数字化转型中要如何才能如刀锋般锐利地找准新赛道，并洞察了图 7-3 所示的关键问题。

　　第 1 章首先探讨了为什么需要数字化转型，然后探讨了数字化与人类当前的终

极任务（也就是减熵）有什么必然联系。

在第 2 章中，我们回到元概念的出发点，讨论了什么是数据化，什么是数字化，不同类型的数据如何数字化，为什么数字化是人类减熵的必然选择。

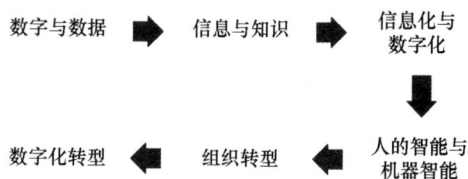

数字与数据 ➡ 信息与知识 ➡ 信息化与数字化
⬇
数字化转型 ⬅ 组织转型 ⬅ 人的智能与机器智能

图 7-3　关键词总结

第 3 章讨论了如何通过场景设计建立数据库，以及如何从数据中挖掘出有价值的部分——信息。

在第 4 章中，我们将信息比喻成数据大山中的金子，讨论了机器是如何学会自己"挖金子"的，也就是机器智能是如何发展的，然后展望了人和机器的未来——人工智能会如何发展。

第 5 章讨论了什么是组织，什么是组织的"型"，组织转型到底在"转"什么，组织转型会面临哪些挑战。

第 6 章重点介绍组织的数字化转型，从数字化的学习者、探索者、提升者、转型者到领导者，讨论了组织在数字化转型中会经历哪几个阶段，组织在数字化转型中面临的最大挑战是什么，如何通过 4 层架构式创新成功实现数字化转型。

7.2　回到原点，最重要的是目标转型：战略转型

让我们回到原点，转型是一群人、一款产品、一种模式、一个网络、一种制度的转型，但最重要的是转目标方向。目标方向就是战略，战略能够帮助我们确定新的数量级市场增长点。

7.2.1 战略发生了什么变化

1. 以前的战略

迈克尔·波特（Michael Porter）认为，对于创造卓越绩效这一目标而言，核心是产品差异性和运营效益，战略则是形成一套独特的运营活动，以实现价值独特的定位。

产品差异性的核心是产品品类、客户需求和接触途径的差异性。

运营效益意味着在进行相似的运营活动时，组织需要比竞争对手做得更好，比如，降低产品的次品率或以更快的速度开发出更好的产品。为了满足产品差异性，组织需要设计一系列内部运营活动与之配套。

但是，当开始打造战略的独特运营活动时，组织就会面临战略的"不可能三角"挑战。战略的"不可能三角"指的是对于高质量、低成本和高可及性三个方面而言，组织只能从中选择满足两个方面，而不能三者兼得，否则就会导致系统崩溃。能够同时满足这三个方面的战略是不存在的，选择不做什么与选择做什么同等重要（见图 7-4）。

2. 数字化转型战略：3C 模型

回到数字化转型的起点，数字化转型还有一个很重要的任务，就是进行目标的转型，这里指的是判断数字化转型的战略目标是什么。

身处数字化转型的赛道，我们将数字化转型战略定义为**同时实现产品的极度个性化、成本的极低性和覆盖面的无限广**（见图 7-5），这就是数字化转型战略的 **3C**（Customer=1、Cost=0 & Coverage=*N*）模型。

什么是 $C=1$？ $C=1$ 表示用户的极度个性化。产品创新的颗粒度已经精准到每一个鲜活的个体，组织需要为每一个用户提供只属于他（她）的差异化产品和服务。

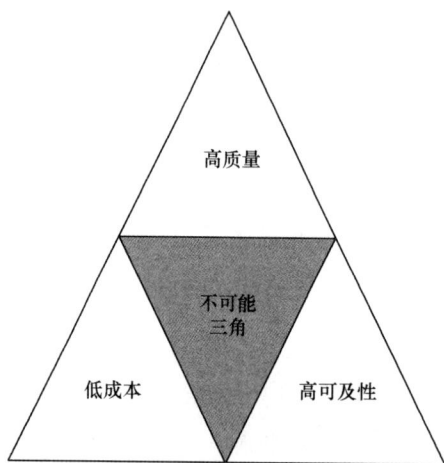

图 7-4 战略的"不可能三角"

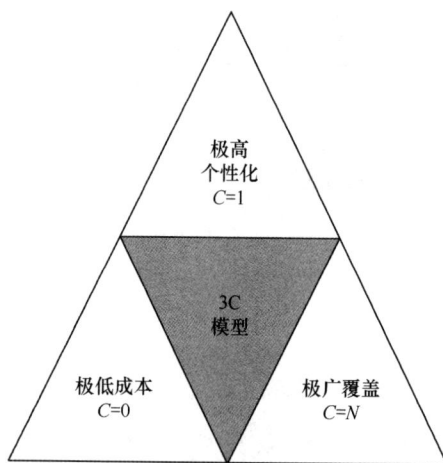

图 7-5 数字化转型战略的 3C 模型

什么是 $C=0$ ？ $C=0$ 表示边际成本极度趋零化。每增加 1 个单位的用户价值，组织需要多支付的边际成本为 0。

什么是 $C=N$ ？ $C=N$ 表示产品覆盖无限广阔的市场。产品能够突破地理上的界限，无限提高可及性。

为什么在过去无法同时做到 $C=1$、$C=0$ 和 $C=N$，而现在却可以？让我们再次回到战略的"不可能三角"。过去，在产品品类、客户需求和接触途径的差异性条件下，我们不可能同时达到服务的极度个性化和成本的极度趋零化。但是现在，由于数字技术的出现，数字技术的数据同质性、可重复编程性、开放性、可供性、融合性和自生成性使同时做到 $C=1$、$C=0$ 和 $C=N$ 成为可能。

7.2.2　如何识别战略转型的信号

如前所述，战略决定组织的取舍并指导商业模式的运转，行业内称其为"赛道"。不同的赛道对应不同的战略。在同一赛道上奔跑的每一个人，有着截然不同的面貌，赛道上的每一个人就是一个组织。在战略转型的过程中，这些组织会释放出什么信号？我们又如何识别正在进行战略转型的组织呢？

1. 组织的型

在 5.3 节中，我们已经对组织的型进行了分析。组织是由 4 层系统（分别是产品服务系统、商业模式系统、价值网络和制度环境）构成的集合体。其中，每一层系统又可以进一步细分为内部和外部两部分（见图 7-6）。

2. 战略转型的信号：重新定位

战略是用组织的核心能力和外部环境进行定位的。如果将组织内部的核心组件及其关系作为 x 轴，而将组织外部的核心组件及其关系作为 y 轴，那么组织战略改变的核心就是组织内部 x 轴的坐标改变和组织外部 y 轴的坐标改变。这就是战略转型的信号。组织内外部的坐标可以改进和转变。改进是指在原有的发展路径上进行调整，转变则是指发生彻底激烈的改变。我们可以通过识别组织的转变识别战略定位的转型。

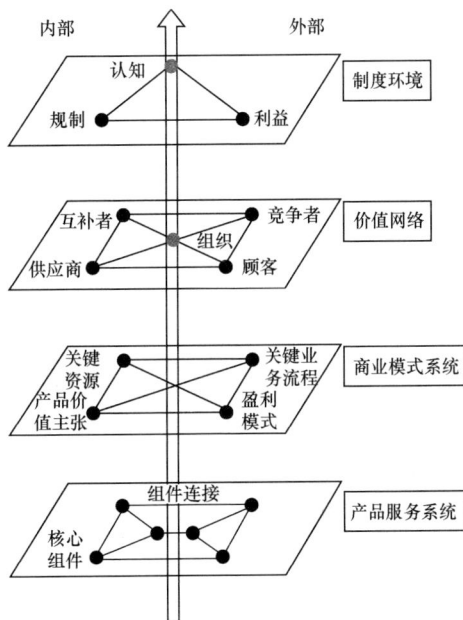

图 7-6　组织的型

在这个过程中，一共有 4 种类型的战略定位转型（见图 7-7）。

类型 1 发生在这样一类组织中，这类组织的内外部核心能力仍在主赛道上尝试改进。

类型 2 发生在组织内部核心能力仍在原赛道上尝试改进，而组织外部环境却发生彻底的变化。

类型 3 发生在组织内部核心能力发生彻底的变化，而组织外部环境仍在原有赛道上尝试改进的情况。

类型 4 发生在组织内部核心能力和外部环境都发生彻底变化的情况下，我们将这类变化称作组织战略定位的转型。

对于这 4 种类型，我们将类型 1、类型 2 和类型 3 称作战略定位的升级，而将类型 4（组织内部核心能力和外部环境都发生彻底的变化）称作战略定位的转型（见图 7-8）。

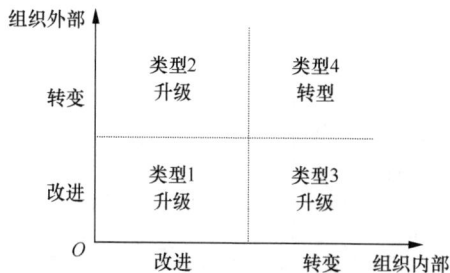

图 7-7 组织战略转型图

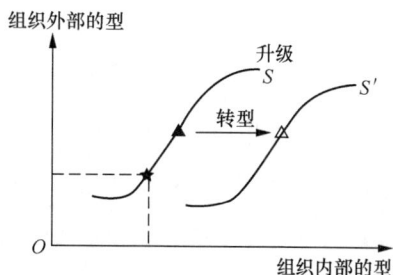

图 7-8 战略转型的双 S 曲线

7.2.3 数字化战略转型的重点："金刚""猩猩""猴子"的战略分别发生了什么变化

1."金刚"：升级 + 转型，$C=0$、$C=1$ 和 $C=N$ 同时进行

作为行业内最大的企业，"金刚"需要采取"升级 + 转型"的战略，将已有业务数字化并数字化新业务。对于"金刚"来说，已有业务是组织源源不断的现金流，倘若一开始就对已有业务进行彻底变革，无异于自杀。

因此，"金刚"会采取将已有业务数字化的方式进行数字化战略升级，而这一步的重点在于降低成本。通过 $C=0$ 的方式，"金刚"可以将已有业务作为主战场，扩大已有业务的成本优势，同时围绕主战场的核心业务创造新价值并实现 $C=N$。此外，"金刚"需要开辟新赛道，找到 $C=1$。通过新的数字化战略，"金刚"可找到新的顾客，开辟并数字化新业务。

为了保住现有的行业地位，"金刚"的战略转型重点在于 $C=0$、$C=1$ 和 $C=N$ 同时进行。

2. "猩猩"：重点在于跟随主赛道（*C*=0 和 *C*=*N*）的同时转型新赛道（*C*=1）

"猩猩"的处境略有不同，前方既有行业老大"金刚"，自身也有一定体量的现有业务。与"金刚"相比，"猩猩"同样无法放弃现有业务，否则相当于"自断一臂"。但是因为有"金刚"作为先例，"猩猩"可以跟随"金刚"的升级举措，降低自身的试错成本，提高覆盖范围，并对组织已有的业务进行数字化升级，同时做到 *C*=*N*。

但是，"猩猩"的重点在于转型，通过数字化战略做到 *C*=1，找到产品和服务的新的价值点，开辟组织的数字化新业务。"猩猩"需要尽快定义新赛道，并在新赛道上培养新的"猩猩"，自身则进一步成长为"金刚"。

因此，"猩猩"的战略转型重点在于优先做到 *C*=1，并跟随"金刚"完成 *C*=0。

3. "猴子"：只需要转型（*C*=1），不需要升级

"猴子"的境况最简单。"猴子"作为新进入市场的数字化企业，虽然没有业务，却天生具备 *C*=0 和 *C*=*N* 的基因。

因此，对于"猴子"而言，不需要升级，只需要转型。"猴子"需要找到真实的愿意付费的顾客群体。在制定战略时，"猴子"的重点在于找到有付费意愿的 *C*=1，并设法加以扩大。作为数字化企业，"猴子"的所有商业模式在设计时本身就是基于快速迭代、试错并优化进行的。

为了脚踏实地落地新赛道，"猴子"的战略重点在于保持 *C*=0 的基因不变，全力以赴地找到 *C*=1 并设法加以扩大。

7.3 回到最重要的问题：行业、市场、产品和顾客，谁最重要

企业的管理者希望数字化转型是点金之手，从而帮助企业成为市场扩张的黄金

手指，点石成金。因此，企业的管理者前赴后继地投入大量资金，期待看见投入后源源不断的资金产出。他们对企业进行数字化改造，投入数字化设备，比如无人银行、智能客服等。但他们往往也是最早掉入陷阱、抱怨数字化没有成效的一批企业管理者。这是为何？因为当以传统的赛道理念进行数字化转型时，他们重点关注的是已有业务的数字化过程，难度小、见效快，体现为组织运营流程效率的迅速提高和成本的降低。但基于数字化转型的最佳运营实践一方面很容易学习、复制，形成行业普遍标准，迅速使竞争优势下降；另一方面这种数字化过程并不能发现或创造新的价值，更不能促使业务增长。

通过学习本书，相信读者已经发现数字化颠覆了传统行业、市场、产品的概念和边界，其最重要的价值就是 $C=1$。对于数字化而言，一个人就是一个行业、一款产品，每个人的需求都不一样，相应打造出来的产品也应该不一样。因此，在这个过程中，顾客最重要。**在数字化战略中，最重要的目标是利用数字化技术，以趋于零的成本为每一位顾客提供极具个性化的服务体验，并通过为顾客创造新的价值来获利。**

组织需要走进顾客，爱上顾客，并让顾客爱上你。只有找准用户真正的痛点，才是数字化的起点。同时，组织需要克制增长的欲望，忍受暂时看不到增长的煎熬，重新认真洞察每一位独特的顾客，并为每一位顾客提供差异化的服务体验，直至拐点出现，最终实现指数曲线的腾飞。

数字化转型的旅程从洞察顾客开始，但没有终点。感谢读者与我们一起前行。